«La falta de integridad y de [...] ciedad humana, pero cuando hace metástasis en la iglesia resulta una verdadera tragedia. De ahí la enorme importancia de este libro en el que Miguel Núñez demuestra que integridad y sabiduría constituyen el meollo del carácter piadoso, nos muestra, asimismo, las diversas áreas en que tales valores deben manifestarse en la vida del cristiano y nos ayuda de manera práctica a crecer en ellos.

Te recomiendo que leas este libro con atención y con un corazón enseñable. A fin de cuentas, crecer en integridad y sabiduría no es otra cosa que seguir avanzando en el proceso de santificación, para ser cada vez más semejantes a nuestro bendito Señor y Salvador Jesucristo».

—Sugel Michelén, autor y pastor de la Iglesia
Bíblica del Señor Jesucristo

«No es ningún secreto que estamos viviendo en tiempos en los que la sabiduría y la integridad son valores en extinción. En este libro, Miguel Núñez identifica el origen de esta crisis, y al igual que un sabio arquitecto, el autor construye el marco bíblico mediante el cual podemos superarla. Si queremos recuperar la integridad y la sabiduría en nuestra cultura, tenemos que comenzar con los cristianos y las iglesias locales. Si ese es tu deseo, compra y lee este libro».

—Juan R. Sánchez, Pastor de la Iglesia Bautista *High
Pointe* en Austin, TX y Profesor de Teología Cristiana
en el Seminario Teológico Bautista Southern

«La sabiduría e integridad verdaderas son cualidades que provienen de Dios y deben cultivarse a lo largo de la vida. Aunque debemos buscarlas por nuestra cuenta a través de la Biblia, también tenemos que aprender de hombres y mujeres de Dios que transitaron caminos de sabiduría e integridad antes que nosotros… El pastor Miguel Núñez es uno de estos hombres. Camina junto a él por las páginas de este libro, y te mostrará cómo alcanzar la sabiduría y la integridad de Dios».

—Donald Whitney, profesor de Espiritualidad Bíblica y
Decano Asociado en la Escuela de Teología, del Seminario
Teológico Bautista Southern

«En un mundo ostentoso y motivado por las emociones, nos alejamos instintivamente de las cosas más importantes. Aun si poseemos cientos de dispositivos y tenemos una gran influencia en línea, nuestra alma se empobrece, porque nos falta carácter. Miguel Núñez, pastor y teólogo consumado, estudia a fondo la Escritura para traernos lo que tanto necesitamos: sabiduría e integridad conformadas por la mente de Dios y la obra de Cristo. En mi experiencia, la obra de Miguel me lleva a ser un glotón, pero no de alimentos terrenales, sino de sabiduría, integridad, santidad y justicia. Que el pueblo de Dios pueda darse un festín con este libro tan importante».

—Owen Strachan, Presidente del *Council on Biblical Manhood & Womanhood* [Consejo sobre la hombría y la femineidad bíblica], y Profesor de Teología en el Seminario Teológico Bautista Midwestern.

MIGUEL NÚÑEZ

Vivir con INTEGRIDAD & SABIDURÍA

MIGUEL NÚÑEZ

Vivir con INTEGRIDAD & SABIDURÍA

Persigue los valores que
la sociedad ha perdido

ESPAÑOL

NASHVILLE, TENNESSEE

Vivir con integridad y sabiduría: Persigue los valores que la sociedad ha perdido

B&H Publishing Group
Nashville, Tennessee

Clasificación Decimal Dewey: 155.2
Clasifíquese: CARÁCTER / SABIDURÍA / VIDA CRISTIANA

Tipografía: 2k/DENMARK

ISBN: 978-1-4336-9212-3

Impreso en EE.UU.
1 2 3 4 5 6 ~ 19 18 17 16

Agradecimientos

Esta vez quiero agradecer en primer lugar a Dios por el legado de mi padre que vivió una vida de integridad tan evidente que me marcó de una forma extraordinaria, a pesar de que murió cuando yo apenas tenía doce años de edad.

Sigo agradeciendo a mi esposa por las veces que ha sacrificado tiempo de nuestra vida juntos para permitirme dedicar horas a la obra del ministerio. Tu sacrificio, Cathy, no es en vano.

Agradezco a Lidia Limardo, quien dedicó tiempo y esfuerzo para revisar minuciosamente esta obra antes de mi última revisión… Gracias por un trabajo bien hecho.

Agradezco a Dios por un número de líderes contemporáneos que han ido delante de mí marcando el camino de la verdad y la integridad, y que, de esa manera, han impactado en mi vida. No menciono sus nombres por temor a dejar a algunos de ellos fuera de esa lista. Pero Dios los conoce y a Él le agradezco por darles lo que ellos han sabido brindarme por medio de sus mensajes, escritos, conversaciones e intercambios personales.

Finalmente agradezco a cada hermano en Cristo y compañero de milicia por haber respaldado esta obra. No lo merezco, pero sí aprecio enormemente su apoyo moral y su estímulo para seguir hacia delante.

Una vez más, agradezco a Cristopher Garrido, mi editor en B&H, por el apoyo brindado desde el inicio para que esta publicación saliera a la luz como una contribución al creyente que quiere vivir de una manera que agrade a Dios.

Contenidos

Introducción

Necesitamos enseñar la sabiduría de Dios de una forma que sea creíble. Y una de las cosas que hará que ese mensaje sea más creíble será si dicho mensaje está respaldado por personas que caminan con integridad de corazón. -MN

En nuestros días hemos visto las consecuencias de la crisis financiera del 2007-2008, conocida como la Crisis Financiera Global, la cual ha sido considerada por muchos como la más grande y la más severa desde la Gran Depresión (de 1929 a finales de la década de 1930). El efecto de este último colapso financiero a principios de este siglo fue tan devastador que reformuló por completo el mundo de las finanzas y de las inversiones bancarias. Dicha crisis ha sido atribuida a múltiples factores, pero detrás de todos ellos hubo grandes irregularidades relacionadas con la falta de integridad de las agencias y los individuos involucrados. Y no solo fue falta de integridad, sino también falta de sabiduría porque los actores involucrados no fueron prudentes ni sabios al incurrir en prácticas que era evidente que harían colapsar el sistema financiero y, en muchos casos, hasta los empleos de las mismas personas responsables del descalabro económico.

De acuerdo con el informe de la Comisión Investigadora de la Crisis Financiera (*Financial Crisis Inquiry Commission*), detrás del funcionamiento de muchas compañías hubo «una falta de transparencia de los balances de muchas de las grandes instituciones financieras»,[1]

---

[1] Financial Crisis Inquiry Commission, «The Financial Crisis Inquiry Report: Final Report of the National Commission on the Causes of the Financial and Economic Crisis in the United States», edición oficial presentada en enero de 2011, página consultada el 26 de abril de 2016, XVI. https://www.gpo.gov/fdsys/pkg/GPO-FCIC/pdf/GPO-FCIC.pdf.

así como «una permisividad generalizada».[2] Muchas de estas instituciones actuaron con imprudencia,[3] y la inspección realizada por la comisión investigadora «reveló impresionantes casos de fallos de los gobiernos [institucionales] y de irresponsabilidad».[4] Como resultado, la comisión concluyó que «hubo un colapso sistémico en la rendición de cuentas y la ética».[5]

Como podemos ver, estas crisis no son simplemente sociales o financieras, sino que también detrás de ellas hay una falta de integridad y de sabiduría; y al final, todos terminamos pagando los costos de dichas crisis, como revela el siguiente párrafo:

> En el momento en que este informe va a la imprenta, hay más de 26 millones de estadounidenses que están sin trabajo, no pueden encontrar trabajo a tiempo completo o han dejado de buscar trabajo. Cerca de cuatro millones de familias han perdido sus hogares a causa de una ejecución hipotecaria (*foreclosure*) y otros cuatro millones y medio han caído en el proceso de ejecución hipotecaria o están seriamente atrasados en sus pagos de hipoteca. Casi once billones de dólares en riqueza han desaparecido de los hogares, junto con planes de jubilación y ahorros (*life savings*) que se esfumaron... Muchas personas que habían seguido todas las reglas ahora se encuentran sin trabajo e inseguros acerca de sus perspectivas futuras... Es probable que el impacto de esta crisis se sienta durante toda una generación.[6]

Ninguno de nosotros es una isla y, por tanto, cada una de nuestras acciones tiene consecuencias que afectan a los demás. Nadie peca en privado porque el pecado de uno muchas veces nos afecta a todos, o por lo menos a muchos. La historia bíblica, así como la secular, están ahí como evidencia de esto que acabamos de decir.

---

[2] Ibíd., XVII.
[3] Ibíd., XVIII.
[4] Ibíd., XIX.
[5] Ibíd., XXII.
[6] Ibíd., XV-XVI.

Por un lado, podríamos afirmar que lo único que puede cambiar a las sociedades es el evangelio, que es capaz de transformar el corazón y la mente del hombre, y que, por tanto, hasta que eso ocurra, cualquier otro esfuerzo será en vano. Por otro lado, sabemos que muchas veces estas infracciones contra la integridad han sido cometidas por personas que ya han abrazado la fe cristiana, pero que aún no tienen una mente bíblica. Tanto ellos como nosotros tenemos que saber cómo vivir y actuar si de verdad queremos ser la luz del mundo y la sal de la tierra. Además, no debemos olvidar que Dios creó al hombre con una conciencia capaz de discernir entre lo bueno y lo malo hasta el punto de que hombres incrédulos en ocasiones han sabido tener un comportamiento más o menos moral en su sociedad. Hoy en día eso ha ido desapareciendo en la medida en que la sociedad ha ido perdiendo el sentido de culpa y el sentido de vergüenza como veremos en el primer capítulo.[7]

Los cristianos bien informados y bien equipados con una cosmovisión bíblica pueden influir en su nación para la formulación de mejores leyes o de leyes que estén más en conformidad con la ley de Dios. Tratar de influir en la nación para que esta siga el camino correcto es parte de nuestra responsabilidad. «Si los cristianos no hablan en público acerca de los asuntos morales y éticos que enfrenta una nación, ¿quién lo hará? ¿Dónde aprendería la gente acerca de la ética? ¿Dónde aprendería la gente a diferenciar lo bueno de lo malo?».[8] No podemos quedarnos callados ante la revolución moral de nuestros días. Hablemos la verdad, pero también vivamos la verdad.

El propósito de este libro es ayudar al creyente a entender lo que significa vivir con integridad y sabiduría, de tal manera que todo cuanto aprenda en términos teológicos pueda traducirse en una vida privada y pública consecuente con la verdad divina (integridad) y caracterizada por una toma de decisiones y un accionar que estén de acuerdo con los propósitos de Dios (sabiduría).

---

[7] David F. Wells, *Losing our Virtue: Why the Church Must Recover Its Moral Vision* (Grand Rapids, MI: Eerdmans, 1998), 117-145.
[8] Wayne Grudem, *Systematic Theology: An Introduction to Biblical Doctrine* (Grand Rapids, MI: Zondervan, 1994), 69.

Es mi deseo asistir al lector para que comprenda qué es la integridad; el valor que tiene; las causas principales que llevan a las personas a violentar su integridad; y las consecuencias personales, institucionales y sociales de vivir fuera de los valores dados por Dios y que hacen posible una vida íntegra. Además, deseo proporcionarle las herramientas que le permitan desarrollar un carácter que pueda sostener en medio de las crisis. Por esta misma razón, he dedicado varios capítulos no solo a definir lo que es la integridad, sino también a ver la importancia de cultivar un carácter de acuerdo a lo que Dios ha revelado en Su palabra, y especialmente en la literatura de sabiduría. En el mundo actual vivimos bajo presión y, por tanto, vivimos con frecuencia tentados a torcer, ocultar o cambiar la verdad. Es en esas circunstancias que Dios, la conciencia, la integridad, el carácter y la sabiduría juegan un rol vital en la forma como resistimos la presión.

Uno de los últimos capítulos fue dedicado a ver la importancia del carácter de la persona a la hora de identificar y resistir las tentaciones. En la historia bíblica, Adán y Eva no supieron identificar ni resistir la tentación a la hora de la prueba. Dios nos llama a someter todo pensamiento cautivo a los pies de Cristo y en el desarrollo de esta disciplina vamos cultivando un carácter santo.

Otra de las áreas prácticas donde tanto la integridad como el carácter son esenciales es en la toma de decisiones. Muchas veces el creyente y el no creyente simplemente están viviendo las consecuencias de haber tomado malas decisiones. Y esas malas decisiones no son más que el resultado de una carencia de sabiduría y de carácter que les permitiera tomar las decisiones correctas aun si estas fueran en detrimento propio.

El buscar, entender y hacer la voluntad de Dios va a requerir discernimiento, sobre todo en un mundo tan convulsionado y complejo como el nuestro, y va a requerir de fortaleza de carácter para priorizar la voluntad de Dios por encima de nuestros deseos. Por esa razón, dedicamos todo un capítulo para ver cómo el creyente debe hacer uso de la sabiduría de Dios para buscar y eventualmente hacer la voluntad de Dios.

Mi esperanza es que el lector se confronte con la realidad que lo rodea y que así logre comprender la sociedad en la cual le ha tocado vivir porque es allí donde él necesita desenvolverse de una manera íntegra y sabia, procurando involucrarse e impactar en su entorno, pero sin mancharse, y de ese modo poder ser sal de la tierra y luz del mundo.

1

LA INTEGRIDAD:
UN VALOR EN EXTINCIÓN

De los hijos de Isacar, expertos en
discernir los tiempos, con conocimiento
de lo que Israel debía hacer, sus jefes eran
doscientos; y todos sus parientes estaban
bajo sus órdenes.

~ 1 Crónicas 12:32

La crisis de la integridad en nuestros días

Hoy en día estamos experimentando una crisis de valores y no creemos que haya una sola persona que se desenvuelva en la sociedad que ponga esto en duda. Si analizamos nuestros tiempos, es decir, nuestra realidad como sociedad del siglo XXI en América Latina, enseguida nos daremos cuenta de que la integridad es un valor en extinción. Y esto no solo sucede a nivel secular; muchas veces, ocurre incluso dentro del pueblo de Dios. Hemos podido observar que la mayoría de los cristianos nunca se han detenido a pensar y reflexionar en qué significa verdaderamente vivir con integridad y sabiduría fuera de las cuatro paredes de la iglesia.

Es importante que reconozcamos el momento histórico que estamos viviendo y cómo luce esta crisis de valores a nivel de la sociedad y a nivel de la vida del creyente. Por tanto, hoy más que nunca la Iglesia necesita de hombres y mujeres que, como los hijos de Isacar, sean expertos en discernir los tiempos (1 Crón. 12:32), capaces de conocer y entender la época que les ha tocado vivir, y que, por la sabiduría que poseen, tengan la habilidad de saber qué deben hacer como individuos, como familia, como iglesia, como empresarios y aun como nación, en caso de que les tocara dirigirla.

Esta crisis de valores ha tenido consecuencias a diferentes niveles: en primer lugar, **a nivel del individuo.** Tanto en hombres como mujeres, podemos observar una falta de integridad o una crisis moral, que tiene que ver con que no tienen la fortaleza de carácter que se requiere para sostenerse en tiempos de dificultad, soportar la presión y vivir moralmente a nivel personal. Esto afecta todos los ámbitos de su existencia y se traduce en un irrespeto hacia la vida, el prójimo, las instituciones y la autoridad.

En el año 2005, una encuesta realizada por la empresa Gallup reveló que en Estados Unidos el 59% de los norteamericanos opinaron que para tener éxito hay que hacer lo que sea necesario, sin importar el costo, y un 42% opinó que para tener éxito hay que mentir. Esto fue reportado por Norman Geisler en su libro titulado *Integrity at Work* [Integridad en el trabajo].[1] Si esa es la mentalidad con la que el individuo vive, imaginémonos ahora qué va a suceder cuando esa persona pase a ser un empleado, un gerente o el presidente de una empresa. La manera en que este individuo vive a nivel personal tendrá un impacto en la forma en que se desempeñe en todas las demás áreas de su vida.

En segundo lugar, esta crisis de valores ha tenido consecuencias **a nivel de la familia.** Es lamentable la inestabilidad que reflejan muchos de los hogares en nuestra sociedad. Vemos un distanciamiento entre sus miembros a tal punto que, aun viviendo bajo el mismo techo, están alejados emocionalmente los unos de los otros. Cada día vemos más hogares fragmentados y un aumento en la tasa de

---

[1] Norman L. Geisler y Randy Douglas, *Integrity at Work: Finding Your Ethical Compass in a Post-Enron World* (Grand Rapids, MI: Baker Books, 2007), 14.

divorcios, que en algunas sociedades alcanza hasta el 50%. Y esto sin contar aquellas parejas que, a pesar de no estar divorciadas desde el punto de vista legal, viven separadas física y emocionalmente, de tal forma que es casi un divorcio.

En tercer lugar, hay consecuencias **a nivel de las instituciones,** tanto privadas como gubernamentales. La corrupción, la ineficiencia en el trabajo y la falta de ética profesional son el resultado de una crisis de valores a nivel del individuo que está afectando a la sociedad. Por desgracia, en América Latina tenemos varios ejemplos de esto. El expresidente del Brasil, Fernando Collor de Mello, según relata Arnoldo Wiens, «había construido su prestigio presentándose como un cruzado contra la corrupción. Se hizo famoso como alcalde de Maceió y gobernador de Alagoas por sus batallas contra los «marajaes», como llaman los brasileños a los funcionarios que cobran varios sueldos estatales. Tal era su imagen pública que sustentó su triunfo en las elecciones de 1989».[2] Esta persona fue elegida por sus promesas de luchar contra la corrupción en Brasil. En el momento de su renuncia el 29 de diciembre de 1992, Collor de Mello, ayudado por su tesorero, había derivado para él y su familia unos 350 millones de dólares producto del tráfico de influencias.[3]

¿Cómo es que alguien que basa su campaña política en la anticorrupción termina robando el dinero de la nación que prometió defender? Es que el poder tiene un efecto embriagador y, si no se tienen convicciones sólidas, es difícil mantenerse firme cuando se presenta la tentación.

Pero lo que sucedió en Brasil no es muy distinto de la realidad de otros países latinoamericanos. El 21 de mayo del 1993 se produjo la destitución del presidente de Venezuela, Carlos Andrés Pérez, por el delito de malversación de fondos públicos. El 29 de marzo de 1996 le fue otorgado asilo político en Costa Rica al vicepresidente de Ecuador, Alberto Dahik, luego de que el Congreso Nacional lo acusó de corrupción y abuso en el ejercicio de sus funciones. El 7 de abril

---

[2] Arnoldo Wiens, *Los cristianos y la corrupción* (Barcelona, España: Editorial Clie, 1998), 31.
[3] Ibíd, 39.

del 2009, Alberto Fujimori, expresidente del Perú, fue condenado a 25 años de cárcel por ser el «autor mediato de la comisión de los delitos de homicidio calificado, asesinato bajo la circunstancia agravante de alevosía en perjuicio de los estudiantes de La Cantuta y el caso Barrios Altos».[4]

El Banco Mundial identificó la corrupción como el obstáculo número uno para mejorar el nivel de vida de más de un billón de personas que viven con un dólar al día. El 14 de mayo del 2004 una comisión del Senado norteamericano recibió el informe de que el Banco Mundial había perdido desde el año 1946 unos 100 billones de dólares en préstamos destinados a naciones más pobres, producto de la corrupción. Otros 26 a 130 billones de dólares fueron mal usados por esas naciones.[5] Y mientras tanto, en esas mismas naciones, 16.000 niños mueren de hambre cada 24 horas. Ante tal realidad, Dios espera que Su Iglesia no permanezca callada y de brazos cruzados.

Esta es la realidad de varios gobiernos latinoamericanos cuyos representantes han sido acusados de corrupción en múltiples ocasiones. Lamentablemente, el pueblo de Dios no ha quedado exento de este mal y hemos visto cómo muchos pastores se han visto involucrados en escándalos de corrupción. Pero, a pesar de los tiempos que estamos viviendo, como creyentes debemos recordar que a la Iglesia se le ha dado el rol de ser sal y luz, y no debe callar ni tampoco puede permanecer pasiva ante realidades como esta.

FACTORES CONTRIBUYENTES A LA CORRUPCIÓN ADMINISTRATIVA

Existen múltiples factores que contribuyen a la corrupción administrativa. Uno de ellos es **la inestabilidad política** que resulta de gobiernos que cambian cada cuatro años. En países como los nuestros,

---

[4] Franklin Briceño Huamán, «Condenan a Fujimori a 25 años de prisión por delitos de lesa humanidad», *El Comercio*, edición del martes, 7 de abril del 2009.

[5] Sen. Richard G. Lugar, citado por Carol Giacomo, Reuters, «World Bank Corruption May Top $100 Billion», página consultada el 26 de abril de 2016. https://www.globalpolicy.org/component/content/article/209/43410.html.

esto da lugar a que los funcionarios gubernamentales asuman el poder con la mentalidad de que tienen cuatro años para hacerse de toda la riqueza que puedan adquirir mientras están en el poder. Esto es algo que ha sido analizado y estudiado.

Otro factor que contribuye a esta realidad es **la burocracia administrativa**, y quizás usted pueda preguntarse cómo, pero lo cierto es que, mientras más largos son los procesos y trámites administrativos, más dinero se está dispuesto a pagar para acortarlos. Si las oficinas trabajaran de forma eficiente, no habría necesidad de pagar dinero para que se agilicen los procesos.

Un tercer factor es la existencia de **un sistema legislativo y judicial débil**, en el cual las leyes no están bien formuladas ni tampoco son aplicadas de manera firme e imparcial. Por otro lado, en culturas como la nuestra, la existencia del «**amiguismo**» es otro factor que ha contribuido a la corrupción administrativa. Es muy común ver a individuos que conocen a alguien, o de alguna forma están vinculados a otra persona, cuya influencia o conexiones sociales pudieran ser usadas para obtener algún tipo de beneficio o evitar tener que cumplir con una responsabilidad en determinado momento.

Por último, la existencia de «**una cultura de la pena**», algo que es muy propio de países latinoamericanos, ha contribuido mucho a la corrupción y a la crisis administrativa de nuestros días. No tomar decisiones porque nos «da pena» la suerte del otro nos ha llevado a permitir una serie de situaciones que nunca debieron tener lugar. Aun dentro de la iglesia a veces no tomamos decisiones porque nos da pena el efecto que estas puedan tener sobre la congregación. Pero la pena que sentimos por el otro no puede estar por encima de la verdad; la pena no puede estar por encima de la integridad; la pena no puede estar por encima de la ley moral de Dios. Negociar nuestros valores por pena o por amiguismo es una falta de integridad para con el Señor.

Hasta aquí hemos citado varios ejemplos de las consecuencias que la crisis de la integridad ha tenido a nivel de las instituciones gubernamentales, pero lo que hemos visto a nivel de las corporaciones privadas no es diferente.

La falta de integridad a nivel privado

El 2 de diciembre del año 2001, la famosa empresa Enron, una compañía estadounidense con alrededor de 20.000 empleados, se declaró en bancarrota. La acusación: soborno y tráfico de influencias en América Central, América del Sur, África, Filipinas y la India; además de deudas y pérdidas no reportadas. La pérdida se calculó en unos 63.400 millones de dólares, la quiebra corporativa más grande en la historia de Estados Unidos,[6] hasta que quebró WorldCom al año siguiente. Esta quiebra fue moral antes que financiera. El escándalo financiero que causó Enron puso en tela de juicio las prácticas y actividades de contabilidad de muchas empresas en Estados Unidos, como Adelphia (declarada en quiebra en el 2002), Global Crossings y una serie de compañías que se sucedieron unas a otras y que dieron lugar a una enorme crisis financiera que, en cierta forma, afectó al mundo entero. Todo, producto de una crisis de la integridad en aquellos que estaban al mando de dichas compañías.

La falta de integridad a nivel de la Iglesia

En cuarto lugar, la crisis de valores es también evidente **a nivel de la Iglesia.** Cada vez más escuchamos sobre escándalos sexuales que involucran a ministros de Dios y vemos cómo el consumo de pornografía entre creyentes alcanza en ocasiones un nivel tan alto como entre los no creyentes. Del mismo modo, los escándalos financieros entre los ministerios cristianos es algo cada vez más común. Resulta muy triste ver cómo muchos ofrecen el evangelio a precio de ganga, prometiendo el favor de Dios a cambio de diezmos y ofrendas que terminan en los bolsillos de unos pocos, mientras descuidan a la congregación y la causa de Cristo.

El cristiano debería distinguirse por encima del no creyente por su manera de comprar, vender, invertir, administrar sus recursos y, en general, hacer negocios. Cuando el creyente es mal administrador del

---

[6] William W. Bratton, «Enron and the Dark Side of Shareholder Value», *Tulane Law Review* (de próxima publicación).

tiempo y los recursos que Dios ha puesto en sus manos, deshonra el evangelio de Cristo, el cual recibe una mala reputación.

En ese sentido quisiéramos citar al pastor John MacArthur, quien en su libro *El poder de la integridad* nos ayuda a ver la falta de integridad en muchas de las prácticas que se observan en la Iglesia. A continuación aparecen cinco de las circunstancias que este autor señala en su libro, acompañadas de mis comentarios. El primero de los señalamientos que MacArthur menciona como una contradicción es el hecho de que «**personas que dicen creer en la Biblia asisten a iglesias donde no se enseña la Palabra de Dios**».[7] Estas personas faltan a su propia integridad. De igual manera, es una falta de integridad y una incongruencia que, no teniendo confianza en mis líderes, acceda a seguir siendo liderado por ellos. Si usted, como miembro de una iglesia, tuviera alguna inquietud acerca de sus líderes, lo mínimo que debería hacer es ir a hablar con ellos y, con un espíritu de mansedumbre y reverencia, presentarles sus inquietudes.

Otra manera en la que las acciones de algunos individuos entran en contradicción con la integridad que dicen tener es cuando nos encontramos con «**personas que están de acuerdo con que el pecado debe castigarse, pero no si esos pecados son cometidos por sus hijos**». Este es el segundo señalamiento que hace el autor. De repente, el estándar parece cambiar cuando afecta de una manera u otra a la persona que debe tomar acción en contra del pecado. Pero el estándar de la Palabra es el mismo para todos, pues Dios no hace acepción de personas (Deut. 10:17).

De igual forma, vemos un tercer ejemplo cuando «**las personas se oponen a la deshonestidad y la corrupción hasta que deben confrontar a sus jefes y arriesgarse a perder su empleo**». Pero la integridad consiste en permanecer firme en mis convicciones sin importar el costo o el riesgo que eso me pueda traer.

Un cuarto ejemplo serían las «**personas que mantienen altas normas morales hasta que relaciones contrarias a la Palabra de**

---

[7] John MacArthur, *El poder de la integridad: edificar una vida sin concesiones* (Grand Rapids, MI: Editorial Portavoz, 1999), 27.

Dios encienden sus deseos». Lo vemos, por ejemplo, en jóvenes y no tan jóvenes que viven con altos estándares morales, pero que, tan pronto se sienten atraídos por alguien, sus deseos se encienden y de repente su moralidad comienza a verse comprometida. **«Personas que son honestas hasta que un pequeño acto de deshonestidad les ahorra dinero».** Cristo lo dijo de una forma muy sencilla: *El que es fiel en lo muy poco, es fiel también en lo mucho; y el que es injusto en lo muy poco, también es injusto en lo mucho* (Luc. 16:10). El individuo que hoy engaña al gobierno mañana podría terminar engañando a su esposa. Y la realidad es que las razones por las que él no debe engañar al gobierno son las mismas por las que no debe engañar a su esposa: temor de Dios, integridad personal, respeto a sí mismo y amor al prójimo. Quizás este sea un concepto difícil de transmitir, pero el respeto a nuestra propia integridad debería ser un valor que busquemos abrazar y defender independientemente de las consecuencias que pueda traer a nuestras vidas. Es lamentable, pero muchos prestan más atención al miedo al rechazo y a pasar vergüenza que a su propia integridad.

Aunque el concepto de corrupción ha sido asociado casi siempre al ámbito político, la realidad es que la definición misma de corrupción tiene que ver con el concepto de integridad, algo fundamental en la vida de la Iglesia.

Cambio de definiciones

La corrupción se define como la «alteración de la integridad, de una virtud o de un principio moral».[8] Otra definición señala que la corrupción consiste en «inducir (como en el caso de un oficial público) por medios inapropiados (como el soborno) a violar una responsabilidad (como el que comete una violación criminal)». Note cómo ambas definiciones están relacionadas con el concepto de integridad. Una de las definiciones habla de que una persona está induciendo a otra, por

[8] Merriam-Webster.com, «Corruption», página consultada el 1 de junio de 2015. http://www.merriam-webster.com/dictionary/corruption.

medios inapropiados, a violar un principio de responsabilidad. Sin embargo, en la primera definición no es tal el caso, de manera que somos capaces de comprometer por nosotros mismos nuestra integridad sin que necesariamente otro nos haya inducido, solo porque deseamos algo, queremos alcanzar un fin, y por ello violamos nuestra integridad.

El problema es que la línea entre lo que es bueno o malo, correcto o incorrecto, comienza a verse cada vez más borrosa tan pronto deseamos algo. Es increíble la habilidad que tiene el ser humano para calificar como área gris lo que antes era claramente blanco o negro, solo por el hecho de que ahora están en juego sus intereses. La realidad es que vivir con integridad tiene implicaciones muy amplias.

Las sociedades han ido cambiando con el transcurrir de los años, y con ellas han cambiado también sus valores. Al cambiar los valores, cambiaron también las definiciones, de manera que lo que antes se definía de una forma hoy en día podría considerarse o definirse de otra. Como resultado de estos cambios, hoy podríamos encontrarnos cómodos aceptando algo que en el pasado habría representado una violación a nuestra integridad y convicciones.

En la actualidad, la palabra inmoralidad, en la enorme mayoría de los diccionarios, solo implica una violación de las normas que la sociedad acepta como buenas y válidas. Sin embargo, cuando buscamos la misma palabra en un diccionario de la década de 1820, nos encontramos con que la inmoralidad era definida como «cualquier hecho o práctica contraria a los mandatos de Dios».[9] Esta es una diferencia enorme. Pero nos hemos conformado; nos sentimos cómodos con las nuevas definiciones, pues ellas no nos hacen cuestionar nuestra integridad ni nuestro modo de vivir.

A continuación compararemos la forma en que algunos términos se definían hace algunos años y la forma en que la cultura juvenil posmodernista define en la actualidad estos mismos términos:[10]

---

[9] Noah Webster, s.v. «immorality», *American Dictionary of the English Language*, página consultada el 1 de junio de 2015. http://webstersdictionary1828.com/Dictionary/immorality.

[10] Definiciones tomadas y adaptadas de la diagrama de Josh McDowell, *The Disconnected Generation: Saving Our Youth From Self Destruction* (Nashville, TN: Thomas Nelson, 2000), 18.

Tolerancia **antes:** «Aceptar a otros sin estar de acuerdo con sus creencias o estilos de vida, o compartirlos».

Tolerancia **ahora:** «Aceptar las creencias, los valores, los estilos de vida y los conceptos de verdad de cada cual como iguales».

Aceptación **antes:** «Aceptar a las personas por lo que son y no necesariamente por lo que dicen o hacen».

Aceptación **ahora:** «Aprobar y aun alabar a otros por sus creencias y estilos de vida».

Derechos personales **antes:** «Cada cual tiene derecho a ser tratado con justicia de acuerdo a la ley».

Derechos personales **ahora:** «Cada cual tiene derecho de hacer lo que cree que es mejor para él».

Este cambio en las definiciones nos ha afectado a todos los niveles y, de este modo, ha producido un cambio en nuestro estilo de vida. El asunto es que el cambio de estilo de vida va redefiniendo las cosas y, de pronto, sin darnos cuenta nos encontramos en un círculo vicioso del cual no sabemos cómo salir.

¿CÓMO Y DÓNDE NOS PERDIMOS?

Las preguntas son ¿dónde nos perdimos? y ¿cómo y cuándo se originó esta crisis de valores que estamos viviendo? Hubo un momento en el que nos desviamos del camino y como consecuencia terminamos donde ahora estamos. Sin duda, nos perdimos en el momento en que comenzamos a negar la existencia de valores absolutos para juzgar las acciones de los hombres. Si creemos que no hay una ley moral absoluta ni tampoco un dador de esa ley, el resultado es que no contamos con una brújula que nos dirija y terminamos perdiendo el norte.

La razón por la que necesitamos leyes morales es para que nos indiquen lo que debemos hacer, no para que definan lo que ya estamos haciendo. Norman L. Geisler, en su libro *When Skeptics Ask* [Cuando los escépticos preguntan], expresa que «las leyes morales no describen lo que es, sino que describen lo que debe ser. Ellas describen lo que deberíamos estar haciendo, ya sea que lo hagamos o no».[11] De ahí la importancia de esa brújula que es la ley moral. Ella me va a decir lo que yo debo hacer, aun si no lo estoy haciendo.

Hoy en día vemos lo que estamos haciendo, y en función de ello definimos lo que los demás deberían hacer. Un ejemplo de esto lo encontramos en el filósofo y escritor genovés del siglo XVIII, Jean-Jacques Rousseau, cuya filosofía política influyó en el desarrollo de la Revolución Francesa, así como en el desarrollo general del pensamiento político, sociológico y educativo moderno. Rousseau, unos años antes de la Revolución, tuvo cinco hijos ilegítimos a quienes abandonó en un orfanato (a cuatro de los cuales ni siquiera reconoció legalmente) y luego formuló la teoría de que el Estado es quien debería criar a los hijos y educarlos.[12]

De igual modo, nosotros pecamos, cometemos errores y luego construimos una cosmovisión que se ajuste a lo que hicimos, de tal manera que justifique nuestra forma de vivir. Y esto no es exclusivo del no cristiano; por desgracia, también ha llegado a ser común entre los creyentes. Lo vemos cuando alguien abre la Palabra de Dios y se encuentra con el llamado a la santidad de parte de Dios, pero luego sale y define para sí mismo lo que él entiende que es un nivel de vida santo. Es evidente que la Iglesia ha perdido su norte cuando piensa de esta manera.

Pero ¿cómo toma decisiones una sociedad que vive sin brújula, sin un norte al que apuntar? He aquí algunos ejemplos:

En una sociedad sin brújula, **las encuestas crean la opinión pública.** En el momento de tomar decisiones vamos a las encuestas, vemos las estadísticas que ellas proporcionan y entonces tomamos decisiones basadas en esos resultados. Pero lo que determina que algo sea correcto o incorrecto, apropiado o inapropiado, no es el voto de la mayoría, sino el hecho de que hay una ley moral que ha sido dada, una verdad que no se puede negociar. Por otra parte, la experiencia ha demostrado

---

[11] Norman L. Geisler y Ronald M. Brooks, *When Skeptics Ask: A Handbook on Christian Evidences* (Grand Rapids, MI: Baker Books, 1990), 23.

[12] Paul Johnson, *Intellectuals* (Nueva York: Harper & Row, 1988), 21-24.

que muchas veces las encuestas son manipuladas y no necesariamente reflejan la opinión real de la sociedad.

En una sociedad sin brújula, **los políticos aprueban las leyes que garanticen sus votos.** Esta es una realidad: los políticos estudian la sociedad, investigan qué es lo que la mayoría votante quiere, y entonces les prometen eso que ellos quieren. Luego, al tomar el mando, se olvidan de esa mayoría o se ocupan solo de aprobar las leyes que beneficien a ese grupo que les dio el poder, sin importar si es o no lo más beneficioso para el país.

En una sociedad sin brújula, **los líderes religiosos complacen a sus congregaciones.** Con el propósito de no perder ovejas ni de ofender a nadie, vemos a pastores y líderes religiosos endulzándole el oído a su congregación, predicando la Palabra de Dios diluida, muy por debajo del estándar bíblico; y entonces, como resultado, tenemos grandes congregaciones a expensas de la verdad, donde las ovejas están siendo acariciadas y entretenidas en vez de confrontadas con la verdad e instruidas en ella.

En una sociedad sin brújula, **la tecnología redefine la verdad.** Años atrás se discutía la fecha de cuando podía o no realizarse un aborto. Entonces se hablaba de que quizás la fecha límite debía ser la semana 28 del embarazo, ya que el niño no era capaz de sobrevivir antes de ese tiempo, y por lo tanto no podía considerarse como un ser humano. Luego la tecnología mejoró y los niños nacidos prematuros podían ser salvados a una edad más temprana. Entonces se comenzó a hablar de que quizás la fecha límite para permitirse debía ser la semana 24 de gestación porque el niño era capaz de sobrevivir desde las 24 semanas en adelante. Ahora que el niño era viable a partir de la semana 24, se lo consideraba como una vida humana, pero no así cuando la tecnología no lo permitía, de manera que el concepto de la vida era definido por el avance de la ciencia. Hoy en día tenemos niños que han podido sobrevivir a partir de las 22 semanas de gestación; entonces algunos considerarían al bebé como un ser humano a partir de esa fecha. De nuevo, esto implica que es la ciencia o el avance de la ciencia lo que parece determinar lo que es o no una vida humana. La verdad no cambia con el progreso del hombre. La

Palabra afirma que Dios entreteje el embrión y que Él supervisa el desarrollo de esa vida humana desde el momento de su concepción (Sal. 139:13-17). En una sociedad sin brújula, **el respeto a la privacidad está por encima de lo moral.** Una vez más tomaremos el caso del aborto como ejemplo. La mujer embarazada dice que ese vientre es suyo, que es privado y que, por lo tanto, ella puede hacer lo que quiera con la criatura que está en su vientre porque ella tiene el derecho de dirigir su vida privada. Como resultado, la constitución de muchos países defiende el derecho al aborto sobre la base del derecho a la privacidad. En otras palabras, para estas personas la privacidad está por encima de lo que Dios piensa.

En una sociedad sin brújula, **la posición intermedia entre dos extremos «debe ser la correcta».** Otra forma que la sociedad sin valores absolutos tiene para determinar lo que es correcto e incorrecto es buscar una posición intermedia de tal manera que no tengamos que ofender a nadie; y, como resultado, no ser ofensivos ha pasado a ser un valor. Ser tolerante es uno de los valores primarios de nuestra sociedad posmoderna, por encima del carácter, y aun por encima de la verdad. Pero, una vez más, no podemos negociar la verdad porque cuando negociamos la verdad estamos negociando la integridad. «En una sociedad en que el mayor pecado es ser ofensivo y la mayor virtud es no serlo, es difícil compartir un mensaje que en su raíz es ofensivo a la mente del hombre caído».[13]

En una sociedad sin brújula, **si algo te hace sentir bien no puede ser malo.** Los sentimientos se colocan por encima de todo lo demás. Esta forma de pensar es la que está detrás de la famosa frase de la reconocida marca de ropa deportiva Nike, *Just do it!*, que se traduce al español como «¡Solo hazlo!». Si te hace sentir bien, solo hazlo. El placer ha pasado a ser un valor que pesa más que la integridad. Citando de nuevo a Erwin Lutzer, la realidad es que, «por naturaleza, no somos movidos por la razón, sino por nuestros deseos. Sin los

---

[13] Erwin W. Lutzer, *Who Are You to Judge?: Learning to Distinguish Between Truths, Half-Truths, and Lies* (Chicago, IL: Moody Press, 2002), 26.

límites de las leyes y la religión, el hombre siempre se desviará en la dirección de sus deseos, sus sensaciones inmediatas».[14]

La sociedad de hoy, como mencionamos antes, no tiene aprecio por las leyes de Dios ni tampoco cree en la existencia de un estándar absoluto por el cual todos debamos regirnos. El problema es que, como resultado de la desaparición del estándar, desaparece el concepto de lo bueno o lo malo, y con este desaparece también el concepto de culpa.

Si hay algo que caracteriza nuestros días es la ausencia del sentimiento de culpa y la manera como tratamos de racionalizarla las raras veces en que la sentimos. Lamentablemente, vivimos en el siglo de la exoneración. El ser humano no solo quiere exonerarse a sí mismo de la culpa, sino que también se disgusta cuando otros no lo exoneran. Y es que, cuando comenzamos a ver cada vez más borrosa la línea entre lo bueno y lo malo, el sentido de culpa comienza a desaparecer.

Ahora bien, debemos señalar la diferencia entre el sentimiento de culpa y el de vergüenza. La **culpa** es un sentimiento de dolor emocional que se experimenta al violar una ley o un código moral, más allá de la razón que llevó a la persona a cometer la violación; mientras que la **vergüenza** es una emoción o sentimiento que se experimenta al descubrir que no somos lo que deberíamos ser o se pensaba que éramos. Es importante hacer esta diferenciación porque muchas veces, siempre y cuando no seamos descubiertos, tendemos a sentirnos bien con nosotros mismos porque lo que valoramos no es la integridad, sino el no pasar vergüenza. Entonces, somos capaces de hacer lo indecible para evitar ser avergonzados ante los demás.

Y es que, si la ley moral y su dador no existen, ambos sentimientos, la culpa y la vergüenza, desaparecen; y con ellos desaparece también **el sentido del deber,** el cual es definido como «la disposición de honrar nuestras obligaciones sin esperanza de recompensa, o sin miedo de ser castigados».[15]

---

[14] Ibíd., 23.
[15] James Q. Wilson, *The Moral Sense* (Nueva York: Free Press, 1993). Citado por David Wells en *Losing Our Values: Why the Church Must Recover Its Moral Vision* (Grand Rapids, MI: Eerdmans, 1998), 156.

Es muy raro encontrarnos con personas que tengan la disposición de hacer un trabajo sin esperar ser recompensados. Pero esto no debería sorprendernos, pues muchas veces son los mismos padres quienes han fomentado esto en sus hijos. Un padre que le promete a su hijo llevarlo al cine si se porta bien, de forma indirecta, está enseñándole a su hijo que él debe comprar su obediencia. Podríamos halagar la buena conducta o desempeño de nuestros hijos con algún detalle, si así lo deseamos, pero ese padre no tiene ni debería tener que comprar su obediencia. La obediencia es un deber de los hijos para con los padres.

Como creyentes, debemos inculcar en nuestros hijos el sentido del deber desde temprana edad. El problema es que queremos exigir a nuestros hijos que muestren un carácter que nosotros mismos no estamos reflejando y que no hemos formado en ellos.

El rol de la Iglesia: formación de una mente bíblica

La mente es el filtro de toda la información recibida y de toda la información que sale de nosotros. Dicha mente ha sido profundamente afectada por la caída del hombre, y ese proceso de alteración de la capacidad de discernir continua empeorando a lo largo de los años con la información no bíblica que vamos recibiendo mientras crecemos. Esto ocurre de formas distintas. A manera de ilustración de cómo ocurre este proceso, hablemos de las imágenes que nos presentan las campañas publicitarias. Estas son más que el reflejo de una sociedad que crea necesidades irreales en la mente de nuestros jóvenes en vez de satisfacer las necesidades del alma. Un ejemplo de ello lo vemos en la distorsión que existe en esta generación del concepto de belleza. Una agencia publicitaria contrata a una modelo profesional, la maquilla con los mejores productos, la fotografía bajo la mejor iluminación, retoca las fotos utilizando el mejor sistema (*software*) de edición disponible, luego imprime las fotos y las coloca en una valla gigante que dice: «Usa este producto y te verás como ella». De esta manera creamos modelos y deseos ficticios de belleza. Nuestra percepción de la belleza está distorsionada. Esa práctica implica una falta de integridad de parte de las empresas y agencias publicitarias; y lo peor de todo es que la población se cree esa mentira.

Es el deber de la Iglesia hablar de las necesidades reales del ser humano y mostrarle al mundo que solo Dios puede satisfacerlas. El alma tiene necesidades reales de algo que va más allá de lo temporal y tangible porque Dios ha puesto la eternidad en el corazón del hombre (Ecl. 3:11). Sin embargo, aun conociendo esto, el pueblo de Dios no está cumpliendo su rol de ser luz en medio de una generación torcida y perversa (Fil. 2:14-16).

Josh McDowell, en su libro *Es bueno o es malo*, expresa las razones por las cuales él entiende que la sociedad está como está:

> Pienso que una de las principales razones por las que esta generación está marcando nuevos récords de deshonestidad, irrespeto, promiscuidad sexual, violencia, suicidio y otras patologías, es porque ha perdido sus lineamientos morales, sus creencias fundamentales; sus creencias fundamentales sobre moralidad y verdad se han erosionado. Como dijo el periodista Rowland Nethaway, «ellos no parecen distinguir lo correcto de lo incorrecto».[16]

Y como resultado, «la verdad se ha convertido en una cuestión de gusto; la moralidad ha sido reemplazada por preferencias individuales».[17]

«Nuestros jóvenes están siendo educados en escuelas que profesan ofertar educación "libre de valores, moralmente neutral". Los libros de texto y los profesores expresan: "No te podemos decir lo que está bien o mal. Tú debes decidirlo por ti mismo. Solo podemos hacerte consciente de las opciones"».[18] Esto ha permeado en las instituciones educativas en todos los niveles. En una ocasión entrevistamos a

---

[16] Josh McDowell y Bob Hostetler, *Right from Wrong: What you need to know to help youth make right choices* (Dallas, TX: Word Publishing, 1994), 12.
[17] Ibíd., 13.
[18] Ibíd.

un profesor de ética de una de las universidades católicas de Santo Domingo, República Dominicana, y nos expresó algo muy parecido. Él dijo: «En realidad, yo no les puedo decir a mis estudiantes lo que está bien o lo que está mal; yo simplemente les digo cuáles son las diferentes opciones y sistemas éticos, y entonces que cada cual decida cómo quiere vivir». Por desgracia, esta es la realidad de nuestra sociedad y nosotros, los cristianos que estamos insertos en ella; no podemos desconocer esta realidad porque nos afecta también a nosotros.

Cuando no tenemos un estándar absoluto, todas las áreas de funcionamiento social son afectadas, desde las películas que vemos hasta la manera en que nos comportamos al tomar un examen. Resulta muy triste ver que aun dentro de la Iglesia hemos perdido no solo el sentido de vergüenza, sino también el sentido de culpa. Y esta es la razón por la que entendemos necesario hablar de estas cosas al pueblo de Dios, pues la Iglesia está siendo afectada; su liderazgo está siendo afectado. Y si así anda el liderazgo, ¿qué será de las ovejas? Y si así ocurre dentro de la Iglesia de Cristo, ¿cómo pretendemos ser sal y luz en la sociedad? No seremos más que ciegos guías de ciegos (Mat. 15:14). La Iglesia debe ayudar al creyente a desarrollar una mente bíblica, de manera que sus pensamientos y sus acciones sean consecuentes con la verdad divina. Y que de esta forma él pueda impactar su entorno, y cumplir su rol de ser luz del mundo y sal de la tierra.

Lamentablemente, hoy estamos donde estamos porque, como dijo el filósofo griego Protágoras hace ya muchos años, «el hombre es la medida de todas las cosas». Y aunque este es un concepto que viene desde la antigüedad, hoy más que nunca vemos cómo todas las cosas se miden de acuerdo al concepto que el hombre tenga de ellas. Y no es solo esto, sino que también medimos el valor de las cosas, y aun de las personas, por los beneficios que nos van a aportar. Como mencionábamos antes, es muy raro encontrar personas que estén dispuestas a hacer algo sin recibir algún tipo de beneficio a cambio. Y esta manera de pensar, tan común en el mundo secular, se ha infiltrado en la Iglesia a varios niveles.

Como hemos visto hasta ahora, nada pasa en la sociedad sin que afecte a la Iglesia. Por esta razón, el creyente debe prestar mucha atención a todo aquello que invade su mente, pues lo que invade su mente invade también su corazón; y lo que invade su corazón tendrá un impacto en la manera en que él se conduzca en su vida cristiana.

En la cultura tan emocional de nuestros días, «¿cómo comunicamos el evangelio a una generación que oye con los ojos y piensa con las emociones?».[19] Lo cierto es que resulta muy difícil, pues es una cultura que va tras la pasión de los ojos; pero es el deber de la Iglesia hacer sonar la voz de alarma, pararse en la brecha y levantar el estándar de la Palabra como única fuente de verdad. Si queremos impactar en la sociedad de nuestros días, es vital que el creyente viva y honre la verdad de Dios.

REFLEXIÓN FINAL

En el libro de Jeremías podemos ver de una forma muy clara cuál ha sido la opinión de Dios acerca del deterioro moral que la sociedad ha experimentado desde la antigüedad. Jeremías 6:15 dice: *¿Se han avergonzado de la abominación que han cometido? Ciertamente no se han avergonzado, ni aun han sabido ruborizarse; por tanto caerán entre los que caigan; en la hora que yo los castigue serán derribados —dice el Señor.* Dios declara a través del profeta Jeremías que estos hombres que habían pecado y que, en su pecado, no mostraron vergüenza ni se ruborizaron serían derribados y recibirían su castigo. No es solo que pecaron delante de Dios, sino que no se encontró en ellos sentimiento alguno de culpa ni vergüenza. Esta es la razón por la que a veces, luego de confrontar a alguien con su pecado, su respuesta es: «Pero ¿cuál es el problema? Eso no fue tan grave». El problema es que no hay sentido de vergüenza, no hay sentido de culpa; y esto no sucede de la noche a la mañana. A menudo, cuando la persona llega a

---

[19] Ravi Zacharias, «An Ancient Message, through Modern Means, to a Postmodern Mind», *Telling the Truth: Evangelizing Postmoderns,* ed. por D.A. Carson, 19-29 (Grand Rapids, MI: Zondervan, 2000), 24.

ese punto, es porque desde hace tiempo venía deslizándose de manera descendente en una espiral de pecado.

La pérdida del sentido de vergüenza requiere varias condiciones. En primer lugar, requiere que se haya perdido el sentido de lo que es moral o inmoral. En segundo lugar, requiere que se haya incurrido en la falta de manera repetida, de tal modo que se convierta en algo normal, y la práctica muchas veces pasa a convertirse en un hábito. Cuando vivimos en una cultura profana, si no somos intencionales en evitarlo, lo profano poco a poco va a terminar contaminándonos; y sin darnos cuenta, de repente lo profano nos parecerá normal. Esto sucede, por ejemplo, cuando no filtramos lo que vemos en televisión. Poco a poco la televisión nos convence de que la inmoralidad, la falta de integridad y el pecado que vemos no son tan graves en realidad; o como a veces decimos: «Está mal, pero no tan mal como otras cosas». ¿Alguna vez se ha encontrado haciendo esta comparación? Esa es la razón por la que las noticias de asesinatos, violaciones, robos, y otros crímenes nefastos, ya no nos sorprenden tanto. Nos hemos expuesto, sin detenernos a discernir lo bueno de lo malo, y al final hemos terminado negociando nuestra integridad a nivel personal, familiar, laboral y social.

Es por esta razón que el cristiano de hoy solo puede sobrevivir en una burbuja, es decir, dentro de las cuatro paredes de su iglesia y dentro de un círculo de amigos cristianos, que se juntan para hablar nada más que de asuntos cristianos, cantar alabanzas y comer. Él piensa que mientras permanezca ahí, en su burbuja, las posibilidades de pecar serán mínimas, ¡pero hasta allí dentro pecamos! Y si nos sacan de nuestra burbuja y quedamos expuestos a todo tipo de tentación en la sociedad, en nuestro trabajo, en el manejo de nuestros recursos, y otras cosas por el estilo, entonces no sabemos cómo manejarlo y terminamos tan corrompidos como el no creyente porque no sabemos vivir fuera de nuestro «ambiente protegido». La razón es que no hemos desarrollado una mente bíblica, no hemos cultivado nuestro carácter y tampoco hemos asumido el compromiso de proteger, respetar y valorar nuestra propia integridad.

Si esperamos a estar frente a la tentación para tomar la decisión de caminar con integridad, será demasiado tarde. Pero si de antemano asumimos un compromiso con la integridad y dependemos de Dios, entonces vamos a poder resistir las tentaciones que la sociedad nos presenta, y al final podremos ser sal y luz en medio de la generación en la que Dios nos ha colocado. Su Palabra nos señala el camino, Su Espíritu nos capacita y Su gracia provee la fortaleza para resistir la tentación o huir de ella por medio de la puerta que Dios mismo abre en el momento; tal como Pablo afirma en 1 Corintios 10:13: *No os ha sobrevenido ninguna tentación que no sea común a los hombres; y **fiel es Dios**, que no permitirá que vosotros seáis tentados más allá de lo que podéis soportar, sino que con la tentación proveerá también la vía de escape, a fin de que podáis resistirla* (énfasis agregado).

2.

¿QUÉ ES LA INTEGRIDAD?

*Ahora pues, temed al Señor y servidle
con integridad y con fidelidad; quitad los
dioses que vuestros padres sirvieron al
otro lado del Río y en Egipto, y servid al
Señor.*

~ *Josué 24:14*

INTRODUCCIÓN

Para continuar avanzando en el estudio de este tema y en la lectura de este libro, se hace necesario entender qué es y qué no es integridad porque el entendimiento y la práctica de la integridad tienen consecuencias monumentales en nuestro diario vivir. Como individuos tenemos diferentes tipos de valores por los cuales nos regimos, pero es la integridad la que nos va a permitir vivir de una manera congruente con los demás valores que hemos decidido abrazar. Si no consideramos la integridad como algo valioso y no negociable, tarde o temprano por nuestra falta de integridad, terminaremos violando cada uno de los demás valores que decimos tener. Estoy convencido de que hoy en día, lamentablemente, la mayoría de las personas, incluyendo a muchos cristianos, no ven la integridad como una virtud. Y este es un grave problema porque lo que no valoramos, lo negociamos y lo abandonamos con facilidad. **La integridad es el valor que garan-**

tiza todos los demás valores. Sin ella la sociedad pierde su norte y todas sus instituciones pierden su estabilidad, como lo hemos visto en instituciones financieras y en múltiples gobiernos.

DEFINICIÓN DE INTEGRIDAD

La integridad es el fundamento del carácter. Cuando no hay integridad, no hay un carácter bien formado. Si existe algo en lo que muchos podríamos estar de acuerdo es en que esta sociedad posmoderna se caracteriza por la mentira y la falsedad, que han traído como consecuencia grandes problemas morales a nivel personal, familiar e institucional; y todo esto tuvo su origen en la falta de integridad de los individuos que conforman esta sociedad.

La primera falta de integridad que la historia humana registra, la encontramos en el libro del Génesis, en el inicio mismo de la humanidad, cuando Dios se aproxima a Adán en el huerto del Edén y le pregunta: *¿Has comido del árbol del cual te mandé que no comieras?* (Gén. 3:11b). Adán y Eva admitieron haber comido del árbol; fueron honestos, pero les faltó integridad. Y es que estas dos cualidades no son lo mismo; **integridad no es necesariamente lo mismo que honestidad.** La honestidad debe llevarnos a admitir la falta cometida, pero la integridad no nos permite cometer dicha falta.

Entonces, ¿qué es lo que la integridad hubiese requerido de Adán y Eva? Ellos tenían que haber cumplido con lo acordado (Gén. 2:17). No fueron íntegros al comer del árbol prohibido. Asimismo, Adán y Eva, al ser confrontados por Dios, debieron haber respondido algo como esto: «Señor, soy responsable; comí porque decidí comer al escuchar que podíamos llegar a ser como tú». En cambio, Adán dijo: «La mujer que tú me diste por compañera me dio del árbol, y yo comí». Eva por otro lado respondió: «La serpiente me engañó, y yo comí». Eso no fue íntegro. Lo íntegro habría sido responder: «Yo quise comer —¿por qué?— porque la serpiente nos dijo que serían abiertos nuestros ojos, y a nosotros nos gustó la idea de ser como tú, Dios». Esa habría sido una respuesta honesta e íntegra a la vez.

La honestidad demanda que admitamos lo que hicimos, pero la integridad demanda que no quebrantemos lo pactado. Y si lo quebrantamos, debemos admitir por qué hicimos lo que hicimos, sin tratar de racionalizar o justificar. Nosotros necesitamos recordar todo el tiempo, y los padres necesitan enseñárselo a sus hijos, que la integridad va más allá de la acción; tiene que ver con la intención del corazón y la admisión de nuestras intenciones.

Ahora bien, nuestra integridad como individuos siempre se verá reflejada en tres niveles o en tres relaciones distintas: en primer lugar, en la relación que establecemos con nosotros mismos; luego en la relación que establecemos con Dios; y por último en la relación que establecemos con los demás. Si la integridad no se mantiene primero a nivel personal, no podrá sostenerse ante los demás.

Muchas veces no somos ni siquiera íntegros con nosotros mismos porque rehusamos admitir nuestros propios errores o faltas y terminamos autoengañándonos. Otras veces no somos íntegros ante Dios y una manera como podemos medir qué tan íntegros estamos siendo es analizando las oraciones que traemos delante de Dios. Cuando el cristiano se acerca a Dios, con frecuencia no es íntegro en sus oraciones, pues comienza a «adornarle» las circunstancias a Dios como si Dios no conociera la realidad: «Tú sabes, Dios, que estamos sometidos a muchas tentaciones, a muchas presiones…»; y así comenzamos a justificar nuestras acciones ante Dios. Y Dios muchas veces está oyéndonos y pensando: «¿Sabes qué? No tienes necesidad de adornar tu pecado». En vez de admitir nuestro pecado y confesarlo, estamos tratando de adornarlo y esconderlo. Y si no podemos ser honestos e íntegros con nosotros mismos y delante de Dios, que es Santo y Omnisciente, ¿cómo vamos a serlo ante los demás?

Debemos preguntarnos si somos honestos con nosotros mismos y qué tanto estamos racionalizando las cosas y justificándonos porque en la racionalización y en la justificación de nuestras acciones es donde a menudo violamos nuestra integridad. Lamentablemente este es el talón de Aquiles del ser humano, y muchas veces también del cristiano, lo cual es aun peor. Cuando dejamos de justificarnos, y somos íntegros, entonces podemos comenzar a ocuparnos de nuestro pecado de la manera correcta. Si usted, por ejemplo, es vanidoso y le gusta gastar dinero en cosas vanas, no justifique su pecado de vanidad con el argumento de «lo barato sale caro» o «lo bueno dura más». Eso puede ser cierto, pero en su caso es la vanidad la que lo está llevando por el camino equivocado. Admitamos la vanidad y dejemos de justificarnos, pues mientras adornemos el pecado llamándolo de otra forma, no podremos deshacernos de él y cambiar.

La razón por la que debemos perseguir, valorar y respetar nuestra integridad a nivel personal es que, cuando no somos íntegros con nosotros mismos, se nos hace mucho más difícil mantenernos firmes en nuestras convicciones y guardar nuestra integridad al relacionarnos con el mundo exterior.

Ahora bien, ser íntegros no consiste solo en actuar siempre conforme a nuestras convicciones. Los nazis tenían la convicción de que debían eliminar a los judíos, y así lo hicieron. Ellos estaban convencidos de la superioridad de la raza aria. Pero esto no tuvo nada de íntegro porque no se trata nada más que de actuar de acuerdo a nuestras convicciones; la integridad va mucho más allá. Debemos preguntarnos si nuestros valores se corresponden con lo moral; y entonces, cuando actuamos en consecuencia con los valores morales, estamos siendo íntegros. Pero lo moral lo define Dios y no el hombre.

El problema es que, como mencionamos en el capítulo anterior, con el pasar de los años las definiciones han ido cambiando; y como consecuencia, lo que antes era considerado inmoral, porque se oponía a los preceptos divinos o era contrario a las obligaciones que cada hombre tenía ante los demás, hoy en día podría ser considerado como algo completamente moral; ahora es la sociedad la que determina lo que es apropiado e inapropiado, y no un estándar divino. Esto implica que la definición de inmoralidad puede variar según cada cultura, de manera que ciertas acciones pudieran ser consideradas inmorales en un país, pero no en otro. Sin embargo, como creyentes, nosotros sabemos que no es así como Dios ve las cosas y que hay un estándar absoluto.

Stephen Carter, profesor de leyes de la universidad de Yale, en su libro *Integrity* [Integridad], comenta que la integridad requiere de tres pasos: «1) Discernir lo bueno de lo malo. 2) Actuar de acuerdo a lo discernido, a un costo personal. 3) Decir abiertamente que estás actuando de acuerdo a lo que entiendes como bueno o malo».[1] Entonces, según esta definición de integridad, lo primero que debemos hacer es discernir lo bueno de lo malo, lo moral de lo inmoral. En segundo lugar, necesitamos actuar de acuerdo a lo discernido; y si esto tiene un costo, debemos estar dispuestos a pagarlo. Y, en tercer lugar, debemos reconocer y admitir en público lo que creemos, y los valores con los cuales nos identificamos.

INTEGRIDAD PARA CON DIOS Y PARA CON LOS HOMBRES

Para los hombres las acciones son importantes, es decir, lo externo. Si algo luce bien y parece ser congruente, lo aceptamos como bueno y válido. Sin embargo, *Dios ve no como el hombre ve, pues el hombre mira la apariencia exterior, pero el Señor mira el corazón* (1 Sam. 16:7b). Para Dios las motivaciones del corazón son tan importantes como nuestras acciones. En ocasiones elegimos decir la verdad no porque fuera lo correcto, sino porque en ese momento era lo que nos convenía. Nuestra motivación no era ser íntegros, sino quedar bien frente a los demás. Pero la integridad requiere más que esto; la integridad nos demanda que digamos la verdad más allá del costo o de los beneficios.

Hemos hablado de que hay una integridad que tiene que ver con nuestro hombre interior. Y si de antemano decidimos en nuestro corazón que, sin importar las consecuencias, siempre diremos la verdad, cuando llegue el momento de la prueba, se nos hará mucho más fácil resistir la tentación de mentir para evitar pagar el costo de decir la verdad.

Un ejemplo bíblico de que la integridad va mucho más allá de lo externo puede encontrarse en las palabras del apóstol Pablo en 1 Corintios 4:1-5 cuando dice:

---

[1] Stephen Carter, *Integrity* (Nueva York: HarperCollins, 1996), 7.

Que *todo* hombre nos considere de esta manera: como servidores de Cristo y administradores de los misterios de Dios. Ahora bien, además se requiere de los administradores que *cada* uno sea hallado fiel. En cuanto a mí, es de poca importancia que yo sea juzgado por vosotros, o por *cualquier* tribunal humano; de hecho, ni aun yo me juzgo a mí mismo. Porque no estoy consciente de nada en contra mía; mas no por eso estoy sin culpa, pues el que me juzga es el Señor. Por tanto, no juzguéis antes de tiempo, *sino* esperad hasta que el Señor venga, el cual sacará a la luz las cosas ocultas en las tinieblas y también pondrá de manifiesto los designios de los corazones; y entonces cada uno recibirá su alabanza de parte de Dios.

Este pasaje nos muestra con claridad que el apóstol Pablo entendía que ser hallado fiel, lo cual requiere integridad, no tiene que ver con la opinión que los demás tengan de nosotros, o con la opinión que tengamos de nosotros mismos, mucho menos con nuestra forma de actuar; sino que tiene que ver con las motivaciones de nuestro corazón, las cuales no están ocultas delante de Dios. El ser humano está más interesado en el que dirán de los demás; pero eso es reputación, sino carácter. Otras veces le interesa vivir en paz aunque esa paz sea el fruto de la autojustificación y de creerse sus propias mentiras. El apóstol Pablo nos muestra con claridad que lo único importante al final de la historia es la opinión de Dios. Y, si lo es al final de la historia, debiera serlo al principio también.

La integridad involucra *el corazón,* lo que yo siento; *la mente,* lo que yo pienso; y *la voluntad,* cómo yo actúo. Podemos predicar lo que no amamos, enseñar lo que no creemos, afirmar lo que no practicamos e incluso podemos orar y pedir lo que en realidad no queremos. Y esto ocurre con más frecuencia de lo que pensamos porque ingenuamente hemos llegado a creer que podemos engañar a Dios. Alguien podría orar para que, si es la voluntad de Dios, Él le devuelva a su esposo o esposa y a la vez no estar deseando ese regreso, por ejemplo.

Requisitos para la integridad

Hasta aquí hemos hablado de que vivir con integridad requiere de varias cosas, y ahora queremos ilustrarlo a través de diferentes ejemplos que encontramos en la Biblia.

1. La integridad requiere reflexión y discernimiento.

Las personas no reflexivas suelen comprometer la integridad de sus vidas. Pero a la hora de reflexionar necesitamos hacerlo acerca de la verdad de Dios y no de las mentiras que nos llegamos a creer. Dios nos ha revelado cómo adquirimos discernimiento para reflexionar correctamente. Hebreos 5:14 dice: Pero *el alimento sólido es para los adultos, los cuales por la práctica tienen los sentidos ejercitados para discernir el bien y el mal.*

No siempre la línea entre lo correcto y lo incorrecto será evidente para el creyente; por esta razón necesitamos discernimiento. Y la manera en que lo adquirimos es reflexionando y meditando en la Palabra de Dios, de manera que nuestros sentidos sean ejercitados a fin de que, a la hora de la prueba, podamos discernir entre lo bueno y lo malo, lo moral y lo inmoral, lo apropiado y lo inapropiado; entre lo que es lícito, pero no conveniente; y entre lo que es posible, pero no prudente.

2. La integridad requiere acción.

Esto lo vemos en la vida del rey Josías, como lo ilustra el pasaje de 2 Reyes 23:19,24:

> Josías quitó también todas las casas de los lugares altos que *estaban* en las ciudades de Samaria, las cuales habían hecho los reyes de Israel provocando a ira al Señor; les hizo tal y como había hecho en Betel. […] Josías también quitó los médium y los espiritistas, los ídolos domésticos y los *otros* ídolos, y todas las abominaciones que se veían en la tierra de Judá y en Jerusalén, con el fin de confirmar las palabras de la ley que estaban escritas en el libro que el sacerdote Hilcías había hallado en la casa del Señor.

Para el rey Josías no fue suficiente condenar el espiritismo y señalar que lo que el pueblo hacía estaba mal delante de Dios; él actuó conforme a lo que entendía que era lo correcto y removió todos los altares y los ídolos de la nación. Son muchos los que hablan de lo que se debe hacer, pero pocos los que actúan. La integridad requiere acción, y si somos honestos con nosotros mismos al revisar nuestras vidas, nos daremos cuenta de que muchas veces no fuimos íntegros porque permanecimos pasivos; nos hemos conformado con señalar lo que está mal, pero no hemos hecho nada para cambiarlo. Tenemos que levantarnos, entrar en acción, pararnos en la brecha y derribar todo aquello que no es íntegro, o por lo menos intentarlo.

3. La integridad requiere identificación pública.

La integridad requiere que nos identifiquemos en público con el estándar que hemos decidido abrazar en nuestro interior, sin importar el costo. En el caso de Juan el Bautista, el costo fue su propia vida, pero su integridad no le permitió quedarse callado ante lo que estaba mal. Mateo 14:3-11 nos relata lo siguiente sobre el rey Herodes:

> Porque Herodes había prendido a Juan, lo había atado y puesto en la cárcel por causa de Herodías, mujer de su hermano Felipe, porque Juan le decía: No te es lícito tenerla. Y aunque Herodes quería matarlo, tenía miedo al pueblo, porque consideraban a Juan como un profeta. Pero cuando llegó el cumpleaños de Herodes, la hija de Herodías danzó ante *ellos* y agradó a Herodes. Por lo cual le prometió con juramento darle lo que ella pidiera. Ella, instigada por su madre, dijo: Dame aquí, en una bandeja la cabeza de Juan el Bautista. Y aunque el rey se entristeció, a causa de sus juramentos y de sus invitados, ordenó que se *la* dieran; y mandó decapitar a Juan en la cárcel. Y trajeron su cabeza en una bandeja y se la dieron a la muchacha, y ella *se la* llevó a su madre.

Nosotros podemos decir que estamos en contra del aborto, por ejemplo, pero, si no hacemos nada al respecto, si en público no tratamos de hacer todo cuanto esté a nuestro alcance para luchar en contra de esto, no estamos siendo íntegros porque no estamos actuando conforme a las convicciones que decimos tener. Si el creyente no levanta el estándar de Dios en su entorno, la Iglesia nunca va a tener el impacto necesario para transformar la sociedad. Cuenta la historia que la reina María de Escocia, en respuesta a las oraciones imprecatorias de John Knox, líder de la reforma protestante en Escocia, dijo: «Temo más a las oraciones de John Knox que a todos los ejércitos reunidos de Europa». La razón por la que los reformadores tuvieron el impacto que tuvieron fue porque, así como Juan el Bautista, ellos se identificaron públicamente con lo que creían y denunciaron lo que estaba mal.

4. La integridad requiere valor.

En el Antiguo Testamento, en específico en el libro de Daniel, encontramos el ejemplo de tres hombres que en el momento de la prueba tuvieron el valor de mantenerse firmes en sus convicciones y no se dejaron amedrentar por el peligro frente al cual se encontraban. Muchos conocen la historia de Sadrac, Mesac y Abed-nego, tres jóvenes judíos que se negaron a postrarse y adorar la estatua de oro que el rey Nabucodonosor había levantado. Al ser traídos ante el rey y amenazados con ser echados en un horno de fuego ardiente, ellos respondieron:

> Ciertamente nuestro Dios a quien servimos puede librarnos del horno de fuego ardiente; y de tu mano, oh rey, nos librará. Pero si no *lo* hace, has de saber, oh rey, que no serviremos a tus dioses ni adoraremos la estatua de oro que has levantado (Dan. 3:17-18).

Eso es integridad en la vida real: reflexión, acción, identificación y valor. Si la Iglesia de hoy tuviera estas características, otra sería la realidad de nuestra sociedad.

JOSÉ: UN MODELO DE INTEGRIDAD

A continuación quisiéramos usar la vida de José, hijo de Jacob, como un modelo de integridad, porque en él se ven reflejadas con claridad varias de las características que acabamos de explicar. Génesis 39:7-16 dice:

Sucedió después de estas cosas que la mujer de su amo miró a José con deseo y *le* dijo: Acuéstate conmigo. Pero él rehusó y dijo a la mujer de su amo: Estando yo aquí, mi amo no se preocupa de nada en la casa, y ha puesto en mi mano todo lo que posee. No hay nadie más grande que yo en esta casa, y nada me ha rehusado excepto a ti, pues tú eres su mujer. **¿Cómo entonces iba yo a hacer esta gran maldad y pecar contra Dios?** Y ella insistía a José día tras día, pero él no accedió a acostarse con ella *o* a estar con ella. Pero sucedió un día que él entró en casa para hacer su trabajo, y no había ninguno de los hombres de la casa allí dentro; entonces ella lo asió de la ropa, diciendo: ¡Acuéstate conmigo! Mas él le dejó su ropa en la mano, **y salió huyendo afuera.** Y cuando ella vio que él había dejado su ropa en sus manos y había huido afuera, llamó a los hombres de su casa y les dijo: Mirad, nos ha traído un hebreo para que se burle de nosotros; vino a mí para acostarse conmigo, pero yo grité a gran voz. Y sucedió que cuando él oyó que yo alzaba la voz y gritaba, dejó su ropa junto a mí y salió huyendo afuera. Y ella dejó junto a sí la ropa de él hasta que su señor vino a casa (énfasis agregado).

Este fue un hombre íntegro y su historia puede ayudarnos a entender bien lo que se requiere para mantener la integridad.

En primer lugar, **mantener la integridad requiere dominio propio.** En el versículo ocho vemos cómo José no accedió a la invitación que le estaba haciendo la mujer de Potifar; esto requirió dominio propio y firmeza de su parte.

En segundo lugar, **mantener la integridad requiere responsabilidad.** No bien José escuchó la invitación, la rechazó, pues él era consciente de la responsabilidad que su amo había dejado en sus manos de cuidar de su casa y de todo cuanto era suyo, lo cual incluía también a la esposa de Potifar. El sentido del deber le decía a José que él no podía hacerle eso a su amo.

En tercer lugar, **mantener la integridad requiere temor de Dios.** José estaba al mando de la casa de Potifar, y en ausencia de este nadie tenía mayor autoridad que José. Sin embargo, no fue solo su sentido de responsabilidad para con Potifar lo que lo mantuvo firme ante la prueba, sino que José sabía que había un Dios santo cuyo estándar moral él deseaba honrar: *¿Cómo entonces iba yo a hacer esta gran maldad y pecar contra Dios?* (v. 9b). El temor reverente a Dios es lo que nos va a ayudar a mantenernos firmes ante la tentación.

En cuarto lugar, **mantener la integridad requiere poner límites.** Nada le había sido negado a José de la casa de Potifar, excepto su esposa. Había un límite puesto de antemano, de manera que, a pesar de la insistencia de la mujer, que según el versículo 10 era día tras día, José no accedió a estar con ella. Y esto es una gran enseñanza: las decisiones morales deben tomarse con antelación, no en el momento de la tentación.

En quinto lugar, **mantener la integridad requiere huir de la tentación.** Muchas veces pecamos porque no sabemos reconocer nuestra debilidad y salir corriendo cuando vemos que la prueba se nos acerca. Nos creemos más fuertes de lo que en verdad somos y nos sentamos a coquetear con el pecado, pensando siempre que no nos dominará. Pero salir corriendo ante la tentación no es una muestra de debilidad, sino de fortaleza. Se requiere mucho valor para huir de la tentación.

Por último, **mantener la integridad requiere pagar un precio.** En el caso de José, el precio fue ser encarcelado de manera injusta (Gén. 39:19-20). No siempre sabremos cuál será el costo que terminaremos pagando por nuestra integridad, pero, si queremos vivir de manera íntegra, tenemos que reconocer que habrá un precio que pagar y debemos estar dispuestos a pagarlo sin importar qué tan alto sea.

Razones que nos llevan a violentar la integridad

A pesar de nuestras mejores intenciones, lo cierto es que muchas veces terminamos comprometiendo nuestra integridad, ya sea a nivel privado o público, porque no supimos vivir de manera consecuente con la verdad divina. Y aunque varias son las razones que pueden llevar a una persona a violentar su integridad, quisiéramos concentrarnos en aquellas razones que consideramos las más comunes.

La avaricia

El deseo desordenado de poseer y adquirir riquezas, de tener todo cuanto se quiere, es una de las principales razones que llevan a una persona a quebrantar su integridad. Y esto es así pues, como ya hemos mencionado antes, una vez que deseamos algo, la línea entre lo correcto y lo incorrecto comienza a nublarse, y como consecuencia, somos capaces de hacer cualquier cosa a fin de conseguir lo que deseamos. La Palabra de Dios nos enseña que la raíz de todos los males es el amor al dinero y nos advierte que los que quieren enriquecerse caen en tentación y lazo, y en muchos deseos necios y dañinos que pueden llegar a extraviar a los hombres de la fe y a hundirlos en la ruina y en la perdición (1 Tim. 6:9-11). El problema entonces no es el dinero, sino el amor y el deseo desordenado por él, que es capaz de hacernos ir aun en contra de nuestra integridad para adquirirlo.

La presión de cumplir con ciertos estándares o expectativas

Esto lo vemos muy claro a nivel institucional, donde los empleados de las compañías se ven presionados a lograr ciertos resultados y a calcular su éxito en función de los números. Pero esto lo vemos también a nivel de la Iglesia, donde los pastores han comenzado a medir el éxito de sus ministerios en función de los números: cuántos miembros tiene la iglesia, cuántos ministerios operan a la semana, cuántas campañas evangelísticas se hacen al año, cuántas profesiones de fe se hacen al mes, cuántos diezmos y ofrendas se recogen cada domingo y así sucesivamente. Recordemos que podemos satisfacer las expectativas de todo el mundo y aun así ser desaprobados por Dios.

La búsqueda del placer y del interés personal

Muchos han desarrollado un estilo de vida irresponsable frente a la sociedad y han terminado comprometiendo su integridad. David Callahan, en su libro *Kindred Spirits* [Espíritus afines],[2] comenta que estudió a los graduados de la Escuela de Negocios de la Universidad de Harvard del año 1949, el 91% de los cuales eran veteranos de la Segunda Guerra Mundial, y cómo la mayoría de ellos llegaron a ser presidentes de grandes compañías como Johnson & Johnson. Este autor comparó a estos graduados con los directores y presidentes ejecutivos de las compañías de hoy, y la conclusión a la que llegó fue que en los nuevos ejecutivos no había un espíritu de sacrificio para esperar por una gratificación tardía; para ellos se trataba más de obtener lo que querían. En otras palabras, en el pasado los ejecutivos eran seres humanos comunes y corrientes, muchos no creyentes, pero en ellos había una cierta integridad social, una manera diferente de hacer las cosas. En aquel entonces era común que un individuo lograra el éxito profesional y financiero después de unos 20 o 30 años de arduo trabajo. Sin embargo, los empresarios de hoy van tras el dinero rápido, buscan lograr en cinco años lo que otros tardaron toda una vida para alcanzar. La gratificación tardía es un concepto absurdo para ellos. Lamentablemente nuestros hijos están siendo educados de esa misma manera. Muchas veces como padres, por no querer hacer esperar a nuestros hijos, incurrimos en gastos y aun en préstamos financieros que luego no podemos pagar a fin de satisfacer sus deseos, solo porque no nos imaginamos haciéndolos esperar dos o tres años para llevarlos de viaje a Disney World, por ejemplo, cuando sus amiguitos de la escuela ya están yendo.

El sentido de competencia en el ámbito laboral y social

En febrero del año 2006, David Edmonson, entonces director ejecutivo de RadioShack, renunció a su cargo en la empresa luego de que saliera a la luz que había mentido en su currículum diciendo que tenía dos títulos universitarios, en Teología y Psicología, de una universidad a la que asistió durante solo dos semestres.[3] El sentido de competitividad

---

[2] David Callahan, *Kindred Spirits: Harvard Business School's Extraordinary Class of 1949 and How They Transformed American Business* (Hoboken, NJ: John Wiley, 2002), 14-27.
[3] Associated Press, «Radio Shack CEO resigns amid resumé questions», *USA Today, 20 de febrero de 2006.* http://usatoday30.usatoday.com/money/industries/retail/2006-02-20-radioshack-ceo_x.htm.

ha llevado a muchos a mentir acerca de su educación, hasta el punto de que ya no es raro ver, aun dentro de la Iglesia, a personas mintiendo sobre su experiencia laboral y nivel de educación a fin de obtener lo que desean. Cuando no tenemos la integridad como un valor no negociable, el deseo de ganar pasa a ser más importante, y terminamos violando nuestra integridad sin importarnos lo que nos pueda costar.

El poder de poder

Cuando el poder es visto como un beneficio personal, y no como una responsabilidad, su uso termina llevándonos al abuso. Y el abuso lleva a la pérdida del poder. Ese fue el problema que causó la Revolución Francesa: el abuso del poder por parte del rey llevó a la población a rebelarse y esto terminó en la pérdida del poder. El poder es un privilegio que debe ser usado para servir a otros y no para servirnos a nosotros mismos. En el caso del presidente de una nación, el poder que le ha sido otorgado es para servir a los ciudadanos (Rom. 13:1-4); en el caso de un pastor, debe ser usado para servir a sus ovejas (Heb. 13:17). El abuso del poder es una falta de integridad.

El orgullo

Sin dudas el orgullo ha sido uno de los grandes problemas del ser humano. C. S. Lewis decía que «el orgullo lleva a todos los demás vicios»[4] y una de las formas como lo hace es «cegándonos con respecto a nuestros propios errores y a nuestras propias debilidades». El orgullo nos ciega y no nos permite ver lo que en realidad somos, lo que hacemos, lo que decimos, lo que no cumplimos, lo que violentamos. Y la ceguera es tal que a veces escuchamos a personas decir: «Yo sé que soy muy humilde», con lo cual solo demuestran cuánto orgullo hay en ellos, pues a una persona verdaderamente humilde nunca se le ocurriría pensar que es humilde, mucho menos decirlo. Tenemos que ser muy orgullosos para pensar que somos humildes y luego atrevernos a decirlo frente a otros. Hasta tal punto es capaz de cegarnos el orgullo.

---

[4] C. S. Lewis, *Mere Christianity,* ed. rev. (Nueva York: HarperOne, 2015), 120.

Otra de las formas en que el orgullo se manifiesta es en la búsqueda de aprobación. Agustín, uno de los padres de la Iglesia primitiva, dijo: «El amor al honor es la pesadilla mortal de la verdadera piedad. Otros vicios dan a luz malas obras, pero este da a luz buenas obras de una manera malvada».[5] Entonces podemos entender cómo es que el orgullo es capaz de llevarnos a violentar nuestra integridad; pues muchas veces, con tal de escuchar el aplauso, con tal de sentir la aprobación, estamos dispuestos a comprometer nuestros valores. Pero como dijimos antes, Dios no ve lo externo y en el día final Él juzgará las intenciones de nuestro corazón, y entonces serán revelados cuántos mensajes predicamos o cuántos enfermos visitamos de una manera egoísta y en búsqueda del aplauso del hombre, y no de una manera santa, por amor a Su Nombre.

No sé si usted tiene esta costumbre, pero examinar siempre nuestras motivaciones es una buena práctica. No basta con hacer lo correcto: usted debe examinar las buenas obras que hace; las malas no hay que examinarlas, hay que eliminarlas. Pero las buenas obras hay que ponerlas a prueba y ver cuáles fueron las intenciones que nos llevaron a realizarlas porque, como decía Agustín, podríamos estar haciendo buenas obras de una manera perversa.

DIOS BENDICE LA INTEGRIDAD

La Biblia nos deja ver con claridad que andar en integridad de corazón delante de Dios y de los hombres trae a nuestras vidas múltiples beneficios, el principal de los cuales es el privilegio de tener a Dios a nuestro favor.

En el libro de Génesis, capítulo 20, vemos un ejemplo de esto en la vida de Abimelec, rey de Gerar. Los versículos del 4 al 6 dicen:

Mas Abimelec no se había acercado a ella, y dijo: Señor, ¿destruirás a una nación aunque *sea* inocente? ¿No me dijo él mis-

---

[5] Agustín, citado en John MacArthur, *The Power of Integrity: Building a Life Without Compromise* (Wheaton, IL: Crossway, 1997), 105.

mo: "Es mi hermana"? Y ella también dijo: "Es mi hermano." En la integridad de mi corazón y con manos inocentes yo he hecho esto. Entonces Dios le dijo en el sueño: Sí, yo sé que en la integridad de tu corazón has hecho esto; y además, yo te guardé de pecar contra mí; por eso no te dejé que la tocaras.

Al llegar a Gerar, por temor a perder su vida a causa de su mujer Sara, Abraham le dijo al rey Abimelec que ella era su hermana y no su esposa, por lo que, Abimelec tomó a Sara consigo. Pero antes de que él se acercara a ella, Dios intervino revelándole la verdad, y así lo libró de pecar. Al mentirle a Abimelec, Abraham mostró falta de integridad, pues él se escudó detrás del hecho de que Sara era su media hermana, hija de su padre. Pero él no fue íntegro porque no dijo toda la verdad: ella era también su esposa. Una media verdad, si es que pudiera existir tal cosa, no es más que otra forma de mentir.

Ahora bien, lo que queremos resaltar de esta historia es la respuesta que Dios le da a Abimelec: *Sí, yo sé que en la integridad de tu corazón has hecho esto; y además, yo te guardé de pecar contra mí; por eso no te dejé que la tocaras.* Es muy reconfortante saber que cuando Dios nos ve caminando por una senda incorrecta, pero de manera íntegra debido a nuestra ignorancia, Él es capaz de intervenir a nuestro favor para que no pequemos. Es una bendición poder tener a Dios de nuestro lado, pero esto solo será posible si andamos en integridad de corazón delante de Él.

Otro ejemplo que quisiéramos citar es el caso de Job. La Palabra de Dios en Job 2:3 dice: *Y el Señor dijo a Satanás: ¿Te has fijado en mi siervo Job? Porque no hay otro como él sobre la tierra, hombre intachable, recto, temeroso de Dios y apartado del mal. Y él todavía conserva su integridad, aunque tú me incitaste contra él para que lo arruinara sin causa.* En el capítulo 1 del mismo libro, vemos cómo la vida de Job es arruinada por Satanás: sus animales son robados, su casa queda destrozada por completo y sus hijos mueren de manera trágica. Pero a pesar de todo esto, Job no pecó ni culpó a Dios (1:22). Entonces, Dios, que pesa los corazones, le dijo a Satanás: Él todavía conserva su integridad. Aun la esposa de Job reconoció su integridad cuando lo cuestionó y le dijo: ¿Aún conservas tu integridad? (Job 2:9). Cuando Dios se fijó en Job, destacó en él una característica que hasta ese momento no había podido ser quebrantada: su integridad. Esto nos deja ver que para Dios esta virtud tiene gran valor y que, más que lo externo, para Él es importante cómo luce nuestro interior.

Para Dios, es en el corazón donde en verdad está el meollo del asunto; es en el corazón donde se encuentra o no la integridad. El Salmo 15:1-2 dice: *Señor, ¿quién habitará en tu tabernáculo? ¿Quién morará en tu santo monte? El que anda en integridad y obra justicia, que habla verdad en su corazón.* En otras palabras, para poder estar en la presencia de Dios, Él requiere dos cosas de nosotros: que andemos en integridad, es decir, que nuestras acciones sean íntegras; y que haya verdad en nuestro corazón, es decir, que aun en lo privado, en lo que sentimos, pensamos y meditamos aun en nuestro interior, seamos veraces.

Proverbios 2:7 dice: *Él reserva la prosperidad para los rectos, es escudo para los que andan en integridad.* Esto fue justo lo que vimos que Dios hizo en la vida del rey Abimelec. El Señor se convirtió en un escudo para él: *Porque sol y escudo es el Señor Dios; gracia y gloria da el Señor; nada bueno niega a los que andan en integridad* (Sal. 84:11). Pero la condición para tener y disfrutar la protección de Dios es un corazón íntegro y veraz, un corazón sin duplicidad. Dios en Su Palabra tiene muchas promesas para Sus hijos, pero a menudo son condicionales y están relacionadas a la manera como andamos delante de Él. Y la promesa de protección, de ser escudo para nosotros, está íntimamente ligada a que andemos con integridad de corazón.

Además de los beneficios que ya mencionamos que la Palabra de Dios reserva para quienes andan con integridad, a nivel práctico podemos también añadir que la integridad construye nuestro carácter, nuestra credibilidad y nuestra paz interior.

REFLEXIÓN FINAL

Cuando no hay integridad, no hay un carácter bien formado que nos sostenga en el momento de la prueba. No podremos resistir los efectos de la avaricia, la presión, el placer, la competencia, el poder y el orgullo, si nuestro carácter no ha sido formado. La crisis económica que vemos hoy en día es, en esencia, una crisis de carácter. En el mundo hay personas, familias y naciones muy endeudadas. Todas esas deudas se deben a una falta de carácter, a la falta de integridad de una persona en un momento dado porque, como ya hemos mencionado, la falta de integridad tiene consecuencias a nivel personal y a nivel nacional.

Cuando no hay integridad, lo que creemos pierde todo su valor. Y hoy en día hay una gran pérdida de credibilidad entre los cristianos precisamente porque no han demostrado con sus acciones lo que ellos profesan con sus palabras. John MacArthur, en su libro *El poder de la integridad*, que citamos anteriormente, comenta: «Del popular autor inglés del siglo XIX William Arnot, fue dicho: "Su predicación es buena. Sus obras son mejores. Pero lo mejor de todo es su vida"».[6] Así se vio reflejada la integridad en la vida de este hombre: en la congruencia entre sus sermones, sus palabras y la manera en que vivió.

Debemos procurar vivir de tal forma que la próxima generación pueda sentirse orgullosa del legado espiritual que hemos construido y que le hemos pasado, un legado del cual ellos se puedan beneficiar, se puedan alimentar y se puedan sentir orgullosos. Pero por desgracia, no estamos trabajando para eso; no lo estamos cultivando en nosotros y tampoco en nuestros hijos. Queremos que ellos crean en la integridad por ósmosis, pero no es así como va a suceder. Los valores hay que cultivarlos de manera intencional y constante.

Warren Wiersbe, en su libro titulado *The Integrity Crisis* [La crisis de la integridad], escrito a finales de los años 80, cuando salieron a la luz varios escándalos de líderes religiosos de la época, incluye una cita del autor Vance Havner que dice: «Somos desafiados en estos días, pero no cambiados; recibimos convicción, pero no conversión; oímos, pero no hacemos, y por tanto nos engañamos a nosotros mismos».[7] Somos desafiados, pero no cambiamos porque al recibir el

---

[6] John MacArthur, *El poder de la integridad: edificar una vida sin concesiones* (Grand Rapids, MI: Editorial Portavoz, 1999), 111.
[7] Warren W Wiersbe, *The Integrity Crisis* (Nashville, TN: Thomas Nelson, 1991), 31-32.

desafío no lo recibimos con la intención de cambiar; lo recibimos y decimos: «¡Qué buen mensaje!», «¡Qué poderoso sermón!». No escuchamos los sermones atentos a cómo pueden cambiarnos las verdades que escuchamos. Así mismo, cuando leemos la Palabra de Dios, nuestra intención muchas veces no es ser transformados, sino adquirir un mero conocimiento. Y entonces nos engañamos a nosotros mismos porque, como decía Havner, adquirimos convicción, pero esta no se traduce en conversión. Y este es uno de los peores engaños: pensar que por la convicción que recibimos en determinado momento, y por lo mal que nos sentimos, ya hemos recibido la conversión. De ahí que en las iglesias encontremos muchas personas que se creen cristianas, pero que en realidad aún no han recibido la salvación.

Como vemos, la falta de integridad tiene consecuencias a todos los niveles: personal, social, institucional, gubernamental y espiritual. Por eso resulta tan necesario meditar en lo que es la integridad y lo que no es, lo que ella requiere, lo que nos hace quebrantarla, y sobre todo, lo que se necesita para comenzar a formarla y cultivarla en nosotros en primer lugar, pero también en nuestros hijos.

3.

LA INTEGRIDAD: UN VALOR DESEABLE, ADMIRABLE Y PODEROSO

---

*¿Cuál es la cualidad más importante
que los líderes pueden demostrar?
¿Inteligencia, una personalidad fuerte,
elocuencia, diligencia, visión, habilidades
administrativas, decisión, valor,
humor, tacto, o cualquier otro atributo
natural similar? Todas juegan un papel
importante, pero la cualidad más deseable
para cualquier líder es la integridad.*

~ John MacArthur

INTRODUCCIÓN

Sin lugar a dudas, la integridad es un valor **deseable.** La mayoría de las personas quisieran poseerla. De hecho, creemos que muy pocos se atreverían a decir que no les interesa ser íntegros. Sin embargo, aun deseando la integridad, no todos están dispuestos a pagar el costo de tenerla. La integridad es también **admirable;** incluso aquellos que no la poseen la admiran y aprueban cuando la ven en otros, aunque no la busquen para sí mismos. De igual forma, creemos que la integridad es **poderosa** no solo porque Dios la respalda, sino también por los efectos y el impacto que es capaz de producir cuando una persona la posee y vive de acuerdo a ella.

En el Evangelio de Mateo nos encontramos con un texto que nos permite ver que los fariseos reconocían algo diferente en la persona de Jesús. En una ocasión, cuando Jesús llegó al templo comenzó a hablar en parábolas al pueblo, y al oír Sus parábolas los principales sacerdotes y los fariseos comprendieron que hablaba de ellos (Mat. 21:45). *Entonces se fueron los fariseos y deliberaron entre sí cómo atraparle,* sorprendiéndole *en* alguna *palabra. Y le enviaron sus discípulos junto con los herodianos, diciendo: Maestro, sabemos que eres veraz y que enseñas el camino de Dios con verdad, y no buscas el favor de nadie, porque eres imparcial. Dinos, pues, qué te parece: ¿Es lícito pagar impuesto al César, o no?* (Mat. 22:15-17). La razón por la que ellos pensaron que atraparían a Jesús es justamente porque entendían que el Maestro no les daría una respuesta para satisfacerlos a ellos, sino una consecuente con Sus propias convicciones. Aunque hay una trampa detrás de su pregunta, la introducción que los fariseos hacen es el reconocimiento de algo diferente que ellos habían observado en Jesús. Notemos pues cómo la integridad es capaz de dejar huellas, haciendo que aun nuestros enemigos vean la diferencia e incluso la perciban como algo positivo y admirable.

Características de una persona íntegra

1. La persona íntegra habla toda la verdad y no solo verdad (Gén. 20:1-18).

Existe una enorme diferencia entre decir toda la verdad y hablar verdad, y un ejemplo de esto lo vimos en el capítulo anterior cuando Abraham, por temor a perder su vida, le dijo al rey Abimelec que Sara, su esposa, era su hermana. Cuando Abraham dijo que Sara era su hermana, él habló verdad, pues ella era su media hermana; lo que no hizo fue decir toda la verdad. Ahora bien, la diferencia entre decir toda la verdad y hablar verdad es la intención con la cual yo digo lo que digo. La intención con la que Abraham dijo: «Ella es mi hermana» fue engañar; y aunque él habló verdad, resultó ser mentira por la intención que llevaba detrás. Sin embargo, si alguien le hubiese preguntado a Abraham: «¿Es verdad que tu esposa es tu hermana?» y él hubiese respondido que sí, él habría hablado verdad; pero aun hablando verdad habló mentira porque dijo una media verdad y lo que dijo fue con la intención expresa de engañar al otro. Un patrón que su hijo Isaac repitió ante el mismo rey Abimelec cuando le dijo que Rebeca era su hermana, cuando en realidad era su esposa. **Una media verdad, cuando es usada con la intención de engañar al otro o dar una falsa impresión, es una mentira completa.**

2. La persona íntegra habla con claridad.

A continuación quiero hacer uso de una ilustración que ya se ha usado antes en diferentes cursos de ética, y que entiendo ilustra este punto:

Una persona, llamémosla Pedro, escribe en su diario: «El capitán estuvo sobrio hoy». Esta declaración tiene varias implicaciones: a) el capitán siempre está sobrio, y hoy es un día más; b) el capitán con frecuencia está ebrio, pero hoy estuvo sobrio. Una segunda persona, llamémosla José, lee el diario de Pedro y entonces le pregunta: «Pedro, ¿el capitán tiene un problema con el alcohol?». Pedro se encoge de hombros y continúa caminando, con lo cual da a entender que quizás el capitán sí tiene un problema con el alcohol. Entonces Pedro va donde el capitán y le dice: «Capitán, ¿sabía usted que José me preguntó si usted tenía un problema con el alcohol?».

En esta ilustración, todos están hablando verdad, pero no están diciendo toda la verdad. La intención con la que Pedro escribió lo que escribió va a determinar si habló verdad o dijo toda la verdad. Y a veces tratamos de justificarnos con la excusa de que lo que dijimos era verdad, a pesar de que con esa verdad procurábamos un fin ulterior. Eso refleja una grieta en nuestro carácter, pues, como dice Dana Telford en el primer capítulo de su libro *Integrity Works* [La integridad funciona], las pequeñas cosas cuentan porque son esas pequeñas cosas, esas pequeñas grietas, las que luego se abren y terminan derrumbando el edificio por completo.[1] Es en las pequeñas cosas donde comenzamos a comprometer nuestra integridad, y luego, cuando la grieta se hace cada vez más grande, termina haciendo un gran agujero en nuestro carácter. Resulta entonces que las pequeñas concesiones que hacemos terminan llevándonos a grandes caídas. Cuando aprendamos a reconocerlo, seremos capaces de comenzar a cultivar nuestro carácter y a cerrar esas grietas. Por eso, existe la necesidad de que reflexionemos sobre estos conceptos, sobre lo que es y lo que no es integridad, cómo funciona y cómo luce, porque muchas veces lo que a nuestros ojos parece verídico es de hecho un autoengaño y un engaño a los demás. «La verdad es sagrada porque el alejarnos de la verdad es alejarnos de Dios».[2]

3. La persona íntegra honra su palabra, sus compromisos, sus promesas.

Para la persona que camina en integridad, el solo hecho de haber dado su palabra es razón suficiente para cumplirla, pues eso es lo honorable. Varias generaciones atrás, este concepto era bastante claro. A nuestros abuelos, incluso aquellos que no eran cristianos, en ocasiones se les oía decir: «Yo di mi palabra», dando a entender que eso era suficiente para no violar un compromiso adquirido, pues en aquel entonces la palabra dada tenía tanto peso como la escrita. Hoy en día no es así, y esto nos deja ver hasta dónde hemos llegado como sociedad.

A manera de ilustración, recuerdo que una vez impusimos una medida disciplinaria a alguien en nuestra iglesia, y en el momento de aplicarla le dijimos a esta persona que la medida iba a durar un año. Transcurrido el año, aunque no había razones específicas para continuar con la medida disciplinaria, entendíamos que la persona aún no estaba lista. Entonces, al reunirnos con ella le dijimos: «Mira, Fulana, como habíamos hablado, la medida sería por un año; así que,

---

[1] Dana Telford y Adrian Gostick, *Integrity Works: Strategies for Becoming a Trusted, Respected and Admired Leader* (Layton, UT: Gibbs Smith, 2005), 27-37.

[2] Mark Rutland, *Character Matters: Nine Essential Traits You Need to Succeed* (Lake Mary, FL: Charisma House, 2003), 99.

si tú deseas que termine, terminará porque te dimos nuestra palabra. Sin embargo, la verdad es que entendemos que todavía no estás lista, de manera que vamos a dejarte a ti tomar la decisión; pero nuestra opinión es que no estás lista. Como te dimos la palabra y no vamos a faltar a ella, si quieres aquí termina». Y en este caso la persona decidió esperar. Ahora bien, si hubiese ocurrido algo nuevo en particular que requiriera que la medida disciplinaria continuara, otro sería el caso; pero no había nada específico que señalar, solo el deseo de ver un poco más de madurez en esta persona. Sin embargo, habíamos prometido algo y debíamos cumplirlo, pues eso era lo que demandaba la integridad.

Por otro lado, las personas íntegras tienden a ser reflexivas, es decir, piensan antes de dar su palabra, a fin de asegurarse de que podrán cumplir con lo prometido. Es una falta de integridad comprometernos a hacer algo y luego no hacerlo; y lamentablemente, este es un problema muy común en la cultura de hoy. Pero cuando nosotros cuidamos nuestras palabras, cuidamos también nuestro honor, y eso significa que haremos lo indecible por cumplir aquello que prometimos. Cuando honramos nuestra palabra, tenemos un impacto enorme en nuestra esfera de influencia.

4. La persona íntegra es capaz de tomar decisiones que desfavorecen su posición o sus propios intereses.

Resulta muy difícil encontrar personas capaces de ser objetivas y éticas a la hora de tomar decisiones hasta el punto de que puedan tomar decisiones que no les convengan de manera personal. Pero, si es ético y del interés de aquellos que nos rodean, o de la empresa para la que trabajamos, o de la iglesia a la que pertenecemos, o del país al que servimos, entonces la decisión es digna de ser tomada. La integridad demanda que tomemos la decisión adecuada aunque salgamos perjudicados. La persona íntegra rehúsa aprovecharse de los demás o de las circunstancias.

En el texto de 1 Samuel 24:4-13 podemos ver una ilustración de alguien que fue capaz de tomar decisiones y honrarlas, incluso si no lo favorecían:

Y los hombres de David le dijeron: Mira, *este* es el día del que te habló el Señor: "He aquí, voy a entregar a tu enemigo en tu mano, y harás con él como bien te parezca." Entonces David se levantó y cortó a escondidas la orilla del manto de Saúl. Aconteció después de esto que la conciencia de David le remordía, porque había cortado la orilla *del manto* de Saúl. Y dijo a sus hombres: El Señor me guarde de hacer tal cosa contra mi rey, el ungido del Señor, de extender contra él mi mano, porque es el ungido del Señor. David contuvo a sus hombres con *estas* palabras y no les permitió que se levantaran contra Saúl. Y Saúl se levantó, salió de la cueva, y siguió *su* camino. Después de esto David se levantó, *salió* de la cueva y dio voces tras Saúl, diciendo: ¡Mi señor el rey! Y cuando Saúl miró hacia atrás, David inclinó su rostro a tierra y se postró. Y dijo David a Saúl: ¿Por qué escuchas las palabras de los hombres, que dicen: "Mira que David procura tu mal"? He aquí, hoy han visto tus ojos que el Señor te ha puesto en mis manos en la cueva en este día; y algunos me dijeron que te matara, pero *mis ojos* tuvieron piedad de ti, y dije: "No extenderé mi mano contra mi rey, porque es el ungido del Señor." Y mira, padre mío, mira la orilla de tu manto en mi mano. Puesto que corté la orilla de tu manto y no te maté, reconoce y ve que no hay maldad ni rebelión en mis manos y que no he pecado contra ti, a pesar de que tú acechas mi vida para quitármela. Juzgue el Señor entre tú y yo y que el Señor me vengue de ti, pero mi mano no será contra ti. Como dice el proverbio de los antiguos: "De los malos procede la maldad", pero mi mano no será contra ti.

En esta historia encontramos un gran ejemplo de integridad en la vida de David. Recordemos que el rey Saúl estaba persiguiendo a David para matarlo. Ambos estaban en guerra, y aun sabiendo que existía la posibilidad de perder su vida en manos de Saúl, cuando David entró en esa cueva y lo encontró durmiendo, en vez de tomar ventaja sobre él y matarlo, rehusó hacerlo e impidió también que sus hombres lo hicieran. En ese momento David tomó una decisión que entendía era la correcta, a pesar de que iba en contra de sus propios intereses. Eso es integridad. Y quizás a ninguno de nosotros nos toque vivir una situación como esta, en la que seamos perseguidos por alguien que busca quitarnos la vida; no obstante, es posible que en algún momento nos encontremos en una posición en la que debamos tomar una decisión desfavorable para nosotros, pero que sea la que la integridad nos demande, porque es lo correcto, lo honorable. Imagine que usted es un corredor de bolsa de valores, y la decisión que debe tomar va a afectar la inversión financiera que ha hecho, pero es la decisión correcta, ¿estaría dispuesto a perder su dinero a fin de mantener su integridad? Necesitamos tomar las decisiones que sean correctas, y no solo aquellas que están de acuerdo con nuestros intereses.

5. La persona íntegra no es evasiva; es directa.

La persona íntegra responde a lo que se le pregunta. No sé cuál sea la realidad en otros países latinoamericanos, pero algo que mi esposa y yo hemos notado durante la práctica de la medicina es cómo algunos pacientes nunca responden a las preguntas de manera directa, muchas veces con la intención expresa de no dar una respuesta. Parece haber un interés de parte de algunos pacientes de ocultar lo que él ya sabe para ver si el médico le va a decir lo mismo que ya él conoce; y eso no es íntegro. Por ejemplo, a un paciente le informan que tiene cáncer; entonces al visitar a otro médico para buscar una segunda opinión, el paciente hace lo indecible para que el médico no descubra lo que él ya conoce, para ver si este otro médico llega a la misma conclusión que el primero. Lo correcto sería que el paciente llevara toda la evidencia a este otro médico, y entonces quizás este pueda decirle si está o no de acuerdo con el diagnóstico dado.

Así mismo, cuando alguien nos hace una pregunta que, aunque sabemos la respuesta, no podemos o no debemos contestar, es una falta de integridad decir que no sabemos la respuesta. Lo correcto e íntegro es admitir que conocemos la respuesta, pero que tenemos razones particulares por las cuales en ese momento no podemos contestar la pregunta. Eso es lo íntegro.

La persona íntegra pregunta lo que necesita saber y no lo que quiere saber. En inglés hay una expresión, *fishing for information* ('pescar información'), que tiene que ver con hacer preguntas o comentarios indirectos con la esperanza de obtener la información o la respuesta que deseamos. Eso no es íntegro. Si usted necesita saber algo, pregunte de manera directa o no pregunte.

6. La persona íntegra es una persona fiable, digna de confianza.

Ese ejemplo lo vemos en la vida de Daniel, el profeta del exilio babilónico: *Entonces los funcionarios y sátrapas buscaron un motivo para acusar a Daniel con respecto a los asuntos del reino; pero no pudieron encontrar ningún motivo de acusación ni* evidencia alguna *de corrupción, **por cuanto él era fiel,** y ninguna negligencia ni corrupción* podía *hallarse en él* (Dan. 6:4, énfasis agregado).

Note qué es lo que le impide a Daniel corromperse; note cuál es la característica que hay en él que impide que otros puedan acusarlo: la cualidad de ser fiel. Pero ¿fidelidad a qué? A Dios, a nuestro jefe, a nuestro cónyuge, a nuestros amigos, y aun a la palabra dada. Es vital para nosotros poder cultivar la fidelidad a tal punto que, en ocasiones, hagamos o dejemos de hacer cosas para ser fiel a otro, sin violentar la Palabra de Dios, claro está.

En una ocasión, luego del escándalo de Watergate, a Charles Colson, quien fuera la mano derecha del expresidente de Estados Unidos de América, Richard Nixon, le preguntaron por qué había decidido apoyar a Nixon luego de lo que este había dicho y hecho: «Poco después de su salida de la cárcel, Charles Colson estaba hablando en un campus universitario, donde algunos estudiantes lo interrumpieron sin piedad. Uno de los estudiantes interrumpió el discurso de Colson gritando: "¡Hey, Colson, ¿por qué usted se quedó con Nixon?". Colson detuvo su discurso y miró a la persona que lo interrumpió, y le respondió: "Porque él era mi amigo…"».[3]

---

[3] R. C. Sproul, *Pleasing God: Discovering the Meaning and Importance of Sanctification* (Colorado Springs, CO: David C. Cook, 2012), 29.

No estoy aplaudiendo lo que Colson hizo porque tanto él como Nixon no actuaron de manera ética; solo estoy aplaudiendo el valor enorme que Colson le dio a la amistad que lo unía a Nixon, lo cual le permitió mantenerse leal a su amigo incluso en medio de un juicio en su contra.

Imagínese cuán diferentes serían las cosas si cada individuo decidiera aplicar ese mismo nivel de fidelidad en todas las áreas de su vida, sobre todo cuando se trata de tomar decisiones de carácter moral. Que el valor que le demos a nuestra integridad sea en ocasiones capaz de impedirnos hacer algo y, en otras, nos demande actuar de cierta forma con tal de honrar ese código de valores que hemos decidido abrazar, sin importar las consecuencias, es una característica de una persona fiel y digna de confianza.

7. La persona íntegra es diligente.

La persona íntegra hace justo lo que se le pide con prontitud y competencia. La falta de diligencia no es íntegra, y eso es común en la cultura latinoamericana, una cultura que se caracteriza por la postergación.

Volvamos al texto de Daniel 6:4 que citamos antes. Allí dice que a pesar de que buscaron y buscaron, los funcionarios y sátrapas *no pudieron encontrar ningún motivo de acusación ni* evidencia alguna *de corrupción, por cuanto él era fiel, y ninguna negligencia ni corrupción podía hallarse en él* (Dan. 6:4b). Imagínese que en el día de mañana usted se encuentre en una posición de liderazgo en el sector público o privado, y que le sean asignadas 120 personas con el único propósito de encontrar alguna falta en usted. ¿Sería usted hallado fiel hasta el punto de que de lo único que pudieran acusarlo es de estar cumpliendo a cabalidad con la ley de Dios? Tal era el nivel de integridad de Daniel; no había en él negligencia alguna.

John Maxwell en su libro *Developing The Leader Within You* [Desarrolle el líder que está en usted] utiliza una cita de Richard L. Evans que nos habla del valor de la diligencia. Evans dice: «No tiene precio el encontrar a una persona que asume responsabilidad, que le da seguimiento a las cosas hasta el final, el conocer a alguien que, habiendo aceptado la tarea, la completa de manera efectiva y concienzuda».[4] La persona íntegra no solo completa la tarea a tiempo, sino que también lo hace de manera efectiva y concienzuda. Cuando nos comprometemos a hacer algo en dos días y a las tres semanas no lo hemos hecho, eso deja ver nuestra falta de integridad. Y aunque a veces hay circunstancias de fuerza mayor que no nos permiten cumplir con alguna tarea, si desde el principio sabíamos que dos días no serían suficientes, lo íntegro hubiese sido admitir que no podíamos hacer lo que se nos pidió en el tiempo requerido; pero a veces no lo hacemos por no ofender al otro, y una vez más evidenciamos que valoramos más la opinión del otro que nuestra propia integridad.

La falta de diligencia es algo tan común en nuestra cultura que nos hemos acostumbrado a ella, a tal punto que ya no nos sorprende. De hecho, hay determinados servicios que se caracterizan por ser provistos por personas que no son responsables ni diligentes en su trabajo. Algunos mecánicos, por ejemplo, con frecuencia no entregan los vehículos en el tiempo acordado por negligencia; muchos ebanistas a veces se toman una cantidad de tiempo absurda para completar sus trabajos; y como estos hay muchos otros ejemplos que podríamos mencionar. Por otro lado, en ocasiones cuando el trabajo es voluntario, sobre todo si es dentro de la iglesia, solemos escuchar la excusa: «No importa porque es para el Señor». Y esa es la razón por la que sí importa, porque es para el Señor que estamos haciendo el trabajo, y no hay mayor estándar que el del Señor. Cuando el hecho de que me paguen o no determina la diligencia, la eficiencia y la calidad de mi trabajo, estoy demostrando que soy comprable, y eso no es íntegro.

8. La persona íntegra es fiel en el manejo de sus finanzas, y su integridad financiera permite que Dios le confíe riquezas espirituales.

El talón de Aquiles del cristiano son sus finanzas, como ya mencionamos anteriormente. La falta de integridad en el manejo de las finanzas es lo que ha puesto a muchos cristianos en situaciones vergonzosas

[4] Richard L. Evans, citado en John C. Maxwell, *Developing The Leader Within You* (Nashville, TN: Thomas Nelson, 1993), 41.

ante el mundo inconverso. Esto tiene que cambiar de manera radical, de lo contrario la causa de Cristo no valdrá ni dos centavos ante los ojos del no creyente.

Cristo dijo: *Por tanto, si no habéis sido fieles en* el uso *de las riquezas injustas, ¿quién os confiará las* riquezas *verdaderas?* (Luc. 16:11). Lo que Él está diciendo con esto es que la forma en que manejamos nuestras finanzas no le es ajena; y cuando Cristo reparta Sus riquezas en gloria, Él tomará en cuenta la fidelidad que hemos mostrado en el manejo de las riquezas de este mundo, aquellas que no valen nada; pues si estas nos han hecho ser infieles, no es cierto que seremos capaces de permanecer fieles si Cristo nos entregara los tesoros del reino de los cielos.

De esta manera, nada en la vida del cristiano pasa desapercibido ante el Señor. Él está observando cómo gano, cómo invierto, cómo gasto, cómo ahorro, cómo compro, cómo ofrendo, cómo diezmo; todo esto es parte de la fidelidad a Dios en las riquezas injustas. Podemos entender entonces por qué a veces Dios usa a unos más que a otros; porque además de Su gracia, que es el requisito número uno, hay una parte que le toca al creyente, una fidelidad que este debe demostrar en la administración de las cosas que Dios pone en su mano.

9. La persona íntegra honra sus relaciones.

Cuando estudiamos con profundidad el personaje de David, nos damos cuenta de que de verdad, como dice la Escritura, este fue un hombre conforme al corazón de Dios, que anduvo con integridad de corazón y en rectitud (1 Rey. 9:4).

En 2 Samuel 9:1-13, se encuentra registrada la bondad que David mostró hacia Mefiboset, el hijo de Jonatán, su gran amigo. El capítulo 9 dice así:

> Dijo David: ¿Hay todavía alguno que haya quedado de la casa de Saúl, para que yo le muestre bondad por amor a Jonatán? Y *había* un siervo de la casa de Saúl que se llamaba Siba, y lo llamaron ante David. Y el rey le dijo: ¿Eres tú Siba? Y él respondió: Tu servidor. Y dijo el rey: ¿No queda aún alguien de

la casa de Saúl a quien yo pueda mostrar la bondad de Dios? Y Siba respondió al rey: Aún queda un hijo de Jonatán lisiado de ambos pies. El rey le dijo: ¿Dónde está? Y Siba respondió al rey: He aquí, está en casa de Maquir, hijo de Amiel, en Lodebar. Entonces el rey David mandó traerlo de la casa de Maquir, hijo de Amiel, de Lodebar. Y Mefiboset, hijo de Jonatán, hijo de Saúl, vino a David, y cayendo sobre su rostro, se postró. Y David dijo: Mefiboset. Y éste respondió: He aquí tu siervo. David le dijo: No temas, porque ciertamente te mostraré bondad por amor a tu padre Jonatán, y te devolveré toda la tierra de tu abuelo Saúl; y tú comerás siempre a mi mesa. Se postró él de nuevo, y dijo: ¿Quién es tu siervo, para que tomes en cuenta a un perro muerto como yo? Entonces el rey llamó a Siba, siervo de Saúl, y le dijo: Todo lo que pertenecía a Saúl y a su casa, lo he dado al nieto de tu señor. Y tú, tus hijos y tus siervos cultivaréis la tierra para él, y le llevarás *los frutos* para que el nieto de tu señor tenga alimento; sin embargo, Mefiboset, nieto de tu señor, comerá siempre a mi mesa. Siba tenía quince hijos y veinte siervos. Respondió Siba al rey: Conforme a todo lo que mi señor el rey mande a su siervo, así hará tu siervo. Y Mefiboset comió a la mesa de David como uno de los hijos del rey. Mefiboset tenía un hijo pequeño que se llamaba Micaía. Todos los que moraban en la casa de Siba *eran* siervos de Mefiboset; pero Mefiboset moraba en Jerusalén, porque siempre comía a la mesa del rey. Estaba lisiado de ambos pies.

Incluso después de la muerte de Jonatán, David siguió mostrando amor y lealtad a su amigo al procurar atender a las necesidades físicas de su hijo Mefiboset. Y esa frase final, «estaba lisiado de ambos pies», no creo que esté ahí de casualidad, sino para enfatizar que, a pesar de que Mefiboset no tenía nada que ofrecerle a David, David quiso ayudarlo por amor a su padre. Y eso habla de la lealtad de David y de cómo honró su integridad al honrar sus relaciones. La integridad demanda a nuestro corazón la honra de nuestras relaciones, sin calcular nunca los beneficios que esa acción traerá.

10. La persona íntegra tiene un sistema de valores por medio del cual juzga toda la vida.[5]

Como cristianos necesitamos tener un sistema de valores por el cual juzguemos no solo los asuntos doctrinales, sino también todo lo relativo a la vida cotidiana. A veces nos dan un examen de teología y lo pasamos con excelentes notas, pero en la práctica fallamos, pues no contamos con un código de valores que nos permita juzgar más allá de la doctrina. Y esta es la razón por la que al cristiano se le hace tan difícil vivir conforme a la Palabra de Dios fuera de las cuatro paredes de la iglesia. El cristiano necesita crear un puente entre lo que profesa el domingo en la mañana y lo que practica el resto de la semana. Y esto solamente lo logrará desarrollando una cosmovisión cristiana que le permita juzgar toda la vida.

El corazón le dice a nuestra mente lo que quiere hacer. Nuestra mente, a través de nuestros valores, le dice al corazón lo que debería querer. Nuestra integridad le dirá a nuestra voluntad lo que tiene que hacer. Es la integridad la que resuelve el conflicto entre el corazón y la mente. La integridad pone fin a la tensión entre lo que nuestro corazón quiere y lo que nuestra mente sabe que el corazón debería querer y no está deseando. Esto lo hace a través del sistema de valores que hemos desarrollado para evaluar y juzgar toda la vida. Tal fue la integridad de hombres como Daniel y como José, y tal es la integridad que nosotros deberíamos procurar. Estas cualidades son las que hacen atractiva a la persona íntegra.

Dios quiere que aquellos que se identifiquen con Su nombre sean reconocidos por los demás por la fidelidad que muestran en la práctica de su fe y la integridad con que se conducen en su vida diaria.

EL PODER DE LA INTEGRIDAD

El impactar en nuestro entorno requiere que seamos capaces de ejercer influencia sobre aquellos que están a nuestro alrededor, pero para poder influenciar a otros necesitamos credibilidad; y la credibilidad

---

[5] Gilbert Bears, citado en Maxwell, *Developing The Leader Within You,* 36.

crece cuando la integridad es respetada. Así pues, todo comienza por la integridad. Cuando es respetada por otros, la integridad desarrolla credibilidad, y la credibilidad hace entonces que el individuo, íntegro y confiable, pueda influenciar a otros y llegar así a impactar en su entorno.

1. Un líder sin integridad es un líder sin credibilidad y, por consiguiente, no será un líder de influencia ni de impacto. De hecho, no será un líder, sino uno más.

«Liderar es influenciar, la habilidad de una persona para influenciar a otros a seguirle».[6] Y si una persona no tiene integridad, no tendrá credibilidad frente a los demás; y sin credibilidad, no habrá quien siga a esta persona; y sin seguidores no habrá entonces a quién influenciar; y sin nadie a quien influenciar, no habrá impacto alguno en la vida de los demás.

Por tanto, para ser un verdadero líder, se requiere integridad. Cuando una persona carece de integridad, aquellos que están a su alrededor lo notarán y no confiarán en alguien así, sin importar de quién se trate. Esta persona podría ser un jefe, alguien con autoridad sobre otros, pero, si carece de integridad y credibilidad, nunca será visto como un líder, pues hay una enorme diferencia entre ser jefe y ser líder. Los jefes mandan y son obedecidos, pero los líderes influencian e impactan vidas.

2. La integridad es el terreno donde nuestras palabras y nuestro caminar se encuentran.

Las personas escuchan nuestras palabras, pero siguen nuestras huellas. Por tanto, la forma en que vivamos y nuestras acciones son las que marcarán el camino y servirán de ejemplo a los que vienen detrás. En 1 Pedro 2:21, el apóstol nos habla de que Cristo nos dejó ejemplo para que sigamos Sus pisadas. Cuando caminamos en integridad, de manera que lo que hablamos coincide con lo que hacemos, nuestra

---

[6] J. Oswald Sanders, *Spiritual Leadership: A Commitment to Excellence for Every Believer* (Chicago, IL: Moody Press, 1994), 27.

integridad tiene el poder de cambiar el curso de la vida de otros, pues ellos seguirán el sendero por donde nos vean caminar.

Santiago, en su carta, expresa su preocupación por esta discrepancia entre lo que se escucha y se dice, y lo que terminamos haciendo:

Sed hacedores de la palabra y no solamente oidores que se engañan a sí mismos. Porque si alguno es oidor de la palabra, y no hacedor, es semejante a un hombre que mira su rostro natural en un espejo; pues después de mirarse a sí mismo e irse, inmediatamente se olvida de **qué clase de persona es.** Pero el que mira atentamente a la *ley* perfecta, la ley de la libertad, y permanece en ella, no habiéndose vuelto un oidor olvidadizo sino **un hacedor eficaz,** éste será bienaventurado en lo que hace (Sant. 1:22-25, énfasis agregado).

Si aplicamos a nuestras vidas lo que el texto de más arriba nos comunica, hoy podríamos compararlo a cuando el domingo en la mañana escuchamos un mensaje que nos confronta y respondemos a lo escuchado con un «amén», pero luego estas palabras no van acompañadas de un accionar durante la semana. Eso nos muestra que no estamos siendo íntegros. La integridad se evidencia en la clase de persona que somos, es decir, en nuestro carácter y en las decisiones que tomamos. El que oye, asiente, pero no hace, no es íntegro.

Por otro lado, la integridad nos lleva a ser hacedores eficaces; y es el hacedor eficaz el que será bendecido en lo que hace. *Pero el que mira atentamente a la ley perfecta, la* ley *de la libertad, y permanece en ella, no habiéndose vuelto un oidor olvidadizo sino un hacedor eficaz, éste será bienaventurado en lo que hace* (v. 25). Note cómo la bendición depende de que yo sea un hacedor, y no cualquier hacedor, sino un hacedor eficaz. Lamentablemente, en el pueblo de Dios podemos observar una enorme falta de integridad, que se refleja en la discrepancia que existe entre lo que el creyente escucha y a lo cual asiente, y lo que luego termina haciendo.

3. Nuestra apariencia crea nuestra reputación inicial, pero nuestra integridad la sostiene bajo presión.

La integridad tiene el poder de sostener al individuo cuando su zapata está siendo sacudida. Una persona puede tener una buena reputación, pero cuando esa reputación es puesta en la olla de presión, lo único que sostiene a la persona es su integridad, su deseo de no violentar el sistema de valores que decidió abrazar, cultivar y honrar, y que para el creyente está fundamentado en principios que Dios ha establecido. Por eso insistimos en que la integridad es poderosa porque es capaz de motivarnos a la obediencia; y cuando esta honra a Dios, Él mismo se encarga de afirmarnos y aprobarnos.

4. La integridad nos permite ganar la confianza de otros.

Volvamos al capítulo 6 del libro de Daniel. Antes leímos el versículo 4, ahora quisiéramos enfocarnos en los versículos 1 al 3. Este texto dice:

> Le pareció bien a Darío constituir sobre el reino ciento veinte sátrapas que gobernaran en todo el reino, y sobre ellos, tres funcionarios (uno de los cuales era Daniel) a quienes estos sátrapas rindieran cuenta, para que el rey no fuera perjudicado. **Pero este mismo Daniel sobresalía entre los funcionarios y sátrapas porque había en él un espíritu extraordinario,** de modo que el rey pensó ponerlo sobre todo el reino (énfasis agregado).

No sé cuántas veces usted ha leído este pasaje, pero hay pasajes a los que regreso una y otra vez, y este es uno de ellos. El versículo 3 dice que Daniel sobresalía entre los demás funcionarios y sátrapas del reino porque en él había un espíritu extraordinario, y que por tal razón el rey decidió ponerlo sobre todo el reino. Esto es lo que hace la integridad: nos permite ganar la confianza de los demás. Puedo imaginarme que quizás los funcionarios y sátrapas se la pasaban adulando al rey en busca de su favor; sin embargo, fue Daniel quien, con su fidelidad, diligencia e integridad, se ganó el favor del rey.

5. La integridad no solo gana la confianza del otro, sino también su cariño.

Cuando los funcionarios y sátrapas se dieron cuenta de que no hallarían ningún motivo para acusar a Daniel, a menos que encontraran algo que pudieran usar en su contra en relación con la ley de Dios (Dan. 6:5), decidieron convencer al rey Darío para que promulgara un edicto que condenara a ser echado en el foso de los leones a todo aquel que fuera hallado elevando peticiones a cualquier dios u hombre que no fuera el rey. Sabían que Daniel acostumbraba arrodillarse tres veces al día para orar y dar gracias delante de su Dios (v. 10), y utilizaron eso para acusarlo delante del rey. Dice el texto bíblico que *[a]l oír estas palabras, el rey se afligió mucho y se propuso librar a Daniel; y hasta la puesta del sol estuvo buscando la manera de librarlo* (Dan. 6:14). Sin embargo, el mandato que el rey había emitido era irrevocable, y los sátrapas se encargaron de recordárselo. Por tanto, no le quedó más opción que echar a Daniel en el foso de los leones. *Después el rey se fue a su palacio y pasó la noche en ayuno; ningún entretenimiento fue traído ante él y se le fue el sueño* (Dan. 6:18).

Reflexionando sobre la reacción del rey Darío, llegué a la conclusión de que este no estuvo tan afligido solo porque Daniel se había ganado su confianza; creo que su reacción nos deja ver que también le había tomado un gran cariño a Daniel. Ese es el poder de la integridad que hace que Dios nos dé gracia con los demás. La integridad es un reflejo del carácter de Dios. Caminar de esa manera es honrar a Dios.

6. La integridad obliga incluso a nuestros enemigos a reconocerla.

Como hemos mencionado anteriormente, la integridad tiene el poder de hacer que incluso nuestros enemigos reconozcan lo íntegro de nuestro caminar; y esto es evidente en la vida de Daniel.

Daniel 6:4-5 dice:

Entonces los funcionarios y sátrapas buscaron un motivo para acusar a Daniel con respecto a los asuntos del reino; pero no pudieron encontrar ningún motivo de acusación ni *evidencia alguna* de corrupción, por cuanto él era fiel, y ninguna negligencia ni corrupción podía hallarse en él. Entonces estos hombres dijeron: No encontraremos ningún motivo de acusación contra este Daniel a menos que encontremos *algo* contra él en relación con la ley de su Dios.

Estas palabras revelan que los enemigos de Daniel pudieron reconocer hasta qué punto Daniel era gobernado por sus convicciones. La falsedad es reconocida por los falsos, aunque la integridad también.

7. Nuestra integridad le habla a otros de nuestro Dios.

Una vida de integridad no solo obliga a aquellos que están a nuestro alrededor a reconocer esta virtud en nosotros, sino que va más allá: tiene el poder de hablarles a otros de nuestro Dios.

Cuando el rey Darío se dio cuenta de que no iba a poder salvar a Daniel del foso de los leones, habló con Daniel y le dijo: *Tu Dios, a quien sirves con perseverancia, Él te librará* (Dan. 6:16b). Este rey, un rey pagano, estaba ahora convencido de que el Dios de Daniel tenía el poder de salvarlo; pero él quedó convencido de ello gracias a la integridad que Daniel mostró en su caminar. El texto de Daniel 6 dice que al día siguiente, luego de que Daniel fuese echado al foso de los leones, el rey se levantó al amanecer y fue a toda prisa al foso y gritó con voz angustiada: *Daniel, siervo del Dios viviente, tu Dios, a quien sirves con perseverancia, ¿te ha podido librar de los leones?* (v. 20b). Tenía la esperanza de encontrar vivo a Daniel, y por eso salió a buscarlo al rayar el alba. El rey entendía que, si el Dios a quien Daniel servía era real, lo libraría del foso de los leones, pues Daniel le había servido con perseverancia y fidelidad. Y así lo hizo, y dice la Palabra de Dios que el rey entonces se alegró mucho y mandó a sacar a Daniel del foso; y cuando lo sacaron, no se encontró en él lesión alguna porque había confiado en su Dios (v. 23).

Nuestro testimonio en medio de las dificultades es importante para la expansión de la obra de Dios. Dios se ha propuesto glorificar Su nombre de todas las maneras posibles. A través de la historia bíblica y de la historia de la Iglesia, vemos cómo Dios se deleita en usar las vidas de los Suyos para reflejar Su gloria y, en especial, en hacerlo cuando Sus hijos están en medio de las perores dificultades porque es en medio de esas circunstancias cuando Su gloria brilla más. La falta de un caminar íntegro en los hijos de Dios opaca el brillo de Su gloria.

8. Nuestra integridad puede ser usada por Dios para cambiar leyes.

Daniel 6:26-28 dice:

> De parte mía se proclama un decreto de que en todo el dominio de mi reino todos teman y tiemblen delante del Dios de Daniel, porque Él es el Dios viviente que permanece para siempre, y su reino no será destruido y su dominio *durará* para siempre. Él es el que libra y rescata, hace señales y maravillas en el cielo y en la tierra, el que ha librado a Daniel del poder de los leones. Y este mismo Daniel prosperó durante el reinado de Darío y durante el reinado de Ciro el Persa.

La integridad que mostramos en nuestro andar puede hablarles a otros del Dios a quien servimos, y también puede ser usada por Él para cambiar las leyes de toda una nación, como pasó en el caso de Daniel. La ley de los medos y persas fue cambiada porque el rey Darío quedó convencido, por la integridad que Daniel mostró, de que ese Dios a quien él servía con fidelidad y perseverancia era real. Así mismo, cuando caminamos en integridad de corazón delante de Dios; cuando los hombres pueden ver en nosotros una congruencia entre lo que hay en nuestro interior, lo que creemos, lo que pensamos y lo que hacemos; cuando esa integridad es observada en nuestro andar, Dios mismo se encarga de bendecirla y utilizarla para producir un impacto en nuestro entorno y transformar toda una sociedad. Quizás América Latina no ha visto mayores cambios porque el testimonio de muchos de Sus hijos y sobre todo de aquellos que han servido en la vida pública no ha sido el mejor.

Reflexión final

1. **Tan importante es la virtud de la integridad que incluso personas con poca integridad menosprecian a personas no veraces.** Los fariseos y saduceos tuvieron un cierto respeto por la integridad de Jesús; el problema para ellos no era que Jesús careciera de integridad, sino que Su forma de enseñar y de vivir ponía en cuestionamiento la autoridad de ellos. Resulta difícil de creer, pero aun personas no íntegras menosprecian a personas que no son veraces, pues a nadie le gusta ser engañado. Con toda probabilidad, los fariseos no tenían aprecio por Pilato porque conocían quién él era; más bien trataban de usarlo y viceversa.

2. **Tan evidente es la falta de integridad que incluso personas con poca integridad reconocen cuando se enseña de manera fraudulenta el camino de Dios.** Muchos incrédulos, incluso aquellos que no caminan bien moralmente, cuando observan a una persona distorsionando la Palabra de Dios y ofertando el evangelio a precio de ganga, lo critican, no porque ellos sean más morales que los otros, sino porque son capaces de reconocer cuando se enseña de manera fraudulenta el evangelio. Por eso muchos incrédulos rechazan a los predicadores del evangelio de la prosperidad y los tildan de mercaderes.

3. **Tan convincente es el poder de la integridad que incluso personas con poca integridad identifican cuándo la persona está tratando de ganarse al otro de manera interesada.** A nadie le gusta ser adulado. Aun aquellos que hacen o dicen las cosas con el propósito de agradar a otros de manera interesada reconocen este tipo de conversación cuando alguien la usa con ellos, y la califican como una falta de integridad en el otro. A pesar de que es una integridad que ellos mismos no poseen.

4. **Tan práctica es la integridad que incluso personas no íntegras odian la parcialidad, sobre todo cuando los afecta a ellos.** Esa par-

cialidad que ellos mismos muchas veces ejercen, la pueden identificar en otros, y saben odiarla, rechazarla y criticarla.

Todo esto nos deja ver claramente que la presencia o la ausencia de integridad en una persona es evidente para los demás, aun para aquellos que no la poseen.

4.

MI INTEGRIDAD Y MI CONCIENCIA

*Porque nuestra satisfacción es ésta: el
testimonio de nuestra conciencia que en
la santidad y en la sinceridad que viene
de Dios, no en sabiduría carnal sino en la
gracia de Dios, nos hemos conducido en
el mundo y especialmente hacia vosotros.*

~ 2 Corintios 1:12

INTRODUCCIÓN

Hasta ahora nos hemos enfocado en describir lo que es la integridad; a continuación quisiéramos hablar un poco de la relación que existe entre nuestra conciencia y nuestra integridad. Veremos qué es la conciencia, cómo funciona, cuáles son sus limitaciones y, sobre todo, cuál es el rol que la Palabra de Dios le asigna en la vida del ser humano.

Pero antes quisiéramos iniciar este capítulo citando un famoso proverbio chino que dice: «Cuando ves lo que es correcto, ten el valor de hacerlo». Esta frase es muy sencilla y directa, pero al leerla no podemos evitar que enseguida nos surja una pregunta: ¿qué es lo correcto y quién lo determina? Así mismo, al meditar sobre este proverbio viene a mi mente una cita de Robert Green Lingersoll, un veterano de la Guerra Civil en Estados Unidos y líder político estadounidense, la cual dice: «Valor sin conciencia es una bestia salvaje».[1] Podemos tener el coraje de hacer algo, pero, si no tenemos una conciencia que funcione de manera apropiada, seremos como bestias salvajes. De ahí la importancia de tener una conciencia bien informada, fortalecida y santificada.

Hoy en día se habla poco del valor de la conciencia, pero en el pasado, cuando la sociedad apreciaba el concepto de la ley natural o el hecho de que Dios había revelado parte de la ley moral en el corazón del hombre y aun en la naturaleza, había un mayor aprecio por la conciencia y su función en nosotros. Es mi deseo que al final de este capítulo el lector haya podido apreciar cuán vital es el rol de eso que la misma Palabra de Dios define como conciencia. Martin Lutero cuando fue entrevistado en la Dieta de Worms dijo: «... Mi conciencia es prisionera de la Palabra de Dios, y no puedo ni quiero revocar ninguna [de mis obras], viendo que no es seguro o justo actuar contra la conciencia. A Dios que me ayude. Amén».[2] Así de importante es la función de la conciencia del hombre.

DEFINICIÓN DE CONCIENCIA

La palabra conciencia viene del latín *conscientia,* que significa 'estar consciente o apercibido del bien y del mal'. Esta palabra está formada por el prefijo *con* (junto a) y *scientia* (ciencia), que viene de la raíz *scire* (saber).[3] En griego la palabra conciencia es *syneídēsis,* cuyo significado literal significa «conocimiento–conectado, aquello que conecta el conocimiento de lo moral y lo espiritual».[4] Entonces, podemos decir que conciencia es aquello que en nuestro interior juzga lo bueno o lo malo de una idea, pensamiento, actitud o acción.

---

[1] Michael C. Thomsett y Linda Rose Thomsett, *A Speaker's Treasury of Quotations: Thoughts, Maxims, Witticisms and Quips for Speeches and Presentations* (Jefferson, NC: McFarland, 2009), 24.

[2] Roland H. Bainton, *The Reformation of the Sixteenth Century* (Boston, MA: Beacon Press, 1952), 60-61.

[3] Valentín Anders, et. al., s.v. «conciencia», *Etimologías de Chile,* consultado el 27 de noviembre de 2015. http://etimologias.dechile.net/?conciencia.

[4] Joseph H. Thayer, s.v. "συνείδησις", *Thayer's Greek-English Lexicon of the New Testament* (Grand Rapids, MI: Zondervan, 1979), 602.

Por otro lado, el *Diccionario de ética cristiana y teología pastoral* define la conciencia como «la faceta interna de la vida del individuo en la que se desarrolla el sentido del bien y del mal. Nuestra conciencia nos incita a reaccionar de acuerdo con el código de moralidad que ha aprendido, ya sea con una sensación de culpa o de bienestar frente a cursos de acción pasados o potenciales. Los cristianos entienden la conciencia como la guardiana de la integridad de la persona».[5]

Al leer esta definición podemos comenzar a entender la relación que existe entre la integridad y la conciencia, y el porqué de la necesidad de tener una conciencia bien formada. Una conciencia mal informada, una conciencia que ha aprendido mal, va a reaccionar de una manera incorrecta y no necesariamente íntegra. La intención de este capítulo es hablar precisamente de estas verdades, a fin de que podamos ir formando y limpiando nuestra conciencia, y así poder tener una vida de mayor integridad y de mayor sabiduría.

Por otro lado, *The Encyclopedia of Christianity* [La enciclopedia del cristianismo] define la conciencia como «la facultad de la personalidad humana que decide el valor moral de las acciones».[6] Es una facultad que ve las acciones, las de otros y las nuestras, y decide qué valor moral tienen, si bueno o malo. Y la Palabra de Dios testifica acerca de la existencia de esa conciencia, pero no solo la Palabra habla de ella, sino que también vemos evidencias en nuestra propia vida. En una ocasión, una persona que se ha identificado como atea toda su vida se acercó a mí y me dijo que estaba en un grave problema. De inmediato le pregunté cómo podía ayudarla, a lo que esta persona me respondió: «Yo no puedo orar porque tú sabes que nunca he creído en Dios, y lo máximo que Él me puede responder es: «Tú nunca has creído en mí»; pero, si tú oras, quizás a ti sí te escuche». Cuando terminó de hablar le dije: «¿Sabes qué? Me acabas de convencer una vez más de que lo que la Palabra de Dios dice es verdad»,

---

[5] J. W. Gladwin, s.v. «conciencia», *Diccionario de ética cristiana y teología pastoral*, ed. por David J. Atkinson y David H. Field (Barcelona, España: Editorial Clie, 2004), 350-51.

[6] Erwin Fahlbusch, et. al., eds., s.v. «conscience», *The Encyclopedia of Christianity, Volume 1* (Grand Rapids, MI: Eerdmans, 1997), 660.

a lo que la persona respondió: «¿A qué te refieres?». «A que tú sabes que hay un Dios —respondí—. Me acabas de pedir que le ore a un Dios que según tú no existe porque quizás Él me va a oír». Tal vez la mente de esta persona la había convencido de que Dios no existe, pero su conciencia la trajo a mí ese día para que le pidiera a Dios que intercediera por ella.

La conciencia como el testigo interno

Otros definen la conciencia como «el testigo interno de lo que es la responsabilidad moral». En otras palabras, cuando yo hago algo, bueno o malo, en mi interior hay una voz que se levanta como testigo, aprobando o condenando mis acciones, y también mis pensamientos. En la Carta a los romanos, el apóstol Pablo habla de la conciencia como un testigo en más de una ocasión.

Romanos 2:14-15 dice:

> Porque cuando los gentiles, que no tienen la ley, cumplen por instinto los *dictados* de la ley, ellos, no teniendo la ley, son una ley para sí mismos, ya que muestran la obra de la ley escrita en sus corazones, su conciencia dando testimonio, y sus pensamientos acusándolos unas veces y otras defendiéndolos.

Este pasaje nos deja ver que en el ser humano hay una conciencia que le dicta lo que es bueno y lo que es malo, y que le sirve también como un testigo interno de todo lo que cree, dice y hace. Como resultado, ese testigo a veces lo acusa y a veces lo justifica; y es capaz de juzgar no solo sus pensamientos, sino también sus acciones, actitudes e ideas.

No sé si lo ha notado, pero nosotros siempre tenemos conversaciones con nuestra conciencia; son diálogos internos con nosotros mismos, a través de los cuales podemos darnos cuenta de cómo nuestra conciencia se encarga de juzgar nuestras palabras («No debiste decir eso»), nuestros pensamientos («No deberías pensar de esa manera»), nuestras actitudes («No deberías sentirte así») y nuestras motivaciones («No lo estoy haciendo por dinero»). Cuando tenemos este tipo de conversaciones en nuestro interior, ¿a quién le estamos hablando si no a nuestra conciencia? La mayoría de las personas, a menos que se trate de alguien que sufra de algún trastorno mental, cuando tienen este tipo de conversaciones consigo mismas no están más que batallando con su propia conciencia, que les está dando testimonio, ya sea acusándolas o justificándolas. Este es un mecanismo extraordinario que solo Dios en Su perfección pudo haber diseñado y puesto en el interior del hombre para juzgar palabras, pensamientos, actitudes y motivaciones; Dios, sin ser una persona, conversa con nosotros y nos responde, acusándonos o defendiéndonos.

Ese testigo ha estado presente desde muy temprano en la historia de la humanidad. Mira lo que dice la Biblia en Génesis 3:7-11:

> Entonces fueron abiertos los ojos de ambos, y conocieron que estaban desnudos; y cosieron hojas de higuera y se hicieron delantales. Y oyeron al Señor Dios que se paseaba en el huerto al fresco del día; y el hombre y su mujer se escondieron de la presencia del Señor Dios entre los árboles del huerto. Y el Señor Dios llamó al hombre, y le dijo: ¿Dónde estás? Y él respondió: Te oí en el huerto, y tuve miedo porque estaba desnudo, y me escondí. Y *Dios* le dijo: ¿Quién te ha hecho saber que estabas desnudo? ¿Has comido del árbol del cual te mandé que no comieras? (énfasis agregado).

Dios les pregunta a Adán y a Eva quién les había hecho saber que estaban desnudos, pues en el huerto no había nadie más que ellos y de repente se estaban escondiendo porque se vieron desnudos. Su conciencia se lo hizo saber, ese testigo interno que Dios mismo puso en el corazón de Adán, y de cada ser humano, para hacerle saber lo que estaba bien y lo que estaba mal.

Aun en el ámbito de la filosofía, podemos encontrar personas que dan testimonio de que hay una conciencia que le dice al hombre lo que está bien y lo que está mal. Immanuel Kant, escéptico y filósofo alemán, en la conclusión de su obra *Crítica de la razón práctica*

(1788), dijo: «Dos cosas me llenan la mente con un siempre renovado y acrecentado asombro y admiración por mucho que continuamente reflexione sobre ellas: el cielo estrellado sobre mí y la ley moral dentro de mí».[7] En estas palabras de este hombre que era un escéptico, podemos entender que, si hay algún argumento que se puede utilizar a favor de la existencia de Dios, es el argumento moral, es decir, el hecho de que hay una ley moral escrita en el interior del hombre que le dice lo que es correcto o incorrecto. Se trata de una ley moral que no pudo haber salido de la materia, como pretenden decir los evolucionistas, porque la materia no tiene moral; sino que tuvo que haber sido dada por alguien. Y nosotros sabemos que el dador de esa ley moral es Dios.

EL VEREDICTO DE LA BIBLIA

Regresemos ahora al testimonio de la Biblia, que es en realidad lo importante. En 2 Corintios, Pablo afirma que la función de la conciencia es dar testimonio de lo que hay en nuestro interior. El versículo 12 del capítulo 1 dice: *Porque nuestra satisfacción es ésta: el testimonio de nuestra conciencia que en la santidad y en la sinceridad que viene de Dios, no en sabiduría carnal sino en la gracia de Dios, nos hemos conducido en el mundo y especialmente hacia vosotros.* Pablo se siente satisfecho con su andar, y esa satisfacción se la hace sentir un testigo que lleva dentro, su conciencia, que lo ha convencido de dos cosas: de la santidad en la que ha caminado y de la sinceridad con la que ha hecho todas las cosas, pues no actuó por sabiduría carnal, sino por la gracia de Dios. Qué bueno es poder terminar nuestra vida de esa manera, con una conciencia limpia y en paz, que da testimonio de nuestro correcto andar delante de Dios.

Una vez más, en Romanos 9:1, Pablo dice: *Digo la verdad en Cristo, no miento, dándome testimonio mi conciencia en el Espíritu Santo.* Note la relación que Pablo establece entre estos cuatro elementos: la verdad, Cristo, su conciencia y el Espíritu Santo. Él está seguro de que

---

[7] Immanuel Kant, *Critique of Practical Reason,* citado por Paul Guyer en «Kant, Immanuel (1724-1804)», consultado el 28 de noviembre de 2015. https://www.rep.routledge.com/articles/kant-immanuel-1724-1804/v-2.

ha dicho la verdad en Cristo, pues su conciencia le ha dado testimonio a través del Espíritu Santo de que no ha mentido. Dios ha puesto, tanto en el incrédulo como en el creyente, una conciencia que lo acusa o lo defiende según sea el caso; pero al creyente le ha dado además Su Espíritu, que le da testimonio a nuestra conciencia de la verdad.

LA CONCIENCIA DEL HOMBRE EN NUESTROS DÍAS

Hubo una época en que las personas eran más sensibles a la voz de su conciencia como ya mencionamos en la introducción. Pero la conciencia necesita de la ley de Dios, y en la medida en que la sociedad ha ido rechazando esa ley, negando así la existencia de valores absolutos, en esa misma medida la conciencia de los individuos, y por tanto de la sociedad, se ha ido debilitando. Entendemos que esto se ha producido, en parte, porque esa conciencia no fue bien formada e instruida; la adormecimos, la anestesiamos, a veces de manera parcial; y cuando su testimonio comienza a acusarnos, entonces aplicamos «anestesia general».

El apropiado funcionamiento de la conciencia es vital en una sociedad, sobre todo en una sociedad de valores relativos, que ha removido los frenos y mide todo en función del beneficio que puede o no obtener. Una sociedad de valores relativos, sin conciencia, es funesta. Lamentablemente, nuestra generación posmoderna juzga lo bueno o lo válido de una acción, pasada, presente o futura, de acuerdo al estándar moral de una sociedad que no cree en valores absolutos, y en términos del beneficio que se obtendrá al realizar dicha acción.

El problema de una conciencia adormecida por el relativismo de nuestros días es que nos deja expuestos a un sinnúmero de situaciones que no vamos a saber evaluar y juzgar sabiamente. Por ejemplo, uno de los problemas con la música que escuchamos y las imágenes que vemos hoy en día es que fueron creadas para ser filtradas a través de la conciencia; y cuando esa conciencia está adormecida, aquello que vemos y oímos es capaz de llevarnos a hacer cosas que no hemos pensado ni analizado porque nuestra conciencia ha sido anulada y pasada por alto. Esa es la razón por la que, cuando en una escena de una película aparece sobre la mesa una lata de Coca-Cola, esa imagen de manera inconsciente le transmite una información a nuestro interior y de repente sentimos el impulso de tomarnos una Coca-Cola, a pesar de que de manera expresa no se haga referencia a dicha bebida en la película. De ahí que las empresas inviertan grandes sumas de dinero en este tipo de publicidad. Y si eso es lo que provoca una simple imagen estática en la pantalla, imagínese el efecto que es capaz de producir una serie de imágenes en movimiento, acompañadas de sonido. Frente a una conciencia adormecida, estas imágenes podrían inducirnos a múltiples pensamientos y acciones y, dependiendo del caso, podrían causarnos grandes problemas.

Por otro lado, se necesita una conciencia sana y madura para poder experimentar culpa y sentir vergüenza; y ambas son necesarias, pues constituyen frenos en nuestra vida. Como explicamos en un capítulo anterior, la culpa y la vergüenza son sentimientos distintos. La culpa es la sensación que percibimos cuando violamos un principio; y la vergüenza es el sentimiento que experimentamos cuando descubrimos, u otros descubren, que no somos lo que deberíamos ser o lo que se pensaba que éramos. Por ejemplo, si usted sin darse cuenta sale a la calle con el pantalón roto y alguien se lo señala, eso le va a causar vergüenza a pesar de que usted no violó ningún principio. Y la razón por la que siente vergüenza es porque otros descubrieron algo en usted, y eso que descubrieron lo llena de vergüenza. Ahora bien, cuando la conciencia ha sido adormecida, aunque el agujero en el pantalón hubiese revelado lo más íntimo de nuestro ser, no seríamos capaces de sentir vergüenza; y de ahí la forma indecorosa como algunos se visten y hablan. Cuando nuestra conciencia no está funcionando como debe, cuando ha sido corrompida y cauterizada, perdemos el sentido de culpa y de vergüenza; y por lo tanto somos capaces de cometer grandes transgresiones a la ley de Dios, y aun en contra de nuestra propia conciencia.

Uno de los mayores problemas de nuestra sociedad narcisista es que ha perdido el sentido de culpa. Hoy en día la preocupación no es con la santidad, sino con la vergüenza. Nos preocupa más no ser humillados frente a los demás que hacer lo correcto. Por lo tanto, siempre y cuando no nos descubran, no tenemos problemas con hacer lo indebido. El atraso en el pago de una deuda, que antes era motivo de vergüenza para cualquiera, ya no nos importa en lo más mínimo. El que los hijos se comporten de una manera indebida y que los padres se sientan avergonzados por ello es algo cada vez menos común. Así mismo, cuando mentimos y nos descubren en esa mentira, nos preocupa más el hecho de haber sido descubiertos que haber mentido. Hemos pasado de sentir culpa a solo sentir vergüenza, a lo sumo. Y así podemos mencionar muchos otros ejemplos que nos permiten ver cómo nuestra sociedad se preocupa más por evitar pasar vergüenza que por cultivar su carácter y mantener su integridad.

LÍMITES DE LA CONCIENCIA

Ahora bien, aunque la conciencia tiene un rol muy importante, no lo es todo, pues la conciencia tiene sus limitaciones. En 1 Corintios 4:4-5 el apóstol Pablo enseña:

> Porque no estoy consciente de nada en contra mía; mas no por eso estoy sin culpa, pues el que me juzga es el Señor. Por tanto, no juzguéis antes de tiempo, *sino* esperad hasta que el Señor venga, el cual sacará a la luz las cosas ocultas en las tinieblas y también pondrá de manifiesto los designios de los corazones; y entonces cada uno recibirá su alabanza de parte de Dios.

En este texto Pablo nos ayuda a ver que él sabía que su conciencia estaba tranquila en relación con la forma en que él había caminado, pero que al mismo tiempo él conocía que la tranquilidad que sentía no era suficiente porque al final de cuentas el Señor es quien va a juzgar todas las cosas. La tranquilidad de conciencia no exoneró a Pablo ni nos exonera a nosotros necesariamente.

Quizás usted se ha percatado de que la Palabra de Dios nos exhorta a no actuar en contra de nuestra conciencia; y esto no quiere decir que la conciencia siempre está en lo correcto, pero la realidad es que nuestra conciencia tiene un testimonio que darnos y, cuando ella nos habla, es preferible no violentarla y ser congruentes con lo que nos indica a la hora de actuar. En ocasiones la única razón que puedo dar a la pregunta de por qué hago o dejo de hacer algo es que mi conciencia así me lo ha demandado. Por otro lado, evitemos usar este pretexto para justificar todo tipo de prejuicio. Si bien debemos procurar no ir en contra de nuestra conciencia, también debemos reconocer que la conciencia del ser humano tiene sus limitaciones.

El solo hecho de sentirnos en paz con nuestra conciencia no es razón suficiente para pensar que lo que ella nos indica es lo correcto, como ya explicamos. Si lo que queremos hacer viola la ley de Dios, la ley de los hombres, o es deshonroso ante los ojos de Dios o de los demás, por más paz interior que sintamos, por más tranquila que esté nuestra conciencia, eso es razón suficiente para no seguir adelante con nuestros planes. Si alguien, por ejemplo, dice estar en paz con su decisión de divorciarse, pero sus razones para hacerlo no son bíblicas, no importa cuánta paz interior sienta esta persona; esa paz no es suficiente para justificar su accionar delante de Dios y delante de los hombres. Observe lo que dice Pablo en 2 Corintios 8:21: *[P]ues nos preocupamos por lo que es honrado, no sólo ante los ojos del Señor, sino también ante los ojos de los hombres.* Pablo nos recuerda en este texto que no basta con guardar nuestro andar delante de Dios, sino que debemos procurar caminar de manera honrosa delante de los hombres por igual. Esto es muy importante, sobre todo cuando nos encontramos frente a incrédulos, pues ellos no conocen a Dios y nosotros debemos procurar representarlo de manera digna. Y entonces, como dice Proverbios 3:4: *Así hallarás favor y buena estimación ante los ojos de Dios y de los hombres.*

La función de mi conciencia

Dios puso en nosotros una conciencia (Rom. 2:14-15), y esta puede ser informada, iluminada, corrompida o cauterizada. A continuación explicaremos parte del funcionamiento de la conciencia.

La educación que recibimos en el hogar, la formación académica que adquirimos y nuestro interactuar en la sociedad van informando nuestra conciencia, para bien o para mal, y formando en nosotros un código de valores a través del cual juzgaremos la vida. Asimismo, además de ser informada, nuestra conciencia puede ser iluminada por el Espíritu Santo y por la Palabra de Dios de tal manera que esa capacidad que Dios concedió al ser humano para conocer la diferencia entre el bien y el mal ahora puede aumentar en gran medida cuando nuestra conciencia es iluminada por el Espíritu de Dios que mora en nosotros y a través de la exposición a Su Palabra.

Jerry White, autor y evangelista norteamericano, escribió un extraordinario libro titulado *Honesty, Morality and Conscience* [Honestidad, moralidad y conciencia], donde explica cómo la conciencia entra en acción antes de la acción misma al juzgar los hechos, las motivaciones, las inclinaciones y las consecuencias.[8] De esta manera, antes de que nosotros hagamos algo, ya nuestra conciencia está juzgando nuestros pensamientos, actitudes, motivaciones e incluso las posibles consecuencias de lo que vamos a hacer. Por tanto, la conciencia ejerce una buena influencia antes de la acción. Sin embargo, la conciencia es mucho más débil durante la acción porque está distraída. Antes de confrontar a alguien, por ejemplo, mi conciencia me advierte que debo tener cuidado con la manera en que me expreso y que debo medir mis palabras. Pero resulta que, cuando comienzo a hablar con la persona, me distraigo en el argumento y entonces, cuando empiezo a molestarme, ya mi conciencia está semidormida, así que no dice nada, y podría terminar ofendiendo al otro con mis palabras. Ahora bien, la conciencia está en su punto más fuerte después de la acción, cuando da su veredicto. Es ahí que, luego de esa conversación, la conciencia va confrontándome y me hace sentir mal por la forma en que manejé las cosas y por las palabras que dije; y hasta es capaz de no dejarme dormir acusándome. Dios la puso allí precisamente para hacernos reflexionar.

Tristemente, el ser humano es tan experto en todo lo que tiene que ver con lo mal hecho que a menudo nuestra conciencia es selectiva.

---

[8] Jerry White, *Honesty, Morality, and Conscience: Making Wise Choices in the Gray Areas of Life* (Colorado Springs, CO: NavPress, 1996), 35-48.

Y por eso a veces vemos individuos que son capaces de mentir, pero que nunca llegan a robar. Hay una historia que he utilizado varias veces desde el púlpito para ilustrar este punto, y es la de aquel individuo de un pequeño pueblo de Estados Unidos que va a un establecimiento de comida rápida y hace un pedido para llevar. Cuando le entregan su comida en una funda cerrada, él la toma y se va. Un poco más adelante cuando abre la funda, se percata de que hubo una equivocación, pues la funda estaba llena de dinero; entonces decide regresar al establecimiento y devolverlo. El cajero, sorprendido por la honestidad del hombre, le pide que por favor espere unos minutos para que él pueda llamar a un periodista del periódico local, a fin de que puedan hacerle un reportaje sobre lo acontecido para que el pueblo sea estimulado y motivado por la honestidad del hombre. Sin embargo, esta persona se negó a que llamaran a la prensa, ya que la mujer con la que andaba no era su esposa. ¿Se da cuenta qué tan selectiva puede ser nuestra conciencia en ocasiones? Así de selectiva es la conciencia del individuo que importa al país 20 unidades acondicionadores de aire sin pagar los impuestos aduaneros, y sin embargo no se ve a sí mismo como un ladrón; pero cuando alguien entra a su casa a robar y se lleva uno de esos equipos que trajo al país evadiendo impuestos, él entiende que a esa persona deberían llevarla a la justicia por haber robado. Y la razón es que hemos aprendido a desarrollar una conciencia selectiva de lo que es moral e inmoral, y de esa manera vamos modificando nuestra conciencia hasta el punto de que ella es capaz de condenar en el otro acciones que en mí justifica. ¿Se da cuenta de que, aunque Dios nos dio la conciencia con una función extraordinaria, nuestra crianza, nuestra forma de ser, nuestra forma de vivir, nuestro egocentrismo, la sociedad en que vivimos y un sinnúmero de factores la han distorsionado tanto que ya no es confiable por sí misma?

DIFERENTES ESTADOS DE LA CONCIENCIA

Hay una conciencia que la Palabra de Dios califica como **mala**. Hebreos 10:22 dice: acerquémonos con corazón sincero, en plena certidumbre de fe, teniendo nuestro corazón purificado de mala conciencia y nuestro cuerpo lavado con agua pura. Si miramos el contexto de este versículo, esa conciencia que la Palabra califica como mala es la conciencia del incrédulo. Es la conciencia que teníamos antes de nacer de nuevo, aquella a la que no le molestaba el pecado, sino que lo justificaba. Y el autor del libro de Hebreos dice que esa mala conciencia fue removida del creyente.

Por otro lado, la Biblia nos habla de una conciencia que ha sido **cauterizada,** como vemos en 1 Timoteo 4:1-2: *Pero el Espíritu dice claramente que en los últimos tiempos algunos apostatarán de la fe, prestando atención a espíritus engañadores y a doctrinas de demonios, mediante la hipocresía de mentirosos que tienen cauterizada la conciencia.* La conciencia cauterizada se ha vuelto insensible al pecado e inservible para guiar al individuo. Esto sucede porque la persona pecó tanto que su conciencia quedó por completo adormecida, y ella ahora se encuentra en una espiral descendente de pecado que la lleva a justificar cosas que en el pasado la hubieran ruborizado. Allí es donde están muchas de las sociedades de hoy en día, justificando y aplaudiendo cosas que antes era horrendo hacer incluso en privado.

Ahora bien, el arrepentimiento le devuelve la sensibilidad a la conciencia, pero esta puede tomarse un tiempo en alcanzar su sanación completa. La sensibilidad no regresa de la noche a la mañana, pues así como la persona se fue insensibilizando paulatinamente, cuando esa persona se arrepiente, empieza a ascender por la misma espiral por la que había descendido hasta que la conciencia, que se había vuelto callosa, vuelve otra vez a sensibilizarse. Es por esto que, muchas veces, nos toma un buen tiempo percatarnos de la gravedad del pecado que cometimos. En ocasiones ese proceso toma semanas, meses e incluso años, dependiendo de múltiples factores como los son la calidad de nuestra relación con Dios, la disposición de nuestro espíritu a conocer y comprender cómo llegamos a ese punto, así como nuestra disposición para pedirle al Señor que nos ayude a ver el pecado como Él lo ve. Todo esto va a influir en que nuestra conciencia se vuelva más y más sensible hasta que esté completamente sana. Es importante entender esto porque, si no somos conscientes de ello, podemos llegar a creer que el mero hecho de habernos arrepentido y haber confesado nuestro pecado ya es suficiente para que nuestra conciencia opere completamente bien al día siguiente; y eso no siempre es así, pues esa conciencia no ha recuperado todavía toda su sensibilidad.

La Palabra de Dios también nos habla de que la conciencia puede ser **corrompida** como vemos en Tito 1:15: *Todas las cosas son puras para los puros, mas para los corrompidos e incrédulos nada es puro, sino que tanto su mente como su conciencia están corrompidas.* Esta conciencia ha descendido del nivel donde comenzó. Estaba funcionando más o menos bien y fue dañándose, corrompiéndose, ensuciándose, y fue retrocediendo en su capacidad para discernir hasta el punto de que lo que ayer condenaba hoy lo justifica porque es una conciencia que fue perdiendo su sensibilidad al pecado. No está cauterizada, pero está corrompida. Y entonces, lamentablemente, esa conciencia corrompida termina justificando cosas que no son íntegras y llevándonos a caminar de una manera indigna.

En 1 Corintios 8:9-12, el apóstol Pablo habla de personas que tienen una conciencia **débil** y les da a los creyentes en Corinto la siguiente advertencia:

> Mas tened cuidado, no sea que esta vuestra libertad de alguna manera se convierta en piedra de tropiezo para el débil. Porque si alguno te ve a ti, que tienes conocimiento, sentado *a la mesa* en un templo de ídolos, ¿no será estimulada su conciencia, si él es débil, a comer lo sacrificado a los ídolos? Y por tu conocimiento se perderá el que es débil, el hermano por quien Cristo murió. Y así, al pecar contra los hermanos y herir su conciencia cuando *ésta* es débil, pecáis contra Cristo.

La conciencia débil tiene dos características principales: es inmadura (su falta de conocimiento le impide discernir la verdad del error) y además es hipersensible (su legalismo la lleva a juzgarse y a juzgar a otros más allá de la Ley de Dios). Esta es la razón por la que el apóstol nos llama a tener en cuenta que existen hermanos entre nosotros con conciencias débiles, pues, en su inmadurez, ellos no saben manejar lo que nuestra conciencia puede manejar.

DEFINICIONES QUE INFORMAN LA CONCIENCIA

Si queremos evitar que nuestra conciencia funcione inapropiadamente, se corrompa y se debilite, tenemos que informarla. A continuación queremos hablar de varios conceptos que, aunque parezcan básicos, es necesario recordar porque, en la medida en que nuestra conciencia se mantenga informada, funcionará mejor.

El primero de estos conceptos es el concepto de lo que es ético. La palabra ética viene del griego *ēthikós*, que se deriva de la raíz *ēthos*, la cual originalmente significaba 'lugar acostumbrado; lugar de estabilidad o de permanencia'. *Ēthos* es «un término que generalmente se refiere a una sociedad determinada o grupo social».[9] De esta manera, la ética es un sistema de valores que sirve para encasillar la conducta del hombre a fin de brindarle estabilidad a la sociedad. Nuestra conciencia necesita estar informada de las cosas que son éticas y de las que no lo son para que pueda conducirse de manera apropiada en la sociedad.

Desde un punto de vista pastoral, por ejemplo, no es ético que un pastor le dé consejería a una oveja de otro pastor, a menos que ese pastor esté al tanto de ello. Las razones por las que no es ético hacerlo sin su conocimiento son por la impresión que puede causar en el otro y porque ese otro pastor es el responsable primario del estado del alma de esa oveja y no el pastor consejero. Recuerde que, además de agradar a Dios, debemos también hacer aquello que es honroso delante de los hombres; y aun cuando la intención de impartir esa consejería sea buena, puede que no produzca una buena impresión en el pastor de esa oveja que estamos aconsejando; por lo tanto, no sería ético de nuestra parte. Por otro lado, hoy en día se habla de bioética, que es la rama de la ética que provee los principios para la conducta apropiada del hombre respecto a la vida, tanto humana como animal y vegetal. Esto es necesario porque uno de los problemas que vemos en el campo de la medicina es que se pretende desarrollar ciencia sin

---

[9] Dirk W. Jellema, s.v. «ethos», *Wycliffe Dictionary of Christian Ethics,* ed. por Carl H. Henry (Peabody, MA: Hendrickson Publishers, 1973), 221.

ética; y la ciencia necesita, como los ríos, un cauce por donde correr.

Así como ocurre cuando el río se desborda más allá de su cauce, cuando nuestras acciones se desbordan más allá de los límites puestos por la ética, estas acciones causan mucho daño, como ha pasado con el tema del aborto.

Otro concepto que es importante que nuestra conciencia conozca es el concepto de la moralidad. Es decir, nuestra conciencia necesita estar informada de lo que es moral e inmoral. La palabra moralidad viene del latín *moralis,* que se deriva de la raíz latina *mores,* relativa a los usos y costumbres.[10] En ese sentido, la moralidad tiene que ver con las prácticas establecidas en una sociedad cuyos valores pueden variar. De esta manera, esas cosas que hoy son consideradas inmorales mañana pueden pasar a ser morales, pues lo que se considera como moral o inmoral tiene que ver con prácticas que la sociedad ha adoptado. Esto ha sucedido en la medida en que la sociedad ha comenzado a definir lo moral en términos relativos y, por tanto, sin ninguna referencia a Dios.

La mayoría de los trajes de baño de una pieza que hoy usan las mujeres, en el año 1922, se hubieran considerado inmorales, y dichas mujeres hubiesen podido terminar arrestadas por usarlos.[11] ¿Puede notar cómo la moralidad cambia de generación en generación, de sociedad en sociedad? Es la palabra de Dios la que permanece para siempre. La conciencia necesita conocer esos detalles.

Así mismo, nuestra conciencia necesita entender el concepto de honestidad, que no es más que la cualidad de una persona de decir la verdad; y ya hemos hablado un poco de lo que implica ser honestos y la diferencia que existe entre honestidad e integridad. De igual manera, es importante el concepto de verdad, es decir, aquello que se corresponde con la realidad. Porque, cuando la conciencia, estando bien informada de todas estas cosas que hemos definido, piensa en el concepto de verdad, va a tratar de filtrar, de juzgar, de condenar y

---

[10] Valentín Anders, et. al., s.v. «moral», *Etimologías de Chile,* página consultada el 28 de noviembre de 2015. http://etimologias.dechile.net/?moral.
[11] Jeff Pollard, *Christian Modesty and the Public Undressing of America* (San Antonio, TX: The Vision Forum, 2003), 47.

de evitar todo aquello que no se corresponde con esa realidad y, por tanto, va a rechazar la mentira.

UNA CONCIENCIA SENSIBLE RECHAZA LA MENTIRA

La mentira es una declaración falsa que se hace con el propósito de ocultar la realidad en forma total o parcial. Mentir incluye, además, tanto la exageración de los hechos como su minimización. Las personas que tienen una personalidad sanguínea se caracterizan por ser más propensas a exagerar los hechos; y aunque muchas veces lo hacen de manera inconsciente, como no se corresponde con la verdad, esto constituye una mentira, y la mentira es una falta de integridad. Pero este no es un problema exclusivo de la personalidad sanguínea, y nuestra conciencia necesita estar informada de estas cosas, a fin de que pueda operar de una mejor manera. Por lo tanto, debemos tener cuidado de que, al repetir algo que hayamos escuchado o experimentado, no exageremos las cosas porque eso no se correspondería con la verdad y, por lo tanto, nos será contado como mentira.

De igual forma, cuando minimizamos los hechos, muchas veces con la intención de no revelar toda la verdad, estamos mintiendo. Con frecuencia cuando estamos contando algo que nos involucra a nosotros y que nos podría afectar, la tendencia es minimizar los hechos a fin de esconder las cosas o restarle un poco de importancia al asunto. Esta minimización constituye también una mentira y una falta de integridad de nuestra parte.

NUESTRA CONCIENCIA FRENTE A LA VERDAD, LA CALUMNIA, EL CHISME Y EL ENGAÑO

La conciencia del hombre es el filtro que puede dejar salir o entrar estos tres grandes males tan frecuentes en la vida de los hombres. Si nos detenemos a reflexionar, nuestra conciencia conoce cuándo se trata de una calumnia, de un chisme o de un engaño. Pero mucha práctica puede llevarnos al acostumbramiento y a un cierto nivel de desensibilización. La calumnia es una acusación falsa que se hace con el único propósito de causar daño. Se diferencia del chisme en que este último no siempre tiene la intención de causar un daño. El chisme es, más bien, un comentario que pretende indisponer a una persona contra otra. Tanto la calumnia como el chisme son condenados por Dios. Observe lo que dice el Salmo 101: *Destruiré al que en secreto calumnia a su prójimo; no toleraré al de ojos altaneros y de corazón arrogante* (v. 5). Y con relación al chisme, Proverbios 20:19 dice: *El que anda murmurando revela secretos, por tanto no te asocies con el chismoso.*

Lamentablemente, la calumnia y el chisme están por todos lados, también en medio del pueblo de Dios. A veces nos acercamos a un hermano en la iglesia y le decimos: «Tú no vas a creer lo que Fulano me dijo... Escucha lo que me dijo... ¡Eso es increíble! Deberíamos orar por él». A menos que la persona a quien le hacemos el comentario pueda usar esta información para ayudarnos a solucionar el problema, no deberíamos comentar ese tipo de cosas, pues constituiría un chisme, ya que lo único que estamos logrando es predisponer a esta persona contra aquella otra. Eso es una falta de integridad.

Tampoco somos íntegros cuando damos a la mentira apariencia de piedad, diciendo algo con la intención de que se crea lo contrario. Tampoco lo somos cuando guardamos silencio para dar la impresión equivocada. Eso es engañar al otro, y Dios dice en el Salmo 101:7: *El que practica el engaño no morará en mi casa; el que habla mentiras no permanecerá en mi presencia.* Es evidente que, cuando dice: «El que practica el engaño no morará en mi casa», esto no significa que esa persona va a perder su salvación, sino que se refiere a que la persona no podrá disfrutar de la presencia manifiesta de Dios en su vida, pues no está caminando de manera honrosa delante de Él.

El problema con la mentira es grave porque cualquier alejamiento de la verdad es un alejamiento de Dios, como ya mencionamos antes. Cristo dijo: *Yo soy el camino, y la verdad, y la vida* (Juan 14:6). Cuando andamos por el camino del engaño, nos estamos alejando de la verdad, que es Cristo, y nos estamos identificando con Satanás, quien es el padre de toda mentira (Juan 8:44).

Reflexión final

Hace un tiempo tomé la decisión de que no iba a decir nada de alguien que yo no estuviera luego dispuesto a repetir frente a esa persona. En ocasiones he dicho cosas de otras personas y, cuando después han venido a preguntarme lo que dije, en vez de justificarme, he repetido exactamente lo que dije. Entonces, puedo explicar el contexto para que la persona logre entender por qué dije lo que dije cuando lo dije. Si usted no puede repetir algo que dijo sobre una persona cuando la tiene en frente, entonces no lo diga porque eso es parte de lo que implica ser íntegro.

Debemos enfocarnos en informar a la conciencia de lo que es la verdad, de manera que nuestra conciencia sea capaz de reconocer y rechazar la mentira, la calumnia, el chisme y el engaño. El salmista dice en el Salmo 101:2: *Prestaré atención al camino de integridad. ¿Cuándo vendrás, Señor, a mí? En la integridad de mi corazón andaré dentro de mi casa.* Note lo que el salmista está diciendo. Él dice que va a procurar andar con integridad no solo afuera, donde otros lo vean, sino en su interior, allí donde nadie lo ve. En otras palabras, antes de salir a la calle, antes de que alguien nos vea, debemos procurar andar en integridad de corazón dentro de las cuatro paredes de nuestra casa. Pero para poder lograrlo, es necesario una conciencia bien informada e iluminada, una conciencia sensible, no una conciencia cauterizada, débil e inmadura, sino una conciencia sana. Y esa conciencia entonces, iluminada por la Palabra de Dios y el Espíritu Santo, va a tener una función extraordinaria en ayudarnos a caminar en integridad de corazón dentro de nuestro hogar y en medio de la sociedad en que nos ha tocado vivir.

5.

NUNCA CEDA A LA PRESIÓN

Y no os adaptéis a este mundo, sino transformaos mediante la renovación de vuestra mente, para que verifiquéis cuál es la voluntad de Dios: lo que es bueno, aceptable y perfecto.

~ *Romanos 12:2*

Introducción

Si nos detuviéramos a analizar los casos que hoy vemos de falta de integridad, veríamos que muchos de ellos fueron el fruto de presiones ejercidas sobre aquellos que terminaron comprometiendo sus principios y sus valores. La presión puede ser real y a menudo resulta de gran envergadura, pero en otras ocasiones se trata de una presión que solo es autoimpuesta, como es el caso de la persona que entiende que debe cambiar de carro porque el que posee no está a la altura de su posición. Más adelante, quizás la persona falta a su compromiso de pagar la mensualidad de un préstamo tomado para dicha compra porque sus posibilidades no se lo permiten. Ahora, sea real o producto de nuestra imaginación, esa presión que sentimos nos puede llevar a comprometer nuestra integridad; y la Palabra de Dios tiene mucho que decir al respecto.

Romanos 12:2 nos exhorta de la siguiente manera: *Y no os adaptéis a este mundo, sino transformaos mediante la renovación de vues-*

tra mente, para que verifiquéis cuál es la voluntad de Dios: lo que es bueno, aceptable y perfecto.

El mandato que vemos en este versículo es precisamente no ceder ante la presión, no tomar la forma que el mundo nos quiere dar. Si nos vamos al texto original, veremos que la palabra «adaptéis» está relacionada con la acción de tomar algo y someterlo a presión, haciendo entonces que adquiera una forma diferente. Y esto es lo que la Palabra de Dios nos manda a evitar... el tomar la forma del mundo. Más bien la palabra nos exhorta a que seamos transformados por la verdad de Dios; y el proceso de transformación comienza en nuestra mente. Es sobre esto que queremos hablar en este capítulo. Pero antes notemos que el proceso de transformación es paralelo al proceso de no adaptación y, como estos verbos están en tiempo presente en el original, la idea es que estas dos acciones, la de no adaptación y la de transformación, pueden ocurrir de manera simultánea todo el tiempo.[1]

Quisiéramos comenzar estableciendo que ese proceso de transformación de la mente requiere de más que una simple lectura diaria de la Biblia. Muchos son los que la han leído, incluso los que la han memorizado, pero a pesar de ello sus vidas no han sido transformadas por la Palabra de Dios. Y entendemos que la razón de esto es que no hubo suficiente reflexión, meditación y acción con respecto a lo leído. Cada vez que leemos las Escrituras, necesitamos reflexionar sobre lo que ellas dicen, de manera que esas verdades puedan transformarnos.

Si prestamos atención a la manera como Cristo enseñó, nos daremos cuenta de que sus enseñanzas estimulaban a la meditación. Él enseñó mediante parábolas que movían al individuo a reflexionar y meditar en el contenido y el significado de lo que había escuchado. Así mismo, cuando los discípulos no entendían Sus parábolas, le pedían a Jesús que les explicara y Él les explicaba su significado. Las enseñanzas parabólicas de Jesús fueron y siguen siendo un mecanismo sabio para enseñar al otro a pensar más allá de lo que se ha

---

[1] Everett F. Harrison y Donald A. Hagner, *Romans, The Expositor's Bible Commentary*, ed. por Tremper Longman III y David E. Garland (Grand Rapids, MI: Zondervan, 2008), 183-84.

oído. Tanto la reflexión como la meditación son parte importante en el proceso de transformación de nuestra mente.

Además de reflexionar y meditar, también debemos poner en práctica aquello que estamos leyendo al pasar tiempo en la Palabra. Si no actuamos sobre alguna verdad a la cual hemos sido expuestos, esta no se hará parte de nosotros. Imagínese que usted lea el manual de instrucción de cómo manejar un auto, pero solo se queda en la teoría. Nunca aprenderá a manejarlo si no se coloca detrás del volante del carro y enciende el motor. Se necesita una acción porque es la práctica de la teoría lo que al final hace que el conocimiento adquirido produzca un cambio, que eventualmente saldrá de nosotros de manera natural. Entonces, la transformación de nuestra mente requiere exposición a la verdad de Dios, reflexión y acción.

Cuando nuestra mente está siendo conformada de acuerdo con este mundo, lo que ocurre es que nuestros pensamientos, nuestras ideas, nuestra forma de hablar, de actuar, de vestir y de medir las cosas comienzan a cambiar. Esos cambios son la evidencia de que nuestra mente ha dejado de ser bíblica y ha pasado a ser mundana. El problema es que, cuando pensamos en una mente mundana, la mayoría de las veces la primera imagen que le viene a la cabeza al creyente es la de una persona adicta a las drogas, alcohólica o lujuriosa; pero esas son solo algunas formas extremas de mundanalidad. La realidad es que una persona con una mente mundana es aquella que piensa, habla y actúa de la forma en que el mundo lo haría. Puede lucir como la persona más moral del mundo, pero, si piensa, habla y actúa de una manera que es contraria a la Palabra de Dios, es porque esa persona tiene una mente que ha sido conformada de acuerdo con los patrones de este mundo.

Hoy más que nunca aquellos que se oponen a la Verdad están tratando de hacer todo lo posible para presionar a los cristianos a tomar la forma del mundo con el fin de hacerlos renunciar a sus convicciones. Y por eso quiero exhortarlo a que no se deje intimidar. Usted necesita llenarse de valor y apoderarse de las verdades contenidas en la Palabra de Dios para poder sostenerse en medio de las fuertes olas que hoy día golpean contra la fe cristiana.

La mente como el campo de batalla

La batalla por la integridad comienza en nuestra mente. Satanás quiere conformarla de acuerdo con este mundo, pero Dios quiere transformarla por medio de Su Palabra. Y la razón por la que el enemigo desea darle forma a nuestra mente es por lo que Proverbios 23:7a dice: *[P]ues como piensa dentro de sí, así es....*La manera en que pensamos refleja lo que realmente somos y determinará lo que hacemos. Si queremos conocer quiénes somos en realidad y a qué estamos cediendo, un buen ejercicio sería analizar nuestros pensamientos. No sé si usted lo ha hecho alguna vez, pero detenernos a pensar qué ocupa nuestra mente es una buena práctica para descubrir qué estamos deseando, qué cosas maquinamos en nuestro interior, qué estamos planeando hacer; pues, aunque nadie más se entere, aunque nunca llevemos estos pensamientos a la acción, nosotros somos lo que pensamos. Esto es importante porque cuando descubrimos quiénes somos y cómo funcionamos en nuestro interior, entonces vamos a conocer qué cosas necesitamos cambiar y qué medidas debemos tomar, para que cuando la presión llegue a nuestra vida, seamos capaces de no ceder ante ella.

Alguien dijo alguna vez que «no es lo mismo pensar las cosas que el mundo piensa que pensar como el mundo piensa». Por ejemplo, desear tener un auto de lujo no es lo mismo que ser materialista. La primera podría considerarse como una tentación, mientras que la segunda es una forma de pensar, de ser, de actuar y de vivir. No podemos evitar que venga la tentación, pero podemos huir de ella. Esta cita atribuida a Martín Lutero podría ayudar a entender la idea: «No puedo evitar que las aves vuelen sobre mi cabeza, pero sí puedo evitar que hagan un nido en mis cabellos». La idea puede venir a nosotros, pero no debemos permitir que se haga una realidad en nuestra vida.

Alguien que tenga problemas con la lujuria quizás no pueda evitar sentirse tentado, pero, si esa tentación pasa a ser algo que quiero y que persigo, entonces se convierte en una forma de pensar, de ser, de actuar y de vivir. Contra esas cosas tenemos que luchar, pues son parte de la presión que comienza a ser ejercida sobre nosotros, y es la peor presión porque es ejercida de adentro hacia afuera.

Como creyentes es importante que podamos entender dónde nos encontramos, si solo estamos siendo tentados o si ya hemos cedido a la presión del mundo, de forma tal que nuestra mente ha sido conformada de acuerdo con él.

LA MANERA COMO LA GENTE CEDE

Las personas ceden voluntaria o involuntariamente. Hay muchas personas sobre las cuales no es necesario ejercer mucha presión para lograr que cedan porque en el fondo esto es lo que ellas deseaban en el primer lugar. Cuando algo nos gusta y no le vemos nada de malo, lo aceptamos de manera voluntaria. Otras veces hay tentaciones que reconocemos como tales, pero tendemos a tolerarlas porque, al mismo tiempo que nos tientan, nos producen algún grado de placer y, en esos casos, solemos ceder con cierta facilidad a cualquier nivel de presión. En ocasiones comenzamos a exponernos a una serie de hechos, como conversaciones, películas, programas de radio, anuncios publicitarios, que de una manera sutil van cambiando nuestra forma de pensar sin que nos percatemos y que al final nos hacen ceder de manera involuntaria.

El mundo que nos rodea está ejerciendo una presión constante sobre nosotros, sustituyendo nuestros valores y convenciéndonos de múltiples cosas sin percatarnos de ello. La mayoría de las personas son cambiadas de manera involuntaria, y la razón es que la presión es tan sutil que ni siquiera han notado los cambios que han ido ocurriendo y, por lo tanto, no han luchado para resistirse. Esto es como el famoso ejemplo del sapo que es introducido en una olla con agua a temperatura ambiente y luego le van subiendo la temperatura al agua lentamente hasta que comienza a hervir. El sapo termina muriendo sin notar que estaba siendo «cocinado» porque poco a poco se fue adaptando al cambio de temperatura. Diferente es lo que sucedería si lanzáramos el mismo sapo en agua hirviendo; este saltaría inmediatamente porque se daría cuenta de que ese no es un hábitat seguro para él. Al igual que el sapo, la mayoría de nosotros cambiamos porque paulatinamente nos hemos ido conformando, adaptando y cediendo a la presión del medio.

REQUISITOS PARA NO CEDER A LA PRESIÓN

1. Una visión correcta de Dios.

Si no tenemos una visión correcta de Dios, no vamos a poder resistirnos ante las presiones de la vida, porque es el apropiado conocimiento de todo lo que el Señor es, Su carácter y Sus atributos, lo que nos permite descansar en Él y cobrar valor cuando nos encontramos en medio de un momento de dificultad.

El profeta Nehemías tenía una visión correcta de Dios. Fíjese cómo él se expresa: *Cuando vi su temor, me levanté y dije a los nobles, a los oficiales y al resto del pueblo: No les tengáis miedo; acordaos del Señor, que es grande y temible, y luchad por vuestros hermanos, vuestros hijos, vuestras hijas, vuestras mujeres y vuestras casas* (Neh. 4:14 b).

Nehemías invita al pueblo a acordarse de quién es Dios y a luchar confiando en que ese Dios, grande y temible, estaría con ellos.

Parte del problema, como bien lo expresó J. B. Phillips en una ocasión, es que Dios es muy pequeño para muchos de los creen en Él.[2] La percepción que muchos cristianos tienen de Dios es tan distorsionada, producto de su falta de conocimiento e intimidad con Él, que al ver la magnitud de sus problemas y tentaciones terminan siendo vencidos por ellos porque el dios que han concebido en su mente es muy pequeño como para poder ayudarlos.

De ahí la importancia de desarrollar un concepto correcto de Dios. Y para ello necesitamos meditar en Su Palabra, no solo leerla, sino meditar en ella de forma continua. El sermón que escuchamos el domingo en la mañana no es suficiente para sustentarnos durante el resto de la semana, pues la presión a la que el creyente se ve expuesto los otros seis días es intensa. Ya sea en su trabajo, en su círculo social o en su tiempo de esparcimiento al leer o ver la televisión, el creyente está siendo sometido a múltiples presiones que van debilitando todo lo que él aprendió el domingo. Por eso necesitamos una relación profunda y constante con Dios, de manera que Su imagen pueda hacerse cada vez más grande en nuestra mente, pues solo

---

[2] J. B. Phillips, *Your God Is Too Small* (Nueva York: Touchstone, 1997).

así vamos a poder enfrentar las presiones y decir como Nehemías: «Nuestro Dios es grande y temible».

Martín Lutero fue un hombre que tuvo un alto concepto de Dios. Y por ello, cuando algunos de sus amigos trataron de intimidarlo para que no compareciera ante la Dieta de Worms, pues temían que fuese a perder su vida en manos del emperador Carlos V, Lutero respondió: «Huss ha sido quemado, pero no la verdad con él. Iré aunque tantos diablos como tejas en los techos de las casas apunten a mí».[3]

Para poder responder como Nehemías y Lutero lo hicieron, necesitamos tener una visión grande de Dios, un Dios que es capaz de hacer lo que nosotros no podemos hacer.

2. Temor de Dios.

Lo segundo que citaríamos como requerimiento para no ceder ante la presión es temor de Dios. En la vida de Nehemías encontramos un ejemplo de alguien que no cedió ante la presión: *Pero los gobernadores anteriores que me precedieron gravaban al pueblo y tomaban de ellos cuarenta siclos de plata además del pan y del vino; también sus sirvientes oprimían al pueblo. **Pero yo no hice así, a causa del temor de Dios** (Neh. 5:15, énfasis agregado). Una sola cosa detuvo a este hombre: la reverencia hacia su Dios.

La manera en que esos gobernadores se habían conducido ejercía una presión indirecta sobre Nehemías, o constituían una tentación; pero, a pesar de esto, Nehemías pudo resistirse porque existía en él temor de Dios. Un temor reverente a lo que Él es, a Su ley y a Su disciplina. Lamentablemente, cuando ese temor de Dios se pierde, ocurre lo que leemos en el Salmo 36:1-4:

La transgresión habla al impío dentro de su corazón; no hay temor de Dios delante de sus ojos. Porque en sus propios ojos *la transgresión* le engaña en cuanto a descubrir su iniquidad *y aborrecerla*. Las palabras de su boca son iniquidad y engaño;

---

[3] Leopold Von Ranke con Cristo Raul, ed., *History of The Reformation in Germany, Volume 1*, edición digital de Kindle (Seattle, WA: Amazon Digital Services, 2015), loc. 5535 de 5663.

ha dejado de ser sabio y de hacer el bien. Planea la iniquidad en su cama; se obstina en un camino que no es bueno; no aborrece el mal.

Note cuáles son las consecuencias de la ausencia del temor de Dios en la vida de una persona:

1. Su propia transgresión lo engaña en cuanto a su iniquidad y no le permite verla como tal ni tampoco llegar a aborrecerla.

2. Las palabras de su boca son iniquidad y engaño.

3. Deja de ser sabio.

4. También deja de hacer el bien.

Cuando el temor de Dios se va, le perdemos miedo al pecado, y cuando le perdemos miedo al pecado, cedemos con facilidad ante la presión. Este es uno de los grandes problemas que vemos en el cristianismo de hoy, pues no hay suficiente temor de Dios en el creyente, y no lo hay porque no conocemos a Dios como debiéramos; se nos ha olvidado que nuestro Dios es fuego consumidor. Una vez más voy a referirme a una entrevista que realicé recientemente a R. C. Sproul en su oficina. En aquella vez, le pregunté cuál era la razón por la cual el tema de la santidad de Dios se había convertido en el motor de su vida y ministerio. Su respuesta inmediata fue: «Porque el creyente no conoce a Dios».

3. Una relación íntima con Dios.

No hay manera en que podamos resistirnos a la presión si nuestra relación con Dios no es íntima, continua, sana y creciente, porque la presión que recibimos será mayor y más fuerte que la relación que tenemos con Él. A continuación quisiera volver al libro de Daniel y citar un texto para ilustrar el rol que tiene nuestra relación con Dios a la hora de ayudarnos a no ceder ante la presión.

Daniel 6:10-11 dice:

Cuando Daniel supo que había sido firmado el documento, entró en su casa (en su aposento superior tenía ventanas abiertas en dirección a Jerusalén), y como **lo solía hacer antes,** continuó arrodillándose tres veces al día, orando y dando gracias delante de su Dios. Entonces estos hombres, de común acuerdo, fueron y encontraron a Daniel orando y suplicando delante de su Dios (énfasis agregado).

A Daniel le fue prohibido orar a su Dios. Sin embargo, él continuó haciéndolo a puertas abiertas como de costumbre; eso es evidencia del tipo de relación que Daniel tenía con Dios. En una situación similar, creo que muchos se hubieran encerrado para orar, justificándose con la excusa de que hay que ser prudentes, y que al final de cuentas Dios conoce nuestro corazón. Responder como lo hizo Daniel requiere valentía. Él fue presionado, al igual que lo fueron Sadrac, Mesac y Abed-nego, pero resistió la presión porque había algo en él que lo sustentaba: convicción y una relación íntima con Dios. Sin eso no podremos sostenernos ante la tentación.

4. Convicciones.

Otro ingrediente importante en la vida de fe del creyente para evitar ceder a la presión es poseer convicciones firmes. Hoy en día hay gente con muchas ideas y opiniones, pero que carecen de convicciones. Y la realidad es que las convicciones son importantes porque, como veremos más adelante, nuestras convicciones son las que nos dan el valor para resistir la presión y hacer lo que es correcto. Nosotros sostenemos nuestras opiniones, pero nuestras convicciones nos sostienen a nosotros.

En 1 Tesalonicenses 1:5 leemos: *pues nuestro evangelio no vino a vosotros solamente en palabras, sino también en poder y en el Espíritu Santo y* **con plena convicción;** *como sabéis qué clase de personas demostramos ser entre vosotros por amor a vosotros* (énfasis agregado). Lo que Pablo está tratando de transmitir es que, cuando él compartió el evangelio con ellos, no lo hizo con meras palabras, sino con plena convicción, convencido por completo y persuadido de lo que creía. Ese tipo de convicción es la que tristemente no encontramos con frecuencia en el pueblo de Dios.

Creo que existen varias razones por las que nuestra sociedad carece de convicciones, y la primera de ellas es que valoramos más las cosas que a las personas. Esta generación ama las cosas y usa a las personas a tal punto que ha perdido el respeto hacia los demás y hacia el individuo mismo. De ahí que, cuando llega la presión, la persona cede con facilidad, pues no tiene respeto por la dignidad humana ni aprecia el valor que Dios les ha dado a los hombres como portadores de Su imagen.

Otra razón es que vivimos en una sociedad que mide las cosas por su valor práctico, por lo que funciona. Lo pragmático define entonces lo que es bueno o malo. Así mismo, hoy en día las cosas se evalúan en función del beneficio que nos puedan otorgar. Pero lo funcional o lo provechoso de algo no debe ser una escala de medida; el estándar debe ser y siempre será la Palabra de Dios.

Así mismo, estamos frente a una sociedad que ha malinterpretado el significado de la tolerancia. Y si no entendemos bien lo que verdaderamente implica ser tolerantes, vamos a ceder ante muchas de las presiones a las que nos vemos sometidos en esta sociedad posmodernista porque no hemos desarrollado convicciones firmes que nos sostengan en medio de la crisis. Decía G. K. Chesterton, escritor y periodista británico, que «la tolerancia es una virtud de un hombre sin convicciones».[4] Ahora bien, hay un tipo de tolerancia que la Palabra nos manda a tener, y sobre ella vamos a comentar más adelante. Pero la «tolerancia moderna es una tiranía»; «es una tiranía porque es silencio».[5]

Alguien dijo en una ocasión que, de acuerdo al nuevo concepto de tolerancia, hemos llegado a pensar que quienes somos está inseparablemente relacionado con lo que hacemos, lo que pensamos y lo que creemos. Nuestra identidad está envuelta junto con nuestra cultura y

---

[4] G. K. Chesterton, citado en Ralph C. Wood, *Literature and Theology* (Nashville, TN: Abingdon Press, 2008), 51.
[5] Ibíd.

nuestra conducta. De acuerdo con la nueva sociedad, si alguien expresa cualquier desacuerdo contra las convicciones de otro, significa que está menospreciando a esa otra persona. Si le decimos a una persona que está errada, esta dice que la están juzgando. Si no aceptamos el estilo de vida de otro, este dice que estamos siendo intolerantes con él. La persona que piensa de esta forma no tolera ninguna crítica porque entiende que, si usted no está de acuerdo con su estilo de vida o formas de pensamiento, usted lo está juzgando y no tiene derecho a hacerlo.

Edgard Pisani, político y escritor francés, dijo lo siguiente: «Intolerancia no es simplemente la falta de solidaridad con otras personas; es el rechazo de otros por lo que son, por lo que hacen, por lo que piensan y, eventualmente, solo porque existen».[6] ¿Usted entiende lo que él está diciendo? Él no admite ninguna posibilidad de aceptar y respetar a una persona sin que ello implique aprobar o apoyar lo que hace y lo que piensa. Y esto es así porque esta sociedad posmoderna nos quiere hacer creer que cualquier nivel de rechazo hacia una idea, pensamiento o acción es lo mismo que un rechazo hacia la persona. No se deje intimidar con comentarios como «¿Quién eres tú para juzgarme?» o «Estás siendo intolerante». Usted puede respetar a una persona sin necesidad de tener que aceptar sus ideas como buenas y válidas.

En esta época posmoderna en la que vivimos, en que no hay valores absolutos, en que las palabras ya no tienen significado, sino que cada quien le atribuye el significado que entienda conveniente, cualquier convicción que usted tenga es llamada fanatismo. Pero no debemos dejarnos amedrentar por esas ideas en lo más mínimo.

5. Valentía como resultado de convicciones.

La valentía fue una virtud más apreciada en el pasado que en el presente. Muchos hombres y mujeres dieron la vida en años pasados por

---

[6] Edgard Pisani, «Against Intolerance», parte del artículo «In Praise of Tolerance», presentado por Ehsan Naraghi, 38-39, *The UNESCO Courier,* junio de 1992, página consultada el 2 de diciembre de 2015. http://unesdoc.unesco.org/images/0009/000914/091412eo.pdf.

un ideal. Los ideales no siempre fueron buenos, pero la gente y aun los jóvenes tenían valor para luchar por ellos. Hoy ese no es el caso. Nadie parece tener la convicción suficiente para arriesgar su vida a diferencia de los jóvenes compañeros de Daniel que rehusaron postrarse ante la estatua.

Daniel 3:15-18 dice:

¿Estáis dispuestos ahora, para que cuando oigáis el sonido del cuerno, la flauta, la lira, el arpa, el salterio, la gaita y toda clase de música, os postréis y adoréis la estatua que he hecho? Porque si no la adoráis, inmediatamente seréis echados en un horno de fuego ardiente; ¿y qué dios será el que os libre de mis manos? Sadrac, Mesac y Abed-nego respondieron y dijeron al rey Nabucodonosor: No necesitamos darte una respuesta acerca de este asunto. Ciertamente nuestro Dios a quien servimos puede librarnos del horno de fuego ardiente; y de tu mano, oh rey, nos librará. Pero si no lo hace, has de saber, oh rey, que no serviremos a tus dioses ni adoraremos la estatua de oro que has levantado.

Imagínese lo que sería encontrarse en una situación como esa, frente a un emperador que, desde un punto de vista humano, es dueño y señor de la tierra, y escucharlo pronunciar esas terribles palabras. Si usted no tiene una relación íntima, fuerte y creciente con Dios, lo más probable es que ni siquiera se atreva a hablar. Sin embargo, Sadrac, Mesac y Abed-nego hicieron algo que no muchos tenían el valor de hacer en esa época: se negaron a postrarse ante la estatua de oro y adorarla. Eso es tener valor. Pero note lo que estos jóvenes no hicieron: ellos no trataron de justificarse ante el rey para lograr así escapar de su mano. ¡No! Ellos tuvieron el valor de enfrentarse al rey porque estaban por completo convencidos de que el Dios a quien servían podía librarlos de su mano. Mas no mostraron valor solo porque confiaban en que serían librados, sino que ellos estaban dispuestos a permanecer fieles a Dios y a no servir ni adorar otros dioses, incluso si esto implicaba pasar por el horno de fuego y morir. Esos fueron tres jovencitos judíos que se enfrentaron a un poderoso rey pagano. ¿Dónde están los hombres y las mujeres que hoy en día desafían, de ser necesario, la autoridad y el poder con tal de defender sus convicciones? Lamentablemente tenemos un pueblo tan domesticado, tan diplomático, que prefiere ceder ante la presión porque no tiene el coraje de decir las cosas. Pero la cobardía no nos va a ayudar a vivir con integridad y sabiduría, sino que nos hará comprometer nuestros valores todo el tiempo.

En su libro *The Abolition of Man* [La abolición del hombre], C. S. Lewis habla de la importancia de cultivar valores como el coraje y el honor. Lewis escribe: «Formamos hombres sin pecho, y esperamos de ellos virtud y arrojo. Nos burlamos del honor, y después nos sorprende descubrir traidores entre nosotros. Castramos, y esperamos fertilidad».[7] Entendemos que esos hombres sin pecho de los que habla Lewis son aquellos hombres llenos de conocimiento, pero que no tienen la osadía de defender lo que es correcto al precio que sea necesario.

La valentía es aplaudida por Dios, pero la cobardía es muy criticada en distintos pasajes de las Escrituras. De hecho, en el libro de Apocalipsis se hace mención a aquellos individuos que no entrarán en el reino de los cielos, sino que tendrán su herencia en el lago que arde con fuego y azufre, y los cobardes encabezan esa lista (Apoc. 21:7). Dios sabe que el cobarde no tiene convicción; si no tiene convicción, él no podrá creer y atesorar la ley de Dios, y como resultado terminará negociando y quebrantando la Palabra.

Sobre la valentía, John Maxwell comenta: «Lo que es irónico es que aquellos que no tienen la valentía de arriesgarse y los que sí la tienen experimentan la misma cantidad de temor en la vida. La única diferencia es que los que no se arriesgan se preocupan por cosas sin importancia».[8] La valentía no es ausencia de temor, sino que es acción en presencia del temor. La realidad es que no se requiere valentía para hacer aquello a lo cual no tememos.

---

[7] C. S. Lewis, *The Abolition of Man* (Nueva York: HarperCollins, 2009), 27.

[8] John C. Maxwell, *Las 21 cualidades indispensables de un líder* (Nashville, TN: Editorial Caribe, 2000), 37.

6. Madurez emocional.

El nivel de madurez emocional del individuo juega un papel importante en cómo él enfrenta las dificultades en su vida. La baja autoestima o valor propio, las inseguridades, la falta de significado y el miedo al rechazo son varias de las razones que pueden llevar a una persona a ceder ante la presión.

Cuando la aprobación de alguien es importante para nosotros, es fácil conformarnos de acuerdo con el mundo porque estamos dispuestos a hacer cualquier cosa a fin de conseguir la aprobación de los demás, incluso aquellas cosas que sabemos que no son moralmente correctas. Así mismo, si tenemos una baja autoestima y alguien cercano a nosotros nos critica, la próxima vez que veamos a esa persona vamos a tratar de complacerla porque lo que nos dijo la última vez nos hizo sentir mal y queremos evitar que pase de nuevo. Si usted es un pastor inseguro y se entera de que la congregación no está aprobando sus sermones, va a comenzar a acomodar su predicación en búsqueda de la aprobación de sus ovejas. ¿Puede apreciar cuán problemático es esto?

Esa presión, que puede ser directa o indirecta, la vamos a sentir de acuerdo al nivel de madurez emocional que tengamos. Por ejemplo, si una persona se siente con falta de significado en la vida, puede llegar a creer que el obtener logros, como una profesión, le va a dar propósito a su vida. Entonces se dedicará a obtener múltiples títulos académicos y a hacer todo lo posible para destacarse en el ámbito laboral porque cree que esto le dará sentido a su existencia. Esa presión no viene desde afuera, sino que viene de nosotros mismos, de nuestro mundo interior. Por lo tanto, necesitamos crecer en esas áreas, y la mejor manera de crecer es cultivando una relación íntima con Dios. No es la psicología la que nos va a sanar, sino una relación íntima con Dios; eso nos traerá completa sanidad y nos permitirá vivir de modo correcto, sin necesidad de ceder a ningún tipo de presiones.

Por otro lado, a nadie le gusta ser criticado; sin embargo, nadie puede pasar por este mundo sin haber sido criticado en alguna ocasión. El problema es que, si no se sabe manejar bien, la crítica puede hacer que una persona vaya incluso en contra de sus convicciones con tal de evitarla. Recuerdo una época en mi vida en que por mi orgullo, cada vez que alguien decía algo en contra de mí, yo me molestaba. Hasta que un día Dios me confrontó y, aunque no lo escuché con mis oídos, fue como si Él me estuviera diciendo: «¿Y quién te crees tú que eres? Si a mi Hijo lo criticaron, ¿quién eres tú para no lo hagan contigo?». Debemos aprender a aceptar la crítica, pues es parte de vivir en un mundo caído, con seres humanos caídos. Pero cuando no nos gusta ser criticados, vamos a evitar hacer cualquier cosa que sea criticable. Como pastor, por evitar la crítica podría evitar predicar cierto tipo de sermones, pronunciar frases o dar cualquier consejo que pudiera ser criticado por otros. Como joven soltero, buscaría una novia o me casaría solo con una persona que entienda que mi familia va a aceptar sin ninguna objeción, pues no quiero que me critiquen. Estas son solo algunas ilustraciones de las consecuencias que acarrea el temer a la crítica.

FUENTES DE PRESIÓN

La sociedad en que vivimos y su cultura

Esta es una fuente de presión a la que el ser humano se ve sometido cada día. A veces las personas, sobre todo las mujeres, se sienten presionadas a cambiar todo su guardarropa solo porque cada cierto tiempo la sociedad les vende la idea de que su ropa ha pasado de moda y que necesitan cambiarla. Pero cuando tenemos una nuestra identidad en Cristo, la moda puede cambiar; quizás hasta nos critiquen por vestir con ropa «pasada de moda», y dichos comentarios no nos afectarán. Sin embargo, cuando tenemos inseguridades, vamos a una fiesta y estamos fijándonos en la ropa que el otro viste para ver si estamos o no vestidos de acuerdo a la moda del momento; y si nos damos cuenta de que no es así, entonces nos sentimos avergonzados. Lo que sucede es que nos dejamos presionar por la sociedad debido a nuestras propias inseguridades.

En otras ocasiones la presión viene del deseo de tener el mismo estilo de vida de otros, lo que en inglés llaman *Keeping up with the Joneses* o mantener el mismo nivel que los vecinos. La esposa ve que el vecino de al lado está remodelando su casa y entonces ella va junto a su esposo y le dice que ellos tienen que hacer lo mismo porque «todo el mundo» lo está haciendo y ellos no se pueden quedar atrás. ¿Pero qué tiene que ver el tamaño o la remodelación de la casa del vecino con la nuestra? Si ellos lo pueden hacer, que lo hagan; pero nosotros lo haremos cuando lo necesitemos.

La familia

El núcleo familiar al que pertenecemos ejerce una presión enorme sobre nosotros, para bien o para mal. Como pastor, muchas veces he visto casos de parejas de novios cristianos que, en el momento de planear su boda, se sienten presionados por sus padres, sobre todo por aquellos que no son creyentes, a celebrarla de determinada manera, a veces incluso de una forma no digna de un hijo de Dios. Y no se atreven a decir que no a sus padres por temor a lo que pensarán ellos y porque en la mayoría de los casos son los padres quienes están costeando los gastos de la boda. Entonces yo me pregunto: ¿a quién responden estos jóvenes, a Dios o a sus padres? En casos como esos, lo que hace falta es convicción para tener el valor de enfrentar a los padres con amor y respeto para explicarles que ellos desean honrar a Dios antes que a los hombres, y que por lo tanto no pueden realizar la boda a la manera del mundo, sino a la manera de Dios. Lo triste es que a veces usamos el querer honrar a la familia como excusa, pero la realidad es que no tenemos convicciones firmes y nos dejamos influenciar, o peor aún, eso era lo que nosotros queríamos desde un principio y por eso lo hicimos así.

La educación

La instrucción que recibimos en las distintas instituciones académicas por las que pasamos a lo largo de los años es una fuente de presión significativa. Si en la universidad, por ejemplo, se enseña sobre la teoría de la evolución, el cristiano muchas veces no se atreve a decir que cree en una creación hecha por Dios por miedo a ser el único en la clase con esta convicción, o por miedo a que la defensa de su posición le cueste su nota, o por temor a ser ridiculizado. Pero de eso precisamente se trata: de que, sin importar el costo, podamos defender nuestras convicciones y valores frente a los demás. Es vital que el cristiano desarrolle una cosmovisión cristiana antes de entrar a la universidad para poder filtrar todas las corrientes educativas que vendrán en vía contraria.

Muchos no quieren sentir que están «atrasados» en términos de los tiempos que vivimos y, si la educación del momento entiende que no es inteligente hablar de Dios o de moralidad porque eso sería ser estrecho de mente, entonces muchos permanecen callados o peor aún comienzan a articular las ideas que son consideradas progresistas para estar a la par con los avances.

Las malas compañías

Las malas compañías corrompen las buenas costumbres, dice el apóstol Pablo en 1 Corintios 15:33. La presión de grupo, sobre todo en los jóvenes, ha sido un factor clave en muchas de las malas decisiones que se han tomado a lo largo de la historia. Muchos jóvenes sienten el deseo de pertenecer a un grupo en el que encuentren su identidad y, por esa razón, están dispuestos a ceder a las presiones del grupo con tal de que el grupo los acepte y les dé la bienvenida. El cristiano tiene que aprender a escoger a sus amigos; de lo contrario, esa mala elección le puede costar muy caro. Si bien es cierto que el creyente puede y debe influenciar al incrédulo, lamentablemente es el incrédulo quien con frecuencia termina arrastrando al creyente. Así pasó con Pedro:

> Pero cuando Pedro vino a Antioquía, me opuse a él cara a cara, porque era de condenar. Porque antes de venir algunos de parte de Jacobo, él comía con los gentiles, pero cuando vinieron, empezó a retraerse y apartarse, porque temía a los de la circuncisión. Y el resto de los judíos se le unió en *su* hipocresía, *de tal manera* que aun Bernabé fue arrastrado por la hipocresía de ellos. Pero cuando vi que no andaban con rectitud en cuanto a la verdad del evangelio, dije a Pedro delante de todos: Si tú, siendo judío, vives como los gentiles y no como los judíos, ¿por qué obligas a los gentiles a vivir como judíos? (Gál. 2:11-14).

Pedro se dejó influenciar por los judíos y Bernabé se dejó arrastrar. Las malas compañías corrompen las buenas costumbres. Lo extraordinario de este pasaje es que las personas que estaban cediendo a la presión no representaban al creyente promedio: uno era un apóstol que había caminado sobre las aguas, había sido entrenado por Cristo y luego lo había visto resucitado; y el otro fue el introductor de Pablo a la comunidad cristiana y compañero de misiones en su primer viaje. Dos pilares de la fe cedieron a la presión por la mera presencia de judíos entre ellos.

El ambiente laboral

El lugar de trabajo puede convertirse también en una fuente de mucha presión para las personas. El empleado que se siente presionado por su jefe a producir y vender más a veces termina comprometiendo sus valores y principios porque no quiere perder su trabajo o la aprobación de su jefe. De igual manera, el sentido de competencia y el deseo de destacarse por encima de sus colegas puede llevar al empleado a olvidarse de sus convicciones y violar su integridad.

Por último, aquellas personas que tienen autoridad sobre nosotros, de una u otra manera, se constituyen en una fuente de presión en nuestras vidas. Y si bien la Palabra de Dios nos manda a someternos a las autoridades (Rom. 13:1), debemos tener cuidado de no violar nuestra integridad solo porque nuestro jefe o alguna autoridad nos haya pedido que hagamos algo que va en contra de nuestras convicciones. Debemos aprender a decir que no cuando sea necesario y de manera respetuosa explicar por qué no podemos hacer lo que se nos está pidiendo. Cuando usted haga eso, Dios lo va a aplaudir y, la próxima vez que se vea en una situación similar, verá cómo le resulta cada vez más fácil hacer lo correcto porque ha desarrollado fuertes convicciones que no lo dejan ceder ante la presión.

La minoría puede hacer una diferencia

El cristiano siempre estará en la minoría y sobre todo en nuestros días. Ahora bien, esto no significa que Dios no pueda usarlo a usted como minoría para llevar a cabo Sus planes. Mire lo que observó

G. K. Chesterton: «No necesitamos buenas leyes para restringir a gente mala. Necesitamos gente buena para restringir malas leyes. El problema está en que la mayoría no quiere aceptar sus responsabilidades. Por tanto, recae sobre la minoría proteger a la mayoría de su propia preferencia por aceptar la tiranía tontamente».[9] Es decir, la minoría que está clamando por valores es la que termina protegiendo a la mayoría de las consecuencias de no haber sido responsables.

Por ejemplo, hace poco en mi país de origen, hubo una controversia por un proyecto de ley para la legalización del aborto. Si hay algo de lo cual estoy seguro es de que Dios odia el sacrificio de vidas inocentes en el vientre de una madre, aunque esta no es la opinión de la mayoría. Sin embargo, es la minoría la que ha estado tratando de proteger a la mayoría de las consecuencias de aprobar una ley como esa. Y si, como creyente, usted entiende su llamado a ser sal y luz de la tierra, va a aceptar con gozo su rol de minoría dentro de la sociedad y se va a sentir bien de que, aun siendo minoría, está tratando de salvar a muchos de las consecuencias de sus malas decisiones.

Si nos detenemos a revisar la historia, podremos ver que los grandes cambios que la sociedad ha experimentado a través de los años han sido siempre producidos por la minoría: Jesucristo, Martín Lutero, Abraham Lincoln, William Wilberforce, Simón Bolívar….

REFLEXIÓN FINAL

Como señalábamos antes, la Palabra de Dios está en contra de la cobardía y aplaude el valor. Notemos lo que dice 2 Timoteo 1:7: *Porque no nos ha dado Dios espíritu de cobardía, sino de poder, de amor y de dominio propio.* De esta manera, cuando el cristiano se comporta como un cobarde al no defender sus convicciones, está negando el Espíritu de Dios que mora en él. El contexto de este pasaje es que Pablo está exhortando a Timoteo a hacer todo cuanto sea necesario para defender el evangelio porque Dios le había dado, y nos ha dado

[9] Kevin Belmonte, ed., *A Year with G.K. Chesterton: 365 Days of Wisdom, Wit and Wonder* (Nashville, TN: Thomas Nelson, 2012), 332.

también a nosotros, un espíritu que no es de cobardía, sino de poder y de dominio propio. Timoteo necesitaba ser valiente porque los cobardes tarde o temprano terminan comprometiendo la doctrina y, con ella, la causa de Cristo y el nombre del Señor.

Durante la Segunda Guerra Mundial, Winston Churchill fue un hombre que supo mantener la valentía en medio de circunstancias difíciles. El 29 de octubre de 1941, durante uno de los peores momentos de la guerra, Churchill dijo: «Nunca te rindas. Nunca te rindas. Nunca, nunca, nunca, nunca, nunca, en nada, grande o pequeño, importante o insignificante, nunca te rindas, excepto a convicciones de honor y sentido común. Nunca te rindas ante una amenaza poderosa, nunca te rindas a lo que parece ser una fuerza abrumadora del enemigo».[10] Este fue el hombre que en diferentes momentos supo decir en el parlamento que había que detener a Hitler y nadie le hizo caso hasta que ya era tarde. Sin embargo, fueron su coraje y su valentía al pronunciar estas palabras lo que inspiró a Inglaterra en uno de los peores momentos de la historia.

Necesitamos convicciones profundas y actuar en consecuencia; esta frase, atribuida al filósofo Edmund Burke, nos deja ver la necesidad de que actuemos conforme a nuestras convicciones: «Lo único necesario para que triunfe la maldad es que los hombres buenos no hagan nada». Si usted quiere ver la maldad triunfar en la sociedad, no haga nada al respecto y verá cómo la maldad triunfará. Por tanto, no basta con decir que somos valientes: necesitamos actuar. Esta frase que aparece hacia el final del libro de Daniel, refiriéndose a los tiempos futuros, siempre me ha inspirado: *mas el pueblo que conoce a su Dios se mostrará fuerte y actuará* (Dan. 11:32b).

De acuerdo con este versículo, el pueblo que va a actuar es el pueblo que conoce a su Dios. Esto implica que, si el pueblo de Dios no está actuando, es porque no conoce a su Dios íntimamente, porque el creyente que conoce en intimidad a su Dios no permanece en silencio. Va a sufrir, va a ser puesto en la cárcel, va a ser martirizado,

---

[10] Winston Churchill, «Never Give In!», discurso, Harrow School, 29 de octubre 1941, citado en *Never Give In! The Best of Winston Churchill's Speeches* por Winston S. Churchill, edición reimpresa (Nueva York: Hachette Books, 2004), 307.

va a ser quemado; pero él va a actuar. Esto siempre ha sido así: no importa si nos referimos a la época del profeta Daniel, o en el tiempo de los apóstoles, o en el tiempo de los reformadores. La realidad es que, mientras mayores han sido las convicciones, mayor ha sido el impacto que estos hombres han causado en la sociedad. La manera en que vamos a desarrollar convicciones y el valor para defenderlas es meditando en las Escrituras y poniéndolas en práctica. Hasta que eso no ocurra, la verdad de Dios no va a taladrar nuestro corazón y nuestra mente de tal forma que se haga parte de nosotros. Recuerde: «el pueblo que conoce a su Dios se mostrará fuerte y actuará».

6.

LA VERDAD, SOLO LA VERDAD Y NADA MÁS QUE LA VERDAD

Señor, ¿quién habitará en tu tabernáculo?
¿Quién morará en tu santo monte? El
que anda en integridad y obra justicia,
que habla verdad en su corazón. El que
no calumnia con su lengua, no hace mal
a su prójimo, ni toma reproche contra su
amigo.

~ Salmos 15:1-3

INTRODUCCIÓN

«**¿Jura solemnemente decir la verdad, toda la verdad y nada más que la verdad?**» es una frase que con toda probabilidad usted ha escuchado antes. Ha sido utilizada en tribunales de justicia alrededor del mundo en el momento de dar testimonio durante un proceso judicial. Y quizás pueda preguntarse si no es suficiente con que la persona jure decir la verdad. La pregunta es válida, pero, si medita en esa frase, notará que tiene una razón de ser, pues decir la verdad no es suficiente. Tenemos que procurar decir siempre la verdad, solo la verdad y nada más que la verdad. Una persona puede decir la verdad y no por ello estar diciendo toda la verdad, pues se ha reservado para sí parte de la información. Así mismo, en ocasiones podemos estar diciendo toda la verdad, pero, si le agregamos cualquier otra información, entonces estamos diciendo más que la verdad. Y de ahí que esta frase sea tan importante, pues nuestro llamado a la integridad implica vivir de acuerdo a la verdad, toda la verdad y nada más que la verdad.

Quisiera iniciar este capítulo con este texto de la Palabra que recoge una conversación entre Cristo y Poncio Pilato:

> Pilato entonces le dijo: ¿Así que tú eres rey? Jesús respondió: Tú dices que soy rey. Para esto yo he nacido y para esto he venido al mundo, para dar testimonio de la verdad. Todo el que es de la verdad escucha mi voz. Pilato le preguntó: ¿Qué es la verdad? Y habiendo dicho esto, salió otra vez adonde *estaban* los judíos y les dijo: Yo no encuentro ningún delito en Él (Juan 18:37-38).

Con estas palabras, Cristo se define a sí mismo como Aquel que vino al mundo a encarnar la verdad y nos deja ver además que aquellos individuos que no escuchan Su voz no pertenecen a la verdad. Ser cristiano implica entonces que nos identificamos con la Verdad y que, por tanto, estamos llamados a ser testigos de la verdad en cada momento de nuestras vidas.

Jesús dijo: *Yo soy el camino, y la verdad, y la vida; nadie viene al Padre sino por mí* (Juan 14:6b). Él no solo dijo: «Yo digo la verdad», porque, cuando una persona dice la verdad en determinado momento, eso no significa que hará lo mismo en cada ocasión. Ahora bien, cuando Cristo dice: «Yo soy la verdad», ya no habla de algo que Él hace o algo que Él dice, sino de algo que Él es. La naturaleza de Cristo es la verdad. Él representa la verdad y la verdad está representada en Él. Eso nos habla de que toda verdad es verdad de Dios. Agustín lo expresó de esta manera:

> Pero, que todo buen y verdadero cristiano entienda que [todo lugar] donde él puede encontrar la verdad le pertenece a su Maestro; y mientras él conoce y reconoce la verdad, incluso

en su literatura religiosa, [que al mismo tiempo] rechace las invenciones de la superstición y que se entristezca y evite a los hombres que, "aunque conocían a Dios, no lo honraron como a Dios ni le dieron las gracias, sino que se hicieron vanos en sus razonamientos y su necio corazón fue entenebrecido. Profesando ser sabios, se volvieron necios y cambiaron la gloria del Dios incorruptible por una imagen en forma de hombre corruptible, de aves, de cuadrúpedos y de reptiles"».[1]

Y si esto es así, que lo es, entonces no debemos temer a la verdad, pues ¿cómo hemos de temer a algo que es de Dios?

Definición y características de la verdad

En su forma más sencilla, podemos decir que la verdad es aquello que corresponde con la realidad. «Etimológicamente αλήθεια (verdad) significa 'no ocultamiento'. Por lo tanto denota lo que se ve, se indica, se expresa o se revela, e. d. una cosa tal como de verdad es, no que está escondida o clasificada. αλήθεια es 'el verdadero estado de las cosas'».[2]

Ahora bien, algo que debemos señalar es que la verdad es verdad, independientemente de quién la diga. Un ateo puede decir una verdad, y porque sea ateo no deja de ser verdad. De igual forma, alguien puede decir de la manera más pretenciosa posible que la Tierra es redonda y, por más arrogante que esa persona sea, la Tierra sigue siendo redonda. Así mismo, podemos decir con humildad que la Tierra es cuadrada y, aunque lo hayamos dicho con humildad y mansedumbre, la Tierra nunca será cuadrada. Y es importante que podamos reconocer esto porque en ocasiones hemos escuchado a personas decir: «¡Tenía que ser un cristiano quien dijera eso!». Pero esa no es una razón válida para desestimar un argumento; el asunto es que se pruebe

---

[1] Augustine, *On Christian Doctrine, II.18.28.*
[2] R. Bultmann, s.v. «αλήθεια», en *Compendio del Diccionario Teológico del Nuevo Testamento,* ed. por Gerhard Kittel y Gerhard Friedrich (Grand Rapids, MI: Libros Desafío, 2003), 45.

que no es verdad lo que se dijo porque la verdad es verdad no importa quién la diga.

Por otra parte, recordemos que la verdad es universal; lo que es verdad en un continente es verdad en otro continente, y por tanto la verdad es transcultural. Esa misma verdad es descubierta porque está relacionada con el carácter de Dios; no es creada.

Por otro lado, en Juan 8:44, Cristo dijo: *Sois de* vuestro *padre el diablo y queréis hacer los deseos de vuestro padre. Él fue un homicida desde el principio, y no se ha mantenido en la verdad porque no hay verdad en él. Cuando habla mentira, habla de su propia naturaleza, porque es mentiroso y el padre de la mentira.* Esto implica entonces que, si la naturaleza de Satanás es la mentira, cuando una persona elige mentir, se está identificando con la esencia misma de Satanás. Esto nos permite entender la razón por la cual Dios dice en Su Palabra que los labios mentirosos son abominación para Él (Prov. 12:22). Por este motivo, cuando decimos la verdad, nos estamos identificando con la naturaleza misma de Dios; mas cuando mentimos estamos identificándonos con Satanás, el padre de toda mentira, y le damos la espalda a la verdad, que es Cristo, al abrazar todo aquello que es contrario a lo que Dios representa. Es como si le dijéramos a Dios: «Yo prefiero identificarme con la naturaleza del maligno que con Tu naturaleza». De ahí que la mentira sea abominable ante los ojos del Señor.

TODO HOMBRE ES MENTIROSO

La razón por la cual mentimos es porque somos mentirosos; no somos mentirosos después de haber mentido, sino que la naturaleza mentirosa habitó en nosotros antes. Y quizás la mayoría de nosotros se ofendería si de pronto alguien se nos acerca y nos dice que somos unos mentirosos. Sin embargo, esa es la verdad, pues la Palabra de Dios dice en el Salmo 116:11b que *todo hombre es mentiroso.* Para que la Biblia pudiera llegar a otra conclusión, nosotros tendríamos que andar en la verdad todo el tiempo, pero nuestra naturaleza pecadora no nos lo permite. Por el contrario, todo el tiempo tomamos la verdad, la escondemos, la tergiversamos, la torcemos y la adornamos; y confirmamos con esto el veredicto de la Palabra cuando dice: *Amas el mal más que el bien, la mentira más que decir lo que es justo* (Sal. 52:3).

Aun con nosotros mismos somos incapaces de ser por completo veraces, pues ¿cuántas veces no hemos ido delante de Dios en oración y hemos comenzado a minimizar los hechos, tratando de justificarlos o de adornarlos como si Dios pudiera ser burlado? Así mismo, cuando somos testigos de algún hecho o cuando alguien nos relata algo que ocurrió, y luego al contarlo a un tercero tomamos la verdad y la exageramos, en vez de dejarla tal cual es, mentimos pues no fue así como ocurrieron las cosas. Y en ocasiones mientras más orgullosos somos o mientras más ofendidos nos sentimos por lo ocurrido, más color le agregamos a lo que pasó. Así ponemos en evidencia que somos mentirosos, pues mentira es todo aquello que no se corresponde con la realidad.

El problema es que Dios ha dejado muy claro en Su Palabra que el que practica el engaño no morará en Su casa y el que habla mentiras no permanecerá en Su presencia (Sal. 101:7). Claro, porque como ya dijimos, cuando mentimos estamos rechazando la verdad, que es Cristo, e identificándonos con todo aquello que es contrario a Su naturaleza. Por lo tanto, si decimos amar a Dios, debemos rechazar la mentira y abrazar la verdad. Ahora bien, la única manera en que podemos llegar a aborrecer la mentira es habiendo aprendido a amar la Verdad de Dios. Eso fue precisamente lo que ocurrió en la vida del salmista: *He escogido el camino de la verdad; he puesto tus ordenanzas* delante de mí (Sal. 119:30). El salmista sabía que es una imposibilidad despreciar la mentira si antes no hemos llegado a amar la ley de Dios. Es el amor por Su Palabra lo que hace que podamos aborrecer todo aquello que no se corresponde con la verdad. Por tanto, mientras sigamos amando la mentira, no podremos amar Su Palabra y, mientras no amemos Su Palabra, no podremos aborrecer la mentira. De esta manera, el mejor antídoto contra la mentira es que desarrollemos un amor genuino por las Escrituras. Solo cuando el salmista amó los estatutos de Dios a tal punto que todo el día ellos eran su deleite, él pudo decir: *Aborrezco y desprecio la mentira,* pero *amo tu ley* (Sal. 119:163).

LA MOTIVACIÓN PARA MENTIR

Entonces, si todos los hombres son por naturaleza mentirosos, ¿qué hace que salgan mentiras de nosotros? Porque a pesar de que ya establecimos que el corazón de los hombres ama más la mentira que la verdad, lo cierto es que no en todo momento mentimos, sino que somos capaces también de escoger la verdad. Aunque podríamos citar múltiples razones, la realidad es que la principal razón por la que mentimos es por temor. El temor puede manifestarse de varias maneras, y de eso queremos hablar a continuación.

1. Temor a las consecuencias.

La Palabra de Dios registra, en el capítulo 26 del libro de Génesis, que Isaac mintió al decir que su esposa Rebeca era su hermana, ya que *tenía temor de decir: Es mi mujer.* Porque pensaba: *no sea que los hombres del lugar me maten por causa de Rebeca, pues es de hermosa apariencia* (Gén. 26:7b). Si recuerda, como mencionamos antes, esa fue la misma razón por la que Abraham, su padre, mintió al rey Abimelec.

Con mucha frecuencia, las personas mienten porque tienen temor de lo que les pueda ocurrir si dicen la verdad. La mentira quizás les permita escapar de las consecuencias inmediatas, pero no los librará de las más duraderas ni de las más severas. Sobre todo no los librará cuando se trata de los hijos de Dios, pues si hay algo de lo cual estoy seguro es de que cómo Él nos ama; y Él es justo: no va a permitir en ninguna circunstancia que ni usted ni yo nos salgamos con la nuestra diciendo una mentira porque Él estaría faltando a Su propósito de formar la imagen de Cristo en nosotros. De esta manera, cada vez que mentimos, podemos estar seguros de que Dios está observándonos y quizás diciéndonos: «No creas que te vas a salir con la tuya porque eso que acabas de hacer es contrario a mi propósito y yo no puedo violentar mi propósito. Entonces, te puedes ir adelante si quieres, pero nos encontraremos más allá». Y esas son las consecuencias más duraderas y las más severas.

2. Temor de ofender al otro.

En la cultura latinoamericana es usual que las personas sientan mucha preocupación por no ofender a los demás, hasta el punto de llegar a mentir para evitar que alguien pueda sentirse herido o que la persona no se sienta apreciada y valorada. Por otra parte, en otras culturas, a veces se van al extremo de decir las cosas tal cual son, sin importar si alguien se ofende. Necesitamos entonces encontrar un balance entre estas dos posiciones porque debe importarnos si herimos al otro, pero no debe importarnos más que edificar al hermano con la verdad y ayudarlo en su proceso de santificación.

Pero también es importante recordar que, cada vez que decidimos no decir la verdad para no ofender al otro, estamos tomando la decisión de ofender a alguien más importante, a Dios. Lo triste es que el cristiano muchas veces prefiere ofender a Dios antes que ofender a los hombres. Por eso debemos renovar nuestra manera de pensar, como decíamos en el capítulo anterior, y recordar que no importa de quién se trate: debemos honrar a Dios antes que a los hombres. Cristo dijo: *El que ama al padre o a la madre más que a mí, no es digno de mí; y el que ama al hijo o a la hija más que a mí, no es digno de mí* (Mat. 10:37). La persona que elige no ofender al otro, sin importar si se trata de su familia, antes que a Dios no es digno de ser llamado discípulo de Cristo, según las palabras del mismo Señor.

En Gálatas 1:10, el apóstol Pablo nos enseña: *Porque ¿busco ahora el favor de los hombres o el de Dios? ¿O me esfuerzo por agradar a los hombres? Si yo todavía estuviera tratando de agradar a los hombres, no sería siervo de Cristo.* Ese es nuestro problema. El ser humano siempre está buscando agradar a los hombres, y no sencillamente por agradarles, sino que la motivación para hacerlo es que necesitamos sentir la aprobación de los demás. Entonces, no es que seamos tan buenos como para querer agradar al otro en todo tiempo, sino que somos tan malos que solo lo hacemos para obtener su aprobación y sentirnos bien. Ahora bien, cuando esa es la única motivación para agradar al otro, tan pronto como nos damos cuenta de que no estamos recibiendo la aprobación que esperábamos, dejamos de agradar al otro porque nuestro interés nunca fue agradarle, sino que en realidad se trataba de un deseo egoísta de sentir aprobación. Por lo tanto, hasta que esa ecuación no cambie, hasta que no decidamos agradar a Dios antes que a los hombres, vamos a seguir mintiendo para no herir u ofender al otro con la verdad.

3. Temor a la vergüenza.

June Hunt, una escritora norteamericana y consejera bíblica, escribió lo siguiente: «Cuando dices una mentira, luces mejor, o por lo menos eso esperas. Cuando dices la verdad, te sientes mejor porque reflejas a Cristo en ti».[3]

En una cultura como la nuestra, tan preocupada por guardar las apariencias y consumida por un deseo de lucir y quedar bien frente a los demás siempre, es muy común ver que las personas mientan a fin de no pasar vergüenza. Eso demuestra que estamos más preocupados por nuestra apariencia que interesados en honrar la verdad y nuestra relación con Dios. Y la raíz detrás de todo eso es el orgullo, el cual, como veremos más adelante, es una de las causas primordiales que llevan a una persona a mentir, pues tiene intereses particulares que quiere mantener y si tiene que recurrir a la mentira, lo va a hacer. Ahora bien, si tuviéramos como valor el «ser» antes que el «parecer», entonces no tendríamos tantos problemas con la mentira.

En algún momento de mi vida, no recuerdo con exactitud cuándo pasó, al final entendí y abracé el concepto de lo que es la verdad: no solo la verdad de la Palabra, sino la verdad como la representación de la realidad. Tanto es así que, para usarlo como ilustración, en una ocasión el grupo de Edad Dorada (mujeres de más de 65 años) de nuestra congregación me invitó a una de sus reuniones, y llegó un momento durante el encuentro en que yo estaba tan cansado que estaba quedándome dormido en un rincón. Entonces, me levanté de mi silla, les pedí disculpas y les dije: «Me tengo que ir porque me estoy durmiendo». Luego algunas personas se me acercaron y me preguntaron cómo era posible que les hubiera dicho eso. Pero, ¿qué más les

---

[3] June Hunt, *Counseling Through Your Bible Handbook: Providing Biblical Hope and Practical Help for 50 Everyday Problems* (Eugene, OR: Harvest House, 2008), 253.

podía decir? Esa era la verdad. Si solo les decía: «Me tengo que ir», esa era la verdad, pero no toda la verdad, pues el tener que irme obedecía a una razón. Lo que hice entonces fue decirles toda la verdad, y nada más que la verdad. En ese momento no me interesaba lucir bien, sino que mi prioridad era ser veraz. Muchas veces el problema es del otro, que, como no sabe apreciar la verdad y todavía ama la mentira, prefiere que se le mienta antes que escuchar la verdad. Nuestra responsabilidad es decir la verdad en amor.

4. Temor al rechazo.

La primera vez que el ser humano experimentó temor al rechazo fue en el jardín del Edén. Dice la Palabra de Dios que Adán y Eva, luego de haber comido del árbol prohibido, oyeron al Señor Dios que se paseaba en el huerto al fresco del día, y se escondieron: *Y el Señor Dios llamó al hombre, y le dijo: ¿Dónde estás? Y él respondió: Te oí en el huerto, y tuve miedo porque estaba desnudo, y me escondí* (Gén. 3:9-10). Su desnudez fue parte de la razón por la cual Adán se escondió, pero su temor real era ser rechazado por Dios y perder la relación que hasta ese momento tenía con Él, pues él sabía lo que había hecho.

Al igual que Adán, nosotros muchas veces mentimos por miedo a ser rechazados si decimos la verdad y con esto demostramos que nos importa más la aceptación de los hombres que la aceptación de Dios, como ya mencionamos. El problema es que, cuando mentimos para no ser rechazados por los demás, terminamos siendo rechazados o disciplinados por Dios, pues no hay forma de que podamos complacerlo en medio de la mentira. Cuando Dios, que conoce todas las cosas, nos ve mintiendo en nuestro trabajo y luego más tarde nos escucha en oración pidiéndole que bendiga el fruto de nuestra labor, Él no va a responder esa oración, pues Dios no puede bendecir un corazón mentiroso. Es por eso que Santiago dice que la oración eficaz del justo, aquel hombre que es veraz, puede lograr mucho (Sant. 5:16). Y la diferencia está en que el hombre que es veraz camina de una manera que permite que Dios quiera bendecirlo.

5. Temor al cambio.

En ocasiones el temor al cambio nos conduce a mentir no solo a los demás, sino también a nosotros mismos. Cuando Dios llamó a Moisés y le dio la misión de sacar al pueblo hebreo de Egipto, Moisés respondió al Señor diciendo: *Por favor, Señor, nunca he sido hombre elocuente, ni ayer ni en tiempos pasados, ni aun después de que has hablado a tu siervo; porque soy tardo en el habla y torpe de lengua* (Ex. 4:10b). Quizás Moisés se estaba engañando a sí mismo por el temor que sentía al considerar todos los cambios que este nuevo rol de libertador del pueblo hebreo traería a su vida.

Y quizás a usted le ha ocurrido lo mismo en algún área de su vida. En el trabajo, por ejemplo, su jefe le ofrece una nueva posición dentro de la empresa que implica mayores responsabilidades. A usted le atemoriza lo que este cambio pueda demandarle, así que le dice a su jefe que usted prefiere quedarse donde está y crea cualquier excusa para justificar su decisión, cuando la realidad es que este nuevo cargo lo llena de temor porque implica algo nuevo para usted. Harles Cone, Ph.D., decía: «La gente siempre prefiere la certidumbre de la aflicción conocida que la aflicción de lo desconocido».[4] Podemos sentirnos miserables en la situación en que nos encontramos, pero, como es lo que conocemos, preferimos eso a lo desconocido. Y son todos esos temores los que se van acumulando en nosotros y nos llevan a mentir.

6. Nuestros deseos egoístas.

De igual forma, nuestros deseos egoístas nos llevan todo el tiempo a mentir con el fin de poder satisfacerlos. Seguramente usted está familiarizado con la historia de Jacob y Esaú, esos mellizos que luchaban entre sí desde el vientre de su madre y sobre los cuales el Señor dijo que el mayor serviría al menor, contrario a la costumbre de aquellos tiempos (Gén. 25:22-23). Fue el deseo egoísta de su madre Rebeca, de asegurar la bendición patriarcal para su hijo menor, quien era su predilecto, lo que la llevó a elaborar todo un plan para que Jacob

---

[4] Harles Cone, citado en Larry Johnson y Bob Phillips, *Absolute Honesty: Building a Corporate Culture That Values Straight Talk and Rewards Integrity* (Nueva York: AMACOM, 2003), 69.

engañara a su padre haciéndose pasar por Esaú y obtener así la bendición patriarcal. En Génesis 27:21-24 leemos:

> Isaac entonces dijo a Jacob: Te ruego que te acerques para palparte, hijo mío, a ver si en verdad eres o no mi hijo Esaú. Jacob se acercó a Isaac su padre, y él lo palpó y dijo: La voz es la voz de Jacob, pero las manos son las manos de Esaú. Y no lo reconoció porque sus manos eran velludas como las de su hermano Esaú, y lo bendijo. Y le preguntó: ¿Eres en verdad mi hijo Esaú? Y él respondió: Yo soy.

A pesar de que al principio él se opuso, los celos, la envidia y el egoísmo de Jacob hicieron que terminara llevando a cabo el plan diseñado por su madre, pues él también deseaba obtener la bendición de su padre, y de hecho ya antes había logrado que Esaú le vendiera su primogenitura a cambio de un guiso de lentejas (Gén. 25:29-34).

Esos mismos deseos egoístas han llevado a tanta gente a mentir a lo largo de la historia. La avaricia, por ejemplo, lleva a algunos a mentir al declarar sus impuestos. El deseo de enriquecerse lleva a una persona a decir que el producto que nos está vendiendo en $1000 nos lo está dejando al costo, cuando en realidad el costo es de $500. Por eso, necesitamos ir a la raíz del problema para poder resolverlo. En ese sentido, a medida que purguemos nuestras vidas de todos esos temores, inseguridades y deseos egoístas, veremos cómo la necesidad de mentir irá desapareciendo; y como resultado, nuestra vida de veracidad fluirá de manera natural desde nuestro interior porque nos hemos ido limpiando de todas esas cosas.

Cuando decimos una mentira con el propósito de ocultar algo, de manera que otros no sepan la verdad, en realidad no logramos nada porque a la única persona que tendríamos que ocultarle las cosas para no sufrir ninguna consecuencia es a Dios, y a Él nunca podremos ocultarle nada, pues *[y] no hay cosa creada oculta a su vista, sino que todas las cosas están al descubierto y desnudas ante los ojos de aquel a quien tenemos que dar cuenta* (Heb. 4:13). Lo que estamos haciendo entonces es engañándonos a nosotros mismos al pensar que la mentira puede ayudarnos a ocultar la verdad para siempre y a escapar de las consecuencias. Cuando logramos entenderlo, por fin se acaba nuestra necesidad de mentir para ocultar las cosas.

Thomas Jefferson, principal autor de la Declaración de Independencia de los Estados Unidos y quien fuera el tercer presidente de dicha nación, dijo: «El hombre que no teme a la verdad, no tiene nada que temer a las mentiras».[5] Recuerde que la peor verdad siempre será preferible a la mejor mentira. Puede que decir la verdad nos acarree consecuencias, pero no tantas, ni tan profundas, ni tan duraderas como cuando mentimos.

7. El orgullo nos lleva a mentir.

Hasta el momento hemos señalado algunas de las razones que llevan a las personas a mentir y mencionamos el temor a diferentes cosas y los deseos egoístas como dos de las causas que con frecuencia hacen salir la mentira de nosotros. Sin embargo, a nuestro entender, la principal causa que lleva a todo ser humano a mentir es el orgullo que hay en nuestro interior.

Nuestro orgullo siempre quiere tener la razón y por eso mentimos para no tener que admitir que estamos equivocados. De igual manera, el orgullo nos hace querer lucir bien en todo momento; entonces mentimos cada vez que sea necesario con tal de quedar bien ante los demás. El orgullo también nos hace estar siempre a la defensiva, de manera que hasta usamos la mentira para defendernos.

Por el contrario, la humildad siempre le da la bienvenida a la verdad. La persona que es humilde no necesita defenderse; tampoco necesita quedar o lucir bien ante los demás, por lo que no busca aparentar lo que no es. La humildad no necesita tener siempre la razón. Si usted me dice: «Miguel, tengo que decirte algo», y luego me comenta una serie de cosas respecto a mi persona, es la humildad lo que me va a permitir aceptar la verdad y responderle: «Bueno, yo no lo había visto de esa forma, pero gracias por decírmelo». Sin embar-

---

[5] William G. Hyland, Jr., *In Defense of Thomas Jefferson: The Sally Hemings Sex Scandal* (Nueva York: St. Martin's Press, 2009), 180.

go, nuestro orgullo responde a la defensiva y busca excusarse diciendo: «¡No, eso no es así! Es que tú tienes que estar en mis zapatos para entender». La humildad no necesita justificarse. La persona que es humilde tampoco necesita aparentar ni ser lo máximo. ¿Cuánta gente hoy en día altera su currículum con la única intención de lucir mejor que los demás? «Yo soy el mejor médico», «Yo soy el mejor vendedor», «Yo soy el mejor plomero», «Yo soy el pastor con la iglesia más grande», y así sucesivamente. Todo esto porque nuestro orgullo necesita recibir el aplauso de la gente. La persona humilde, por el contrario, no necesita sentirse aprobada por los demás.

La Palabra de Dios dice que Cristo era un hombre veraz (Juan 18:37, Mat. 22:16), y también dice que era manso y humilde de corazón (Mat. 11:29). La humildad es, pues, el antídoto para la vida de mentira. Es nuestro orgullo el que vive fabricando mentiras, mas la humildad es siempre veraz. El orgullo no nos deja admitir nuestros temores y entonces mentimos; no nos deja admitir que buscamos la aprobación de los demás y entonces mentimos; no nos deja ver nuestros deseos egoístas y entonces los justificamos. En fin, el orgullo es la raíz de nuestra falta de veracidad en un número significativo de situaciones.

La formación del hábito de mentir

La exposición frecuente a conversaciones cargadas de falsedad es una de las maneras como se va formando el hábito de mentir en nosotros. Y donde más ocurre eso hoy en día es frente al televisor. Personalmente, en muy raras ocasiones enciendo la televisión, y cuando lo hago es porque hay un programa en específico que me interesa ver por alguna razón en particular. Esto es así porque, cada vez que encendemos el televisor, somos bombardeados por conversaciones que están llenas de mentiras, exageraciones, sarcasmo y vulgaridad, y que buscan entretenernos y hacernos reír; y en particular no me interesa reírme ni entretenerme con nada de esas falsedades. ¿No se ha fijado usted en los programas, las series de televisión y las películas de hoy en día? Están llenos de intriga, mentiras y sensualidad. El problema de exponernos a estas cosas de manera continua es que poco a poco nos vamos acostumbrando y entonces comenzamos a reírnos de las mismas cosas de las que el mundo se ríe. Por otro lado, algunas conversaciones a las que nos exponemos al relacionarnos con los demás también pueden ejercer una mala influencia en nosotros. Por eso, necesitamos despegarnos de todas esas formas de hablar mundanas y falsas para evitar que ejerzan influencia en nuestra manera de ser y de pensar, y así poder vivir de una manera veraz.

Por otro lado, **valorar la productividad por encima de la veracidad tiende a fomentar en las personas el hábito de mentir.** Las empresas suelen ejercer mucha presión sobre sus empleados para que alcancen ciertas metas y logren ciertos objetivos financieros. Algunas de estas cosas pueden estar bien; el problema es que no debemos permitir que nuestra integridad se vea comprometida en beneficio de la productividad.

La holgazanería muchas veces nos empuja a mentir a última hora. Un ejemplo sencillo es el estudiante que no dedica el tiempo suficiente a prepararse para su examen y luego el día de la prueba termina copiándose de uno de sus compañeros. Si hubiese sido responsable y aprovechado bien el tiempo, no habría tenido que mentir y engañar al obtener una calificación que él no merece. De igual forma, el vendedor que debe vender 1000 unidades por año de un determinado producto, pero que por su holgazanería solo ha podido vender 300 unidades, se verá tentado a mentir a su jefe para explicarle por qué no ha cumplido con la meta establecida.

Las malas compañías corrompen las buenas costumbres (1 Cor. 15:33), como ya hemos mencionado antes, y la presión que estas ejercen en el individuo contribuye con frecuencia a la formación de hábitos y patrones pecaminosos como la falsedad y la mentira.

La no aceptación de nuestros fracasos en ocasiones nos empuja a hacer lo incorrecto y terminamos mintiendo para justificarlos o para evitar que los demás se enteren. Por ejemplo, cuando una persona es despedida de su trabajo por irresponsable y alguien cercano le pregunta cuál fue la razón del despido, es muy común escuchar a la persona justificarse diciendo que el jefe se la traía contra él, o quizás se invente una excusa y diga que se trató de un recorte de personal y que él fue uno de muchos afectados. La realidad es que es muy raro encontrarnos con alguien que con sencillez responda: «Es que yo fui muy irresponsable durante este último año; por eso me despidieron». Solo podremos ser veraces cuando en humildad aceptemos nuestros fracasos y nuestras caídas. **No aceptar las consecuencias,** al igual que no aceptar nuestros fracasos, termina llevándonos a mentir y a inventar una serie de excusas con la intención de ocultar la realidad.

La práctica frecuente de la mentira va formando en nosotros el hábito de mentir. Usted comienza con una mentira y luego con otra, y de repente se da cuenta de que necesita otra mentira más para poder sostener las dos primeras; y así, sin notarlo, comienza a tejer una red de mentiras en la que luego termina atrapado. En ocasiones he estado conversando con personas que me dicen: «¿Yo te dije eso? ¡No, no puede ser que yo te dijera algo así!». Es que a veces las personas llegan a formar un hábito de la mentira hasta el punto de que ya ni recuerdan lo que dicen. De igual forma, a veces son tantas las mentiras que se dicen que la persona termina creyéndose la misma mentira que fabricó.

Excusas frecuentes para justificar la mentira

A continuación quisiera mencionar algunas de las excusas que a menudo escuchamos, o que quizás nosotros mismos hemos utilizado, para tratar de justificar una mentira.

«Realmente no tuve otra opción. Hay que estar en los zapatos del otro para poder juzgar». Cuando una persona utiliza esta excusa, nada más está tratando de racionalizar lo que hizo, cuando en realidad no hay manera de justificarlo. Con esto no quiero decir que el estar en los zapatos del otro no nos pueda dar una perspectiva que no habíamos visto, pero nunca será motivo para mentir.

«Yo sé lo que la Biblia dice, pero hay diferentes formas de interpretar ese pasaje». En ocasiones utilizamos la excusa de que ni los grandes teólogos se han puesto de acuerdo en la interpretación de algunos textos bíblicos para justificar lo que queremos hacer y que sabemos que no está de acuerdo con la Palabra de Dios. En realidad lo que estamos haciendo es mentirnos a nosotros mismos para sentirnos bien con nuestras malas decisiones.

«Yo no le dije todo, pero, con lo que le dije, él pudo haberme dicho que no lo hiciera y no lo hizo». No sé si usted alguna vez ha escuchado esta excusa, pero yo la he escuchado en múltiples ocasiones. Alguien va a ver a su pastor para pedirle un consejo y, en la escala del uno al diez, le cuenta los hechos del uno al cuatro porque no le interesa que el pastor conozca el resto de la historia para que no le diga que lo que hizo o lo que piensa hacer está mal, o que no es bíblico. La persona entonces sale de esa consejería diciendo que el pastor estuvo de acuerdo con él. Pero al ser cuestionado por otra persona que sí conoce toda la verdad, él le responde diciendo: «Bueno, yo le dije lo suficiente y él no me dijo que no lo hiciera». Claro, esto es porque la persona calculó con qué parte de la información el pastor le podía decir que sí y con qué parte le iba a decir que no; entonces omitió esa última parte para obtener la respuesta que deseaba. El problema es que esa persona se va confiada y tranquila, creyendo que no mintió pues dijo la verdad. Pero, como decíamos al principio, nosotros necesitamos decir la verdad, toda la verdad y nada más que la verdad.

«Yo sé que estuvo mal, pero ahora no puedo cambiar la historia porque pensarán que estoy loco o que soy un mentiroso». El asunto no es que van a pensar que eres un mentiroso, sino que van a confirmar que lo eres. Cuando mentimos simplemente ponemos en evidencia lo que en verdad somos. Aun reconociendo que lo que hicimos está mal, preferimos seguir mintiendo y dejar que el otro piense que somos personas veraces, pues no nos interesa que ellos conozcan quiénes somos en verdad.

«Otros cristianos y líderes lo hacen... Aquí no se puede vivir si no es así». Justificar un hábito tan pecaminoso como la mentira, con la excusa de que otros lo hacen, es uno de los argumentos más absurdos que he escuchado. Nos creemos que, porque otros cristianos mienten, nosotros también podemos hacerlo y que por tanto no es una gran falta, pero estamos olvidando que algún día tendremos que dar cuenta, personalmente, de cada palabra vana que ha salido de nuestra boca (Mat. 12:36). El hecho de que otros mientan no nos da licencia para mentir.

¿PUEDE LA MENTIRA SER JUSTIFICADA EN ALGUNA OCASIÓN?

En algún momento de su vida, todo ser humano ha tenido que enfrentar un dilema ético relacionado con decir la verdad. En la Palabra de Dios encontramos varios ejemplos de personas que se vieron envueltas en situaciones que las llevaron a una encrucijada moral, en la que debieron escoger entre decir la verdad o mentir. Y aunque hay evidencia en las Escrituras de que el Señor desprecia y condena la mentira, lo cierto es que en la Biblia encontramos algunos casos particulares en los cuales Dios pasó por alto la mentira. Al leer estas historias bíblicas, muchos se preguntan si la mentira puede ser justificada en alguna ocasión. Pero antes de poder dar respuesta a esa inquietud, necesitamos conocer y entender lo que Norman Geisler, teólogo y apologista cristiano, definió como absolutismo graduado.[6]

Entender el absolutismo graduado

El absolutismo graduado es un sistema ético que está arraigado en Dios y Su Palabra, y que se basa en tres premisas que explicaremos a continuación.

1. <u>Existen leyes morales que pueden entrar en contradicción y, ante ese conflicto moral, algunas leyes toman preponderancia sobre otras.</u> Jesús mismo ilustró este conflicto:

> Por aquel tiempo Jesús pasó por entre los sembrados en el día de reposo; sus discípulos tuvieron hambre, y empezaron a arrancar espigas y a comer. Y cuando lo vieron los fariseos, le dijeron: Mira, tus discípulos hacen lo que no es lícito hacer en el día de reposo. Pero Él les dijo: ¿No habéis leído lo que hizo David

---

[6] Norman L. Geisler, *Christian Ethics: Contemporary Issues and Options* (Grand Rapids, MI: Baker Academic, 2010) 96-115. Véase también el capítulo «Absolutismo no cualificado», 66-82, y el capítulo «Absolutismo en Conflicto», 83-96.

cuando él y sus compañeros tuvieron hambre, cómo entró en la casa de Dios y comieron los panes consagrados, que no les era lícito comer, ni a él ni a los que estaban con él, sino sólo a los sacerdotes? ¿O no habéis leído en la ley, que en los días de reposo los sacerdotes en el templo profanan el día de reposo y están sin culpa? Pues os digo que algo mayor que el templo está aquí. Pero si hubierais sabido lo que esto significa: "Misericordia quiero y no sacrificio", no hubierais condenado a los inocentes. Porque el Hijo del Hombre es Señor del día de reposo (Mat. 12:1-8).

En el ejemplo anterior, el principio del sostenimiento de la vida tomó preponderancia sobre la prohibición de comer el pan consagrado del templo.

Quizás Jesús, mejor que cualquier otro ilustró cómo leyes que regulan principios morales pueden entrar en contradicción, y en esos casos, debemos decidir honrar un principio de Dios sobre otro principio también de Dios como vimos más arriba. En **Mateo 23:23**, leemos algo similar: *¡Ay de vosotros, escribas y fariseos, hipócritas!*, *porque pagáis el diezmo de la menta, del eneldo y del comino, y habéis descuidado los* preceptos *de más peso de la ley: la justicia, la misericordia y la fidelidad; y éstas son las cosas que debíais haber hecho, sin descuidar aquéllas.*

Diezmar con fidelidad para Dios mientras no expresamos misericordia hacia los demás no tiene sentido. Si tuviera que dejar de diezmar en un momento para comprar un medicamento que va a salvar la vida de alguien, es obvio cuál de estos dos principios debería tomar el primer lugar: el principio de la dignidad de la vida.

Con estas palabras, Jesús nos deja ver que hay leyes morales que tienen mayor peso, es decir, que son superiores a otras. En otra ocasión, a Jesús le preguntaron: *Maestro, ¿cuál es el gran mandamiento de la ley?* (Mat. 22:36), o como está registrado en el Evangelio de Marcos: *¿Cuál mandamiento es el más importante de todos?* (Mar. 12:28b). Al escuchar esta pregunta, Jesús no negó que hubiese un mandamiento mayor que otro, sino que les dijo: *Amarás al Señor tu Dios con todo tu corazón, y con toda tu alma, y con toda tu mente.*

Este es el grande y el primer mandamiento (Mat. 22:37b-38). Esta es una ilustración más de la escala de valores que existe aun dentro de la economía de Dios.

Por otro lado, en Proverbios 6:16, leemos: *Seis cosas hay que odia el Señor, y siete son abominación para Él.* Esto no quiere decir que solo hay siete pecados que el Señor detesta, sino que Él ha querido destacar estos siete de manera particular, porque reflejan la profunda perversidad del hombre, y enfatizar que Él los aborrece por encima de los demás.

2. En algún momento de nuestra vida, nos encontraremos con conflictos morales.

Durante el tiempo de la conquista, el Señor mandó a Josué a eliminar a todos los habitantes de la tierra prometida. Sin embargo, no mucho tiempo antes, Él le había dado al pueblo de Israel los diez mandamientos, y uno de ellos era: *No matarás.* Esta nueva ordenanza de parte de Dios debió representar un conflicto moral para Josué. Por un lado estaba la ley dada a Moisés que decía «no matarás» y, por el otro, estaba el mismo dador de la ley diciéndole que entrara a Jericó y destruyera por completo todo lo que había en la ciudad, incluyendo a hombres y mujeres, jóvenes y ancianos. ¿Cuál de estas dos ordenanzas debía cumplir Josué? ¿O acaso debía ignorar ambas? Pero si no cumplía cualquiera de ellas estaría desobedeciendo y, por consiguiente, pecando contra Dios. De seguro esto representó un conflicto moral inevitable para Josué. Sin embargo entendió la necesidad de obedecer a Dios en la toma de Jericó. La ordenanza de «no matarás» es para el hombre, pero Dios que es dador, sustentador y dueño de la vida, puede ordenar hacer algo que viola este primer principio; en cambio, el hombre no lo puede hacer.

Cuando alguien miente para salvar vidas humanas, viola un absoluto menor para guardar uno mayor. Y un ejemplo de esto lo encontramos en la Palabra de Dios, en el libro del Éxodo.

Éxodo 1:16-21 dice:

[Y] *les* dijo: Cuando estéis asistiendo a las hebreas a dar a luz, y las veáis sobre el lecho del parto, si es un hijo, le daréis muerte, pero si es una hija, entonces vivirá. Pero las parteras temían a Dios, y no hicieron como el rey de Egipto les había mandado, sino que dejaron con vida a los niños. El rey de Egipto hizo llamar a las parteras y les dijo: ¿Por qué habéis hecho esto, y habéis dejado con vida a los niños? Respondieron las parteras a Faraón: Porque las mujeres hebreas no son como las egipcias, pues son robustas y dan a luz antes que la partera llegue a ellas. Y Dios favoreció a las parteras; y el pueblo se multiplicó y llegó a ser muy poderoso. Y sucedió que por haber las parteras temido a Dios, Él prosperó sus familias.

Las parteras de las hebreas tenían temor de Dios y mintieron con el propósito de salvar vidas. Como resultado, Dios no solo las exoneró de culpa, sino que Él prosperó a sus familias. Así mismo, en el Antiguo Testamento encontramos la historia de Rahab, una ramera que escondió en su casa a los dos espías que Josué había enviado para explorar la tierra de Jericó y a quienes luego envió por otro camino protegiendo así sus vidas de aquellos que los perseguían. De acuerdo al testimonio de las Escrituras, es gracias a esta acción que hoy su nombre se encuentra en la lista de los héroes de la fe que menciona el capítulo 11 del libro a los Hebreos. Dice el versículo 31: *Por la fe la ramera Rahab no pereció con los desobedientes, por haber recibido a los espías en paz.* De esta manera, este es otro ejemplo que podemos encontrar en la Palabra de un absoluto menor (el llamado a ser veraces) quebrantado para salvaguardar un absoluto mayor (el respeto a la vida humana). De igual manera, estos ejemplos que acabamos de mencionar también nos sirven para ilustrar cómo la misericordia puede prevalecer por encima de la veracidad en algunos casos que representan más las excepciones que las reglas.

Por otro lado, la Palabra de Dios nos deja ver con claridad que debemos obedecer a Dios y cumplir Sus mandamientos. Y uno de estos mandamientos es obedecer y estar sujetos a los gobernantes y a las autoridades de turno (Tito 3:1). Ahora bien, cuando estos dos absolutos se encuentran, nosotros *[d]ebemos obedecer a Dios antes que a los hombres* (Hech. 5:29b). De igual forma, la Palabra nos manda a amar a nuestro prójimo, pero, cuando este absoluto entra conflicto con el mandato de amar a Dios, es necesario recordar que debemos amar a Dios por sobre todas las cosas.

3. Dios no culpa a la persona cuando viola una ley menor para guardar una mayor.

En el pasaje donde se relata que David comió el pan del templo, Cristo está respondiendo al cuestionamiento que le hicieron los fariseos de por qué sus discípulos recogían espigas en el día de reposo, algo que según ellos estaba prohibido por la ley.[7] Jesús entonces les recuerda cómo el rey David había violado la ley al comer de los panes consagrados para el templo, y sin embargo Dios no se lo había tomado en cuenta; y cómo los sacerdotes que sirven en el templo también profanan el día de reposo, pues se la pasan trabajando y sirviendo durante todo el día, pero a pesar de ello dice la Palabra que están sin culpa (Mat. 12:5). De esta manera, cuando quebrantamos una ley menor a expensas de cumplir una ley mayor, Dios nos exonera. Pero si quebrantamos cualquier ley de Dios para nuestros propios beneficios, ya no estamos hablando del mismo principio. Hago la aclaración para que el lector no vaya a creer que, cada vez que él determine que un principio es mayor que el otro, él tiene licencia para justificar las excepciones.

Algunas observaciones sobre absolutismo graduado, el relativismo y la ética situacional

El **absolutismo graduado** es la posición que acabamos de explicar; el **relativismo** es la posición filosófica que entiende que todas las ideas son igualmente válidas y que no existen valores absolutos, sino que la verdad es relativa a cada individuo y cultura; y la ética situacional es la creencia filosófica popularizada en la década de los 70 por Joseph Fletcher cuando publicó su famoso libro *Ética situacional*, que plantea que la ley del amor es el único principio ético al cual está sujeto todo ser humano.

---

[7] De acuerdo a la ley de Moisés, no estaba permitido realizar trabajos durante el día de reposo; pero Deuteronomio 23:25 permitía arrancar espigas del campo del vecino para satisfacer el hambre, siempre y cuando la persona no metiera la hoz en la mies de su prójimo.

El absolutismo graduado cree en la existencia de valores absolutos, mientras que el relativismo y la ética situacional no creen en absolutos. Por otro lado, la fuente de la verdad en el absolutismo graduado es Dios; sin embargo, tanto en el relativismo como en la ética situacional, la fuente de verdad es el hombre. El máximo valor en el absolutismo graduado es la Palabra de Dios, mientras que en el relativismo la fuente de la verdad es la opinión individual, y en la ética situacional es el amor.

Por otra parte, en el relativismo nos encontramos con que hay excepciones a las reglas, pues todo es relativo y no hay nadie que tenga la verdad absoluta. De la misma manera ocurre en la ética situacional, pues todo va a depender de lo que el amor determine en cada situación. Ahora bien, algo muy importante para observar es que en el absolutismo graduado no hay excepciones a la regla. Cuando una persona miente para salvar una vida, no estamos hablando de que se hizo una excepción en ese caso en particular para considerar la mentira como buena. Lo que sí hubo fue una exoneración. Es decir, la mentira que se dijo para salvar una vida sigue siendo mentira, pues no se encuentra arraigada en el carácter veraz de Dios; pero como Él es soberano puede exonerar a la persona que tomó una decisión en favor de un absoluto mayor por encima de uno menor. Se trata entonces de una exoneración de la culpa, no de una excepción a la regla. Por ejemplo, cuando se habla de que los sacerdotes profanan el día de reposo y están sin culpa, lo que Dios ha hecho en ese caso en particular es una exoneración, no una excepción.

En ese sentido, podemos decir entonces que el absolutismo graduado explica la cruz del Calvario, porque un valor absoluto (la misericordia) prevaleció sobre otro valor absoluto (la justicia). De lo contrario, lo que ocurrió en la cruz sería un acto inmoral de parte de Dios, pues permitió que el inocente fuera clavado en lugar del culpable,[8] cuando Él mismo dice en Su Palabra que no tendrá por inocente al culpable (Ex. 34:7) y que no absolverá a aquel que derrama sangre inocente (Ex. 23:7). Por otra parte, la única razón por la que Dios

---

[8] Geisler, *Christian Ethics*, 96-115.

puede exonerar al pecador de las consecuencias en estos casos es justamente porque Cristo fue a la cruz y pagó por cada uno de esos pecados que luego permiten la exoneración de parte de Dios cuando estos absolutos entran en conflictos.

LA VERDAD ACERCA DE LA MENTIRA

Más allá de que Dios en Su soberanía y misericordia haya decidido exonerar de culpa a personas que mintieron para extender misericordia a otro ser humano, lo cierto es que la mentira es condenable ante los ojos del Señor. De hecho, el Señor odia la mentira y los labios mentirosos son abominación para Él (Prov. 12:22). Y el motivo por el cual la mentira es tan detestable es porque no solo va en contra de todo lo que Dios representa, sino que además trae consigo un sinnúmero de consecuencias negativas. Por ejemplo, la mentira causa división entre los hombres; cuando esto ocurre en el contexto de la Iglesia, esa división le resta credibilidad al mensaje del evangelio ante el mundo que observa (Juan 17:23). De ahí que el apóstol Pablo nos exhorta en Efesios 4:25 a dejar a un lado la falsedad y a hablar verdad cada cual con su prójimo porque somos miembros de un mismo cuerpo y donde hay falsedad no puede haber unidad.

El libro de Proverbios dice que *[c]omo el enloquecido que lanza teas encendidas, flechas y muerte, así es el hombre que engaña a su prójimo, y dice: ¿Acaso no estaba yo bromeando?* (Prov. 26:18-19). La mentira siempre afecta a otros (Prov. 29:12) y no puede ni debe considerarse como una broma en ninguna circunstancia.

Otro dato importante acerca de la mentira es que cuando mentimos siempre es contra Dios, aun cuando usted crea que solo le miente a su prójimo (Luc. 15:21). Y como Dios no puede ser burlado, Él siempre expondrá la mentira, y esta no pasará sin ser castigada. Proverbios 19:5 dice que *[e]l testigo falso no quedará sin castigo, y el que cuenta mentiras no escapará.*

Esa es la verdad acerca de la mentira, pero todas estas cosas que hemos mencionado no eliminan el absolutismo graduado, pues, como ya vimos, este se encuentra claramente visible en la Palabra de Dios y, como explicamos, no se trata de excepciones a la regla, sino de exoneraciones que el Señor hace al juzgar cada caso de manera particular. En ese sentido, no nos toca a nosotros hacer una lista y determinar en cuáles circunstancias una persona puede mentir y en cuáles no, pues este principio está arraigado en Dios y no en el hombre, de manera que solo Dios puede exonerar a alguien de culpa. Lo que sí podemos hacer es dar testimonio de lo que está registrado en la Biblia: *No darás falso testimonio contra tu prójimo* (Ex. 20:16). Luego debemos dejar que sea Dios quien juzgue estos otros casos.

Por último, quisiéramos concluir este capítulo citando algunos versículos que enfatizan lo que hemos explicado hasta ahora acerca de la mentira. Por un lado, tenemos el texto de Proverbios 12:22, que dice: *Los labios mentirosos son abominación al Señor, pero los que obran fielmente son su deleite.* Este versículo debe llamarnos a la reflexión. Si en el día de mañana usted y yo mentimos, dice la Palabra que estamos haciendo algo que es abominable ante los ojos de Dios. Mas si decidimos decir la verdad, sin importar las consecuencias que podamos sufrir, resulta que Dios se deleita en nosotros. Entonces, ¿de qué lado usted quiere vivir? ¿Del lado de aquellos que son un deleite para Dios o del lado de aquellos que son abominación delante de Sus ojos?

Cuando una persona es veraz, no escoge caminar en la verdad solo en ciertas áreas de su vida para luego andar en falsedad en el resto de ellas. De ninguna manera esto es así porque la veracidad nunca es selectiva. En una ocasión hablando en una de las conferencias de Ligonier Ministries en Orlando, Charles Colson decía: «El que engaña al gobierno engaña a su esposa». Esta declaración es muy cierta porque lo que nos conduce a engañar al gobierno es la falsedad y la avaricia que hay en nuestro corazón, y es esa falsedad la que de igual forma nos lleva a mentirle a nuestro cónyuge. Así mismo, la avaricia en nuestro corazón hace que lleguemos a codiciar no solo el dinero ajeno, sino también a mujeres que no son nuestra esposa.

Jesús expresó la misma idea pero de otra manera cuando dijo: *El que es fiel en lo muy poco, es fiel también en lo mucho* (Luc. 16:10a). Si usted acostumbra a mentir en las pequeñas cosas, mentirá también en las grandes y más significativas. Por el contrario, si alguien no se atreve a mentirle al gobierno, que es una entidad impersonal, y no lo hace porque su integridad no se lo permite, las posibilidades de que este hombre se atreva a mentirle a su esposa, que es la persona más cercana a él, con la que vive y duerme, son mínimas. De ahí que debemos cuidarnos de mentir incluso en las cosas que parecen triviales porque son las pequeñas mentiras en diferentes áreas de nuestra vida las que luego nos llevan a mentir sobre asuntos más significativos sobre los que nunca pensamos que podíamos llegar a mentir.

Otro texto bíblico que queremos resaltar en la medida en que llevamos a cierre este capítulo es **Amós 5:10**, que dice: *Ellos odian en la puerta al que reprende, y aborrecen al que habla* con *integridad*. En otras palabras, cuando usted hace un compromiso de vivir por la verdad, aquellos que están a su alrededor no siempre aplaudirán su decisión. Por el contrario, es muy probable que en ocasiones quizás hasta lo aborrezcan, pues lo genuino e íntegro de su caminar muchas veces pone en evidencia la falsedad que hay en los demás. Esa es la razón por la que algunas personas, al ver a alguien caminando en integridad, responden de manera negativa con expresiones como: «¡Este se cree más santo que cualquier santo!». Y no necesariamente la persona está haciendo alarde de su íntegro caminar, aunque en ocasiones caemos en ese pecado, sino que la manera en la que ese individuo se conduce pone en evidencia la falta de integridad en los demás.

REFLEXIÓN FINAL

En su libro *La santidad de Dios*, R. C. Sproul cuenta la historia de un jugador profesional de golf que en una ocasión fue invitado a participar en un partido especial junto a Gerald Ford, el entonces presidente de Estados Unidos, Jack Nicklaus, otro jugador profesional de golf, y Billy Graham, reconocido predicador y evangelista norteamericano. Sproul relata:

Después de que terminó la ronda de golf, otro de los jugadores profesionales se le acercó al golfista y le preguntó: «Oye, ¿qué se siente jugar con el presidente y con Billy Graham?». El jugador profesional desató un torrente de maldiciones y de manera disgustada dijo: «Yo no necesito a Billy Graham metiéndome la religión por la garganta». Entonces se volvió sobre sus talones y salió corriendo en dirección al *tee* de práctica. Su amigo siguió al enojado jugador hasta la práctica. El jugador sacó sus palos de golf y comenzó a darles a las pelotas con furia. Su cuello lucía rojo carmesí, y parecía como si saliera vapor de sus orejas. Su amigo no dijo nada. Se sentó en el banco y lo observó. Después de unos minutos, la ira del profesional se había aplacado. Su amigo le preguntó en voz baja: «¿Fue Billy un poco áspero contigo allá afuera?». El profesional exhaló un suspiro avergonzado y dijo: «No, ni siquiera mencionó la religión. Es solo que tuve un mal partido».[9]

La integridad y la santidad que emanaban de la mera presencia de Billy Graham pusieron en evidencia la pecaminosidad de este hombre, y eso lo llevó a enfurecerse y a mentir por un momento sobre lo que en verdad había sucedido durante el juego, pues, como dijimos, el impío aborrece al hombre que anda en integridad.

Ahora bien, como a nadie le gusta ser despreciado por los demás, lamentablemente en ocasiones las personas buscan congraciarse con aquellos que andan por el camino de la falsedad para sentirse aceptados y amados. El problema es que tenemos que elegir de quién preferimos recibir la aprobación: ¿de Dios o de los hombres? Pero como a Dios no lo podemos escuchar audiblemente, por lo menos no hasta que entremos en gloria, preferimos entonces recibir la aprobación de parte de los hombres antes que esperar la de Dios. Y esto es así porque no valoramos la verdad ni nuestra propia integridad lo suficiente. No obstante, necesitamos ser aborrecidos si fuese necesario con tal de mantener nuestra integridad. El creyente debe procurar y desear de manera especial la integridad en su vida; y si la consecuencia de andar en integridad es que los demás nos aborrezcan, pues que así

---

[9] R. C. Sproul, *The Holiness of God* (Carol Stream, IL: Tyndale House, 1998), 67.

sea. Nuestro llamado es a andar en la verdad, en toda la verdad y nada más que en la verdad.

Recuerde que, mientras más abrace el concepto de verdad, más cerca estará de Dios y más deleite traerá a su Señor. Y a aquel en quien Dios se deleita, Él desea llenar de sabiduría, de discernimiento, de mansedumbre, de dominio propio, de paciencia, de gracia, de amor, de paz y de toda buena dádiva. No olvide que en la medida en que usted se deleita en Dios y en Su Verdad, Él le concede los deseos de su corazón (Sal. 37:4). Pero la condición es que nos deleitemos en la Verdad, no en la mentira.

«En una sociedad en que el engaño y la falsedad se han convertido aparentemente en una parte esencial de la vida personal, el comercio y la industria, la publicidad, la política y las relaciones internacionales, los cristianos son llamados a demostrar, en su vida y su forma de hablar, una verdad que refleje la naturaleza del propio Dios».[10]

---

[10] P. A. Hicks, s.v. «verdad», *Diccionario de ética cristiana y teología pastoral*, ed. por David J. Atkinson y David H. Field (Barcelona, España: Editorial Clie, 2004), 1166.

7.

MI CARÁCTER DETERMINA MI INTEGRIDAD

*El carácter es lo que somos en medio
de la oscuridad, cuando nadie nos está
mirando.*

~ *D. L. Moody*

Introducción

La Real Academia Española define el carácter como el «conjunto de cualidades o circunstancias propias de una cosa, de una persona o de una colectividad, que las distingue, por su modo de ser u obrar, de las demás». En esta definición, puramente secular, la palabra *carácter* no tiene ninguna connotación, buena o mala; solo se refiere a un conjunto de cualidades propias de algo o alguien. De esta manera, este carácter puede ser santo o profano; puede agradar a Dios o desagradarle. Ahora bien, en el contexto del tema que estamos tratando, el término tiene una connotación positiva y, para decirlo de manera sencilla, representa la esencia de nuestro ser. Cuando hablemos de que el individuo necesita desarrollar su carácter, nos estaremos refiriendo a que él necesita desarrollar la santidad en aquellas cosas que representan lo que él es. El carácter tiene mucho que ver con eso que somos cuando nadie nos ve. Se diferencia de la reputación de una persona, que no es más que la manera en que la gente nos percibe, pero que no siempre representa lo que en verdad somos. **Lo que eres determina lo que piensas.** Lo que pensamos, bueno o malo, pecaminoso o santo, revela lo que somos. Si usted quiere saber quién es en realidad, no mire tanto sus obras; más bien medite en las cosas en que usted piensa a diario. Determine qué pensamientos ocupan su mente cuando está solo en casa, cuando va manejando en el auto hacia el trabajo, cuando está pensando en su prójimo o cuando evalúa alguna situación en particular por la que está atravesando. Esas formas de pensamiento revelan mucho acerca de quién es usted y de lo que hay en su interior. Como vimos anteriormente, el libro de Proverbios nos muestra esta realidad cuando dice: *[P]ues como piensa dentro de sí, así es* (Prov. 23:7a). Entonces, esta es una forma práctica de saber cómo somos, pues solo tenemos que analizar qué cosas han ocupado nuestra mente en los últimos días, o en el último mes, y eso nos dará una idea de quiénes somos en nuestro interior.

Como pensamos actuamos. En el Salmo 119:59, el salmista dice: *Consideré mis caminos, y volví mis pasos a tus testimonios.* Es decir, él se detuvo a pensar en la forma en que venía caminando y se dio cuenta de que tenía que volverse a Dios. Las personas regularmente convierten en vivencia su manera de pensar. Ahora bien, si aquello que somos determina la forma en que pensamos y al final la manera como pensamos va a influir en nuestro accionar, esto implica entonces que para poder cambiar lo que somos necesitamos primero cambiar la forma en que pensamos y actuamos. Penosamente, lo frecuente es tratar de cambiar nuestro obrar, en vez de lo que somos, nuestro verdadero «yo». Por ejemplo, si soy una persona que habla a destiempo o que habla más de lo debido, quizás yo trate entonces de aprender a morderme la lengua y callar, pero eso no me cambia; eso no elimina mi vida de pecado ni me hace más íntegro, pues sigo pensando de la misma manera; la única diferencia es que ahora aprendí a guardar silencio y eso evita que el otro conozca mi pecado y se dé cuenta de quién soy. Pero Dios no juzga lo externo, en este caso nuestras palabras, sino lo que hay en nuestro corazón. Nuestro mayor problema radica en que gastamos una enorme cantidad de energía tratando de controlar nuestras acciones sin cambiar el corazón, sin renovar nuestra manera de pensar, cuando es allí en realidad donde se encuentra la raíz del problema.

En Filipenses 4:8, el apóstol Pablo nos exhorta de la siguiente manera: *Por lo demás, hermanos, todo lo que es verdadero, todo lo digno, todo lo justo, todo lo puro, todo lo amable, todo lo honorable, si hay alguna virtud o algo que merece elogio, en esto meditad.* Esto es lo que la Palabra instruye, pero la realidad es que resulta muy difícil meditar en estas cosas lo que somos en nuestro interior no ha sido cambiado primero. De este modo, la única forma en que este tipo de pensamientos fluirán de manera natural de una persona es si su mente y corazón, aquello que representa la esencia de su ser, han sido renovados antes. Cuando se produce ese cambio, entonces meditar en estas cosas no nos resulta tan pesado. De igual manera, el creyente que ha sido renovado en su manera de pensar y actuar comienza a darse cuenta de que las ordenanzas del Señor no son gravosas (1 Jn. 5:3). La razón por la que Sus mandamientos a veces nos resultan gravosos es porque estamos tratando de ensillar un caballo que no ha sido domado, pero una vez que él ha sido transformado es natural que el individuo quiera ser, pensar o actuar conforme a la ley de su Dios.

Hacer el inventario

Es importante entonces que cada individuo logre identificar cuáles son esas cualidades propias de su hombre interior que le dan forma a su vida exterior, de manera que él pueda conocer qué clase de persona es para comenzar a hacer los cambios necesarios. Y una de las maneras en que podemos llegar a conocer quiénes somos en realidad es examinando nuestra respuesta ante las crisis. Con relación a esto, John Maxwell comenta: «La forma como un líder trata con las circunstancias de la vida dice mucho de su carácter. La crisis no necesariamente forma el carácter, pero sí lo revela. La adversidad es una bifurcación que fuerza a la persona a escoger entre dos caminos: carácter o transigencia. Cada vez que eliges el carácter, te haces más fuerte, aun si esta elección trae consecuencias negativas».[1] Piense por un momento en la manera como usted reaccionó durante la última crisis por la que atravesó. Su reacción revelará mucho sobre cómo y quién usted es en verdad; porque si hay algo que la crisis permite es descubrir quiénes somos. Nadie ha atravesado una crisis mayor que nuestro Señor Jesucristo en la cruz donde estuvo clavado y abandonado por el Padre. Y allí, en su peor momento, exclamó: *Padre perdónalos porque no saben lo que hacen* (Luc. 23:34). La cruz fue carácter santo en despliegue o exhibición total.

Cada bifurcación de la vida nos da la oportunidad de decidir entre honrar la imagen de Dios en nuestro interior o consentir con aquello que sabemos que es incorrecto. Cada vez que usted escoge correctamente, ha tomado una decisión que contribuirá a formar eso de lo que venimos hablando a lo largo de todo este capítulo... nuestro hombre interior; y a la vez se va alejando de todo aquello que no es justo ni verdadero. Esa es la mejor manera de hacer un buen uso de las crisis. El individuo necesita ejercitar su carácter, pues ello determinará el grado de resistencia a las tentaciones que le sobrevengan y cómo responderá a las crisis futuras.

Una de las observaciones acerca de la generación actual es que no hay en ella fortaleza de carácter. Algunos pensadores sostienen que, si la Gran Depresión que sufrió Estados Unidos en el año 1929 ocurriera hoy, esta generación se desplomaría porque no tiene la fortaleza que tuvo aquella generación para enfrentar la crisis. Esta es una generación muy cómoda. Para esta generación en occidente, la palabra incomodidad significa tener que estacionar el auto a dos cuadras de distancia de algún lugar y eso es cierto incluso para los cristianos a la hora de asistir al templo. Mientras que generaciones anteriores sufrieron grandes persecuciones, para esta generación es una incomodidad que el servicio al que les toca asistir es al mediodía, y a esa hora el sol está muy fuerte, dirían algunos. Ese tipo de personas no pueden soportar una crisis económica, social y emocio-

---

[1] John C. Maxwell, *Las 21 cualidades indispensables de un líder* (Nashville, TN: Editorial Caribe, 2000), 3.

nal significativa, como la del 1929, pues no tienen cómo sostenerse en medio de ella. Y esto es resultado de la manera en que han escogido vivir. **«El carácter determina lo que eres, lo que eres determina lo que ves y lo que ves determina lo que haces».**[2] Desde la cruz, Cristo pudo haber visto enemigos en necesidad de destrucción que lo crucificaban, pero en su lugar vio pecadores que necesitaban Su perdón, porque lo que eres determina lo que ves. Como ya dijimos, aquello que hacemos revela quiénes somos. Por eso es necesario que el carácter sea formado de manera apropiada, pues su debilidad es la razón por la que muchas veces nos caemos con tanta facilidad.

Si examinamos nuestra vida, ¿podemos determinar algún momento cuando de manera intencional decidimos formar nuestro carácter? Este se forma a lo largo de la vida, pero no de manera axiomática: vivo más años y por tanto soy una persona más justa, más piadosa, más santa o más estable. Muchos son los que envejecen, pero no maduran. Al momento de nacer, venimos con talentos dados por Dios transmitidos por medio de nuestros genes. Al nacer de nuevo, Dios nos otorga dones por medio del Espíritu Santo. Pero no sucede así con el carácter, el cual necesita ser forjado a través del proceso de santificación en el que el creyente participa activamente.

Haga un inventario de su vida y pregúntese: ¿dónde está hoy en términos de su familia, su profesión, su desarrollo? Esta pregunta es importante porque no podemos llevar nuestras vidas adonde nosotros no hemos llegado en términos de lo que verdaderamente somos. No podemos llevar nuestra profesión o una empresa adonde nuestro carácter no está. Lo mismo aplica a nuestras familias o a nuestros ministerios o a nuestra predicación si somos pastores. Un buen sermón no es solo una buena técnica de exégesis o simple homilética. Un buen sermón está relacionado con un buen carácter y con un estilo de vida santo. El alcance de nuestro liderazgo estará determinado por la fortaleza o la debilidad de dicho carácter. Nadie ha seguido a un hombre muerto como fue seguido Jesús. Pero nadie ha tenido la fortaleza

---

[2] Ibíd., 4.

ni la santidad de vida que tuvo el Maestro para inspirar gente hasta 2000 años después.

Napoleón reflexionó sobre esta realidad y un día conversando con el general francés Charles Tristan, marqués de Montholon le hizo esta pregunta: «¿Quién fue Jesucristo?». El marqués no quiso responder; entonces Napoleón procedió:

Te lo diré. Alejandro, César, Carlomagno y yo hemos fundado grandes imperios. Pero nuestros imperios fueron fundados a la fuerza. Solo Jesús fundó su imperio basado en el amor, y hasta este día millones morirían por él. Creo que entiendo algo de la naturaleza humana, y yo te digo que todos estos fueron hombres y yo soy un hombre. Jesucristo era más que un hombre. Yo he inspirado multitudes con una devoción tan entusiasta que habrían muerto por mí. Pero para esto, era necesario que yo estuviera visiblemente presente con la influencia eléctrica de mis miradas, mis palabras, mi voz. ¿Quién se preocupa por mí ahora que estoy retirado de las escenas activas de la vida y de la presencia de los hombres? ¿Quién moriría por mí ahora? Solo Cristo a través del abismo de 18 siglos hace una demanda que está más allá de todas. Pide más que lo que un padre puede exigir de su hijo, o una esposa de su cónyuge, o un hombre de su hermano. Él pide el corazón humano. Lo tendrá por completo para Él. Él exige sin condiciones, y al instante se concede Su demanda. ¡Maravilloso! Desafiando el tiempo y el espacio, el alma del hombre con todos sus poderes y facultades se convierte en una anexión al imperio de Cristo. Este fenómeno es inexplicable; está totalmente fuera del alcance de los poderes creativos del hombre. El tiempo, el gran destructor, es impotente para extinguir esta llama sagrada. Esto es lo que más me choca. Esto es lo que me demuestra de manera convincente que Jesucristo es Dios.[3]

---

[3] Card. James Gibbons, *Our Christian Heritage* (Aurora, CO: Bibliographical Center for Research, 2010), 238-39.

Como vemos, lo que la persona verdaderamente es determina el seguimiento que otros darán o no al líder, aun después de su muerte.

FORMACIÓN DEL CARÁCTER

Dado que el carácter de una persona es tan importante, necesitamos conocer y entender cuáles son las condiciones que determinan su formación.

Para comenzar, entendemos que hay situaciones familiares en el ser humano que contribuyen de manera significativa a la formación de la persona. De igual forma, las experiencias de la vida en general, como las crisis por las cuales atravesamos, los fracasos experimentados, la educación cristiana o secular a la que somos expuestos, todo esto contribuye, para bien o para mal, a la formación de nuestro carácter.

Los libros que leemos, los programas de televisión que vemos, las instituciones académicas a las que asistimos, todas estas cosas al final terminan fortaleciendo o debilitando nuestro ser interior. Aunque mi padre murió cuando yo apenas tenía once años, todavía puedo recordar muchas de las cosas que él me enseñó, pues quedaron muy impregnadas en mi mente, hasta el punto de que hoy las recuerdo como si me las hubiera dicho ayer. Sin proponérmelo, sus palabras y sus enseñanzas se quedaron conmigo a lo largo de los años. Esto nos habla de cómo la formación que el individuo recibe desde temprana edad va dejando una impresión y va moldeando su carácter.

1. Circunstancias familiares.

La calidad del ambiente familiar en que una persona crece va a influenciar de manera decisiva la formación de su carácter. Las familias hoy se caracterizan por una mayor inestabilidad que en tiempos anteriores. Con frecuencia el núcleo familiar se ve alterado por las dinámicas de trabajo de uno o de ambos padres y lamentablemente el desarrollo de muchos niños hoy se ve afectado por esta ausencia. La televisión hoy en día parece tener la mayor influencia sobre los valores de los niños por el número de horas de exposición, seguida de sus amigos más cercanos.

Los padres ausentes no podrán disciplinar de manera adecuada a sus hijos porque no conocen sus disfunciones y tampoco están ahí cuando estas ocurren. Pero estas «torceduras» del carácter permanecerán a lo largo de los años hasta que en la edad adulta la persona tome decisiones que modifiquen lo que su niñez torció. Los padres que son muy críticos con sus hijos, así como los padres muy ausentes, van debilitando el sentido de seguridad del niño, y esto va creando inseguridades que él termina arrastrando a lo largo de la vida y que contribuyen a debilitar su persona.

2. Experiencias de la vida.

A continuación quisiera poner de ejemplo algunos personajes que, a pesar de haber atravesado experiencias muy difíciles, fueron capaces de desarrollar un carácter firme y hacer grandes contribuciones a la sociedad de sus días.

A lo largo de la historia reciente, quizás no ha habido un líder más férreo y perseverante que el del famoso estadista y político británico Winston Churchill, quien fue primer ministro del Reino Unido durante la Segunda Guerra Mundial y cuyos discursos resultaron ser una fuente de inspiración para el pueblo británico durante esos difíciles tiempos. Sin embargo, se cuenta que Churchill a los siete años fue enviado por su padre a un internado de un colegio en contra de su voluntad. Su padre estaba a cuadras de distancia del orfanato donde vivía Churchill y, aun sabiéndolo, no iba a visitar a su hijo.[4] Esta experiencia habría deformado y debilitado el carácter de cualquier niño con otro temperamento, con otra forma de ser, con otra forma de pensar y analizar las cosas; pero, una vez que entendemos que no tenemos que seguir viéndonos como víctimas, podemos cambiar el modo en que vemos nuestras experiencias pasadas y comenzar incluso a pensar de qué manera podemos sacar provecho a eso que experimentamos en el pasado y terminar así fortalecidos por las experiencias vividas.

---

[4] Henry Blackaby y Richard Blackaby, *Spiritual Leadership: Moving People on to God's Agenda,* ed. rev. (Nashville, TN: B&H Publishing Group, 2011), 56.

Abraham Lincoln, 16.° presidente de Estados Unidos y responsable de introducir medidas que dieron como resultado la abolición de la esclavitud en su país, perdió a su madre cuando él tenía 9 años, y la relación que mantuvo con su padre fue muy distante hasta el punto de que Lincoln no invitó a su familia a su boda y luego no asistió al funeral de su padre.[5] Sin dudas, haber atravesado por circunstancias de este tipo tuvo un impacto en la vida del joven Lincoln.

Billy Graham le pidió matrimonio a la mujer de sus sueños, Emily Cavanaugh, en el verano de 1937. Ella aceptó su propuesta, pero meses más tarde rompió el compromiso con Billy diciéndole: «No estoy segura de que seamos el uno para el otro. Es que no veo ningún propósito verdadero en tu vida todavía». Esa dolorosa experiencia preparó el corazón del joven Billy para el llamado que Dios le haría al ministerio. Meses después, mientras se paseaba por el campo de golf, Billy se arrodilló alrededor del hoyo 18, con los ojos llenos de lágrimas, y le dijo al Señor: «¡Está bien, Dios!, si me quieres, me tienes. Aunque nunca tenga a Emily, te voy a seguir. Ninguna chica ni cualquier otra cosa tomarán el primer lugar en mi vida de nuevo. Puedes tener todo de mí a partir de ahora. Te seguiré a todo costo».[6] Billy Graham se convirtió en un reconocido pastor y evangelista, incluso llegó a ser el consejero espiritual de varios presidentes estadounidenses y un hombre muy respetado tanto dentro como fuera del ámbito cristiano.

Experiencias como estas, y muchas otras que el Señor orquesta en nuestras vidas, de acuerdo a las Escrituras, Él las utiliza para formarnos en medio de un mundo caído. Romanos 5:3-4 nos enseña: *Y no sólo esto, sino que también nos gloriamos en las tribulaciones, sabiendo que la tribulación produce paciencia; y la paciencia, carácter probado; y el carácter probado, esperanza.* De esta manera, las tribulaciones, los fracasos y las crisis que atravesamos contribuyen a la formación de lo que somos y dan como resultado un carácter probado. Esta es la razón por la que Romanos 8:28 habla de que *todas las*

---

[5] Ibíd.
[6] Harold Myra y Marshall Shelley, *The Leadership Secrets of Billy Graham* (Grand Rapids, MI: Zondervan, 2005), 21.

cosas cooperan para bien. ¿Cuál bien? El conformarnos a la imagen de Su Hijo (v. 29).

Dios usa cada circunstancia difícil en nuestra vida para probar y fortalecer nuestro hombre interior. Ahora bien, si no tenemos el enfoque correcto, corremos el riesgo de vernos como víctimas de nuestras circunstancias, algo que por desgracia es muy común en la cultura latinoamericana. El problema es que esa actitud no nos permite sacar provecho de nuestras experiencias. Como bien decía alguien, el problema no son las cosas que nos ocurren, sino cómo vemos las cosas que nos ocurren. Y esa realidad la vemos en la vida del apóstol Pablo que pasó por un gran número de aflicciones sin entristecerse o angustiarse porque entendió que todas las cosas correspondían a la providencia de Dios.

Cuando vemos las crisis desde la perspectiva de Romanos 8:28, entendemos que estas son buenas para nuestro crecimiento espiritual porque nos obligan a buscar a Dios, a descansar en Él, y a pensar bíblicamente. Esta es la razón por la que en ocasiones Dios permite que atravesemos momentos de tribulación que van más allá de nuestras fuerzas, porque, si orquestara situaciones del tamaño de nuestras fortalezas, no necesitaríamos buscarlo a Él.

En medio de nuestras peores circunstancias, Dios está trabajando con nuestro carácter. Él utiliza los momentos de crisis para mostrarnos que parte del problema es que no estamos pensando de manera correcta. Como somos, pensamos; y como pensamos, actuamos. El desastre en la forma de actuar que muchas veces vemos en la vida del creyente se debe a que no está pensando bíblicamente. Pero si Dios cambia lo que somos, nuestra mente será renovada y nuestra forma de pensar será diferente. Entonces, cuando pensemos correctamente, obraremos correctamente; y es justo allí adonde Dios quiere llevarnos.

Por otro lado, las dificultades revelan y traen a la superficie las grietas con las que hemos crecido. A lo largo del camino, Dios me ha mostrado diferentes grietas en mi carácter; y así en un momento dado me dejó ver la necesidad de cuidar mejor de mi esposa, y pude verlo como algo bueno, pues las crisis nos llevan a revisar nuestro caminar y nos ayudan a ser más como Cristo.

Lamentablemente, a veces debemos atravesar por circunstancias difíciles para darnos cuenta de que por largo tiempo veníamos haciendo mal una serie de cosas, ya sea porque no nos habíamos percatado de ellas o porque no nos importaba. Pero los tiempos de turbulencia nos fuerzan a revisar lo que hemos hecho, por qué lo hicimos y qué nos llevó a eso. Y esa crisis termina siendo buena porque forma nuestro carácter.

De igual forma, los tiempos de prueba aplastan nuestro orgullo. Dice la Escritura que *Dios resiste a los soberbios, pero da gracia a los humildes* (1 Ped. 5:5b), y esta es la razón por la que con frecuencia Él permite que atravesemos momentos de crisis, a fin de que nuestro orgullo sea aplastado. Ahora bien, el problema de las pequeñas crisis es que pueden debilitar nuestro orgullo, que es resistente, pero no lo aplastan por completo. El orgullo es como una pelota de aire que se vuelve a inflar, y entonces Dios tiene que desinflarlo hasta que no quede nada en absoluto; de lo contrario, Él (Dios) va a terminar oponiéndose a nosotros. Dios muchas veces prefiere enviarnos una crisis para que sea esta la que haga frente a nuestro orgullo, de manera que Él no tenga que intervenir porque si no las consecuencias serían peores. Esta es una manera simbólica de decir estas verdades.

Tenemos que aprender a darles la bienvenida a las circunstancias adversas, aplaudirlas y aprovecharlas porque, si no las aprovechamos e impedimos que estas nos ayuden a formar nuestro carácter, van a pasar por nuestras vidas de manera desapercibida, y vamos a quedarnos en el mismo lugar en que nos encontrábamos antes. Los tiempos de tormentas no están diseñados para ser desaprovechadas.

3. La Palabra de Dios.

Una vez que nosotros nacemos de nuevo, adquirimos la fuerza más poderosa para el cambio… el Espíritu de Dios, que es capaz de iluminar la Palabra para nuestro entendimiento y nuestra transformación. En la medida en que Dios nos santifica, nos vamos acercando al carácter de Cristo. El creyente necesita recordar las palabras del Maestro: *Santifícalos en la verdad; tu palabra es verdad* (Juan 17:17). En un solo versículo, el Señor nos dejó ver que el instrumento de santificación por excelencia es la Palabra de Dios. Separado de la Palabra, no hay manera de ser santificado. La Palabra es capaz de revelar lo que un consejero no puede y es capaz de producir la convicción de pecado que ningún ser humano es capaz de producir. Esa es la razón por la que un consejero bíblico necesita enfatizarle a su aconsejado el uso de la Palabra de Dios si quiere mejorar la condición de su aconsejado. Hay cosas en nosotros que necesitan desaparecer y la Palabra tiene el poder de destruir tales cosas; hay cosas que deberían estar en nosotros y que no están, pero que la Palabra puede formar. El autor de Hebreos nos revela con claridad el rol de la Palabra en la formación del individuo: *Porque la palabra de Dios es viva y eficaz, y más cortante que cualquier espada de dos filos; penetra hasta la división del alma y del espíritu, de las coyunturas y los tuétanos, y es poderosa para discernir los pensamientos y las intenciones del corazón* (Heb. 4:12).

La Palabra nos revela la verdad acerca de nosotros y de la vida. Por tanto nos deja ver la realidad por lo que verdaderamente es. La percepción de la realidad es vital para nuestra correcta formación. Una realidad distorsionada nos llevará a tomar decisiones en la dirección incorrecta que terminarán deformando el carácter. La Palabra de Dios es el lente que enfoca nuestros ojos para ver a Dios por lo que es, a nosotros mismos por lo que somos y la realidad como de verdad es.

LA IMPORTANCIA DE LA FORMACIÓN DEL CARÁCTER

El carácter es vital porque, si no se forma de manera adecuada, el individuo se encuentra vulnerable ante las presiones de la vida y corre el riesgo de desplomarse en medio de las pruebas. Steven Berglas, un psicólogo de la Escuela de Medicina de la Universidad de Harvard, alguien que ni siquiera es cristiano, pero que ha hecho observaciones muy acertadas con relación a este tema en su libro *The Success Syndrome* [El síndrome del éxito], señala: «la gente que alcanza grandes alturas pero carece de un carácter sólido que lo sostenga a través del estrés, va de cabeza al desastre».[7]

---

[7] Maxwell, *Las 21 cualidades...*, 4-5.

Esta es la historia detrás del famoso «Escándalo Enron» y detrás de todas las demás historias de desastres económicos que surgieron después: grandes ejecutivos que alcanzaron altos niveles de poder, pero que carecían de una formación moral sólida que los sostuviera porque se levantaron en una sociedad que no los formó, sino que los deformó. Lamentablemente, esta generación formó a sus líderes, tanto seculares como no seculares, en un horno de microondas. En el pasado los líderes se levantaban y se formaban a fuego lento, con el paso del tiempo; y de ahí la gran diferencia porque no podemos formar una persona debidamente de la noche a la mañana y mucho menos cuando la persona no se ha propuesto, de manera intencional, formar su carácter.

A decir verdad, si se realizara una encuesta entre líderes cristianos, me pregunto cuántos de ellos han hecho una decisión intencional y han tomado las medidas necesarias para formar su carácter. Esto explica las grandes crisis morales que estamos viviendo en el mundo de hoy.

Si hay algo que la historia nos ha enseñado, tanto la historia bíblica como la secular, es la importancia de ser una persona formada en medio del calor del fuego de la prueba… que sea capaz de sostenerse en medio de las crisis y las tentaciones, y que sea lo suficientemente maduro para permitirle manejar el éxito y el poder. Si ponemos a una persona sin la fortaleza apropiada en medio de estas circunstancias, pronto veremos cómo esa persona se quebranta, porque es el hombre probado y forjado por Dios el que posee las herramientas necesarias para conducirse de manera apropiada en todo tiempo.

La fortaleza de carácter brinda estabilidad emocional. Habrá momentos de turbulencias, pero el hombre de firmeza y que depende de Dios será capaz de permanecer firme. Podemos ilustrarlo de esta manera: si usted traza en un papel dos líneas horizontales paralelas que representan los momentos altos y bajos de la vida, las crisis quizás puedan hacer que por momentos sus emociones suban o bajen, pero su carácter le permitirá tener una estabilidad emocional que lo mantendrá dentro de estas dos líneas paralelas, sin moverse por encima o por debajo de ellas, de manera que usted pueda seguir funcionando aun durante esos momentos difíciles. Eso es tener estabilidad emocional y eso solo lo permite la fortaleza interna del individuo. La persona de carácter débil podría estar representada por altas y bajas que pasan por encima y por debajo de estas dos líneas paralelas.

Otro aspecto notable es que **la fortaleza de carácter nos permite ver las cosas objetivamente incluso en medio de tempestades que sacunden a otros.** No hay necesidad de querer justificar o racionalizar las cosas; más bien se requiere una habilidad de asumir cualquier tipo de falta y una disposición a cambiar, en caso de que sea necesario. Cuando no hay estabilidad interna, la persona está tan involucrada emocionalmente en la crisis que pierde toda objetividad.

Por otro lado, las crisis generan temores, y estos a su vez generan en nosotros ciertas reacciones como no querer avanzar y entonces nos detenemos, una respuesta muy natural en el ser humano, pero **la fortaleza de carácter va a permitirnos experimentar el temor sin que este nos paralice,** de forma tal que podamos continuar avanzando en la dirección en la que íbamos. Además, en la medida en que Dios va formando nuestro carácter, la estabilidad que experimentamos nos va a permitir tomar decisiones sabias y correctas incluso en medio de los problemas que nos aquejan.

La fortaleza de carácter no solo es capaz de sostenernos en medio de las crisis, sino que también nos ayuda a enfrentar las tentaciones. Mientras más fuerte es nuestro carácter, más fácil nos resultará ver y rechazar las tentaciones que están frente a nosotros. La realidad es que no podemos evitar que nos sobrevengan tentaciones, y esto por sí mismo no es pecado; el problema está cuando no tenemos la fortaleza de carácter necesaria para huir de la tentación. En ocasiones no podemos ver la tentación como tal porque muchas veces se trata de algo que nos hace sentir bien, algo que en nuestra debilidad creemos necesitar; y por tanto no vemos tal cosa como una tentación, pues se ha convertido en un complemento de algo que anhelamos y deseamos para llenar un vacío. Ahora bien, si el carácter ha sido forjado, la persona no solo podrá identificar la tentación, sino que también sabrá cómo escoger. La fortaleza de carácter le permitirá decir que no a las tentaciones, pues el poder de seducción que estas tienen sobre el individuo es ahora menor, y este ya no será atraído con tanta facilidad por aquello que antes lo tentaba.

No importa de qué se trate: dinero, sexo, poder, celos o envidia; cualquiera que sea la tentación, un carácter firme le permitirá considerar las consecuencias de ceder ante ella. De ahí la importancia de tener un carácter que ha sido previamente fortalecido y probado por Dios, pues, de lo contrario, al llegar la tentación, seremos sacudidos a tal punto que olvidaremos las terribles consecuencias de sucumbir.

La fortaleza de carácter en medio del éxito

El éxito es una de las tantas cosas que la debilidad de carácter no sabe manejar. El éxito es embriagador, y por lo tanto puede volvernos orgullosos al ver que hemos logrado llegar adonde otros no han podido. Ahora bien, si la persona se ha ocupado previamente en fortalecer su carácter, este le evitará llegar a convertirse en alguien arrogante y le permitirá seguir siendo fiel a pesar del éxito alcanzado.

Una persona trabajada por Dios no necesita el aplauso del otro para sentir aprobación y tampoco se cree meritorio de privilegios especiales. Esto en particular es un grave problema en la Iglesia de hoy, pues lo que ha pasado con algunos pastores y líderes cristianos es que, en la medida en que han avanzado en sus ministerios y han ido ganando la admiración y el aplauso de muchos, han llegado a creerse merecedores de ciertos privilegios como, por ejemplo, que les rindan pleitesía, que el ministerio pague por sus autos de lujo y aviones privados, que les asignen guardaespaldas, entre otras cosas, como formas de mostrar su importancia como individuos. Y el problema no está en el uso de algunas de estas cosas, sino en creer que tienen el derecho a disfrutarlas y demandarlas, cuando en realidad el llamado pastoral es un llamado al servicio.

Una persona de integridad rehúsa utilizar su posición y su poder para beneficiarse a sí misma.

Muchas veces sabemos lo que debemos hacer y, en principio, estamos dispuestos a hacer lo correcto hasta que calculamos el precio

153

que tendremos que pagar por ello. Es entonces cuando comenzamos a usar excusas y a racionalizar nuestras actuaciones. Pero el carácter santo, el carácter que ha sido probado por Dios, no nos va a permitir dejar de hacer lo que hay que hacer ni tampoco nos permitirá tomar decisiones que violen nuestra propia integridad, más allá del costo, el sacrificio o las consecuencias.

Es muy lamentable ver cómo personas que han logrado alcanzar una posición de poder, con frecuencia, terminan abusando de ese poder en beneficio propio, como lo hizo Saúl en el Antiguo Testamento y como rehusó hacer el Señor Jesucristo a Su paso por a tierra. Saúl perdió su reino el día que abusó de su poder y ofreció un sacrificio que no le estaba autorizado (1 Sam. 13). Pero a Cristo se le concedió un nombre que es sobre todo nombre después de haber cumplido la voluntad del Padre a cabalidad, sin haber abusado nunca de Su posición como Hijo de Dios.

Hoy en día, los gobernantes siguen abusando de su posición y lo mismo ocurre con funcionarios públicos que, en vez de utilizar el poder que les ha sido otorgado para servir al pueblo, se aprovechan de él para obtener bienestar económico mediante el abuso de privilegios. Todo eso lo hace la falta de integridad y la falta de un carácter santo.

Muchos creen que la posición que han alcanzado les va a proveer influencia. La realidad es que la posición provee la oportunidad, pero es el carácter lo que en realidad crea la influencia. Por tanto, si este no está presente al escalar posiciones, ese tipo de personas va a marcar muy poco la vida de los demás.

Una persona puede escalar grandes posiciones, ya sea en el ámbito laboral o personal, pero no es eso lo que va a impactar en la vida de quienes están a su alrededor, pues lo que deja una marca en el otro no es la posición, tampoco el poder o el carisma con que usted cuenta; más bien es lo que esa persona es lo que influye mientras entra en contacto con quienes lo rodean lo que dejará huellas que permanecerán en el tiempo. Tristemente, son más los que se preocupan por asegurar una posición que los que se ocupan de formar su carácter. Y cuando altos ejecutivos, presidentes de empresas y aun pastores asumen que la posición es igual al carácter, esas personas van camino al desastre.

El poder y el carácter

El poder en manos de personas sin una formación moral es muy destructivo. De hecho, el poder a menudo tiende a deformar a aquellos que lo ejercen. Esta es la razón por la que tantas veces se ha dicho que el poder corrompe, y el poder absoluto corrompe absolutamente.

Justo antes de que Europa se adentrara en la Segunda Guerra Mundial, el historiador holandés Johan Huizinga escribió: «Los nazis dicen promover un amor profundo por el país y la gente. Pero de alguna manera en la medida en que ellos persiguieron esta cosa, "el amor por el país", su patriotismo se volvió demoníaco y destructivo. Al final, el nazismo consiguió todo lo opuesto de lo que buscaba: una vergüenza sin fin en vez de honor nacional».[8]

Así de malvado puede ser el ejercicio del poder. Cuando alguien ejerce el poder, puede forzar a otro a comportarse de cierta manera, pues la persona que lo ejerce tiene autoridad sobre los demás y estos, por tanto, tienen que obedecerle, pero el solo hecho de que alguien tenga poder no significa que va a inspirar a otros a crecer. Es la fortaleza de carácter que una persona exhibe en los distintos ámbitos de su vida lo que puede inspirar y ayudar a crecer a aquellos que están a su alrededor, y no el poder que esa persona maneje.

Por otro lado, cuando el carácter es débil, el poder del cual disfrutamos termina deformándonos y se vuelve destructivo. En la Biblia tenemos el ejemplo de Sansón, un hombre con un físico poderoso pero de carácter débil, cuya mayor debilidad era la lujuria. Hace muchos años, Charles Swindoll, reconocido pastor y escritor norteamericano, realizó una serie sobre algunos personajes del Antiguo Testamento, y en uno de los mensajes se refería a Sansón como «A He-Man with a She-Weakness»,[9] es decir, un hombre con una debilidad por las mujeres. Aunque su fortaleza física era capaz de derribar a todo un ejército de guerreros, su debilidad de carácter hizo que se

---

[8] Timothy Keller, *Counterfeit Gods: The Empty Promises of Money, Sex, and Power, and the Only Hope that Matters* (Nueva York: Penguin Books, 2009), 97.
[9] Charles Swindoll, *Old Testament Characters: Practical Life Lessons from the Lesser Known* (Frisco, TX: Insight for Living, 2003), 1.

rindiera ante los encantos de una mujer. La razón por la que algo así pudo sucederle a un hombre como Sansón es porque comprometer nuestra integridad siempre nos hace vulnerables, sin importar qué tan fuertes seamos físicamente.

EL CARISMA Y EL CARÁCTER

Algo similar sucede cuando alguien tiene una personalidad carismática, pero carece de un carácter que lo respalde. Como el individuo con carisma suele tener mucha gente a su alrededor, esa popularidad hace que la persona comience a creer que la atracción que ejerce sobre los demás se debe a quién él o ella es, cuando en realidad tiene que ver más con la manera como esa persona luce. Las apariencias son engañosas, y el rey Saúl fue el mejor ejemplo de lo que es tener una apariencia engañosa. Sin dudas él tenía la apariencia y el carisma (1 Sam. 9:1-2), pero sus defectos de carácter, su falta de convicción y su desobediencia a la ley de Dios resultaron ser su perdición.

El carisma puede atraer a muchos seguidores, pero el carisma por sí solo no puede sostener al líder en los momentos de crisis. Dios no está interesado en que seamos carismáticos o atractivos en nuestras personalidades, pues Dios no ve como el hombre ve (1 Sam. 16:7b). Él quiere que, en vez de carismáticos, seamos «corazón-máticos», es decir, que tengamos un corazón para Dios, formado, santificado y fortalecido, así como una manera bíblica de pensar, con valores y principios que Él haya inyectado en nosotros a través de Su Palabra y Su Espíritu.

LA INTEGRIDAD Y EL CARÁCTER

Habiendo visto entonces cómo el carácter nos ayuda a manejar las crisis, el éxito y las tentaciones y la popularidad, pasemos ahora a explicar la relación que existe entre el carácter y nuestra integridad.

La integridad genera confianza. La integridad, producto de un carácter formado, va generando confianza en el otro, y esa confianza genera seguimiento. Nadie puede seguir a alguien en quien no confía, y nadie va a seguir a otro a menos que haya visto en él integridad suficiente para ganar su confianza.

La marca distintiva de la integridad en el carácter de una persona es que sus palabras y sus acciones concuerdan. La persona íntegra no se presenta como lo que no es, no dice lo que no pretende hacer y tampoco habla de aquello que no se corresponde con la verdad. El que vive en integridad de corazón puede decir: «No tengo nada que esconder, nada que temer y nada que probar». Sin embargo, el que no camina en integridad tiene muchas cosas que esconder, mucho que temer y vive debatiendo, racionalizando y justificándose porque tiene muchas cosas que probar. Pero cuando usted vive de manera congruente, todas estas cosas van desapareciendo y puede llegar a ser como un libro abierto, sin temor a ser leído por múltiples personas.

La integridad tiene que ser modelada. Los demás no van a creer que usted es una persona íntegra por lo que usted diga, sino más bien por lo que ellos puedan ver en usted. Mientras más credibilidad tenga el líder, más confianza la gente depositará en él.

La integridad implica no tomar atajos. El día antes de que el famoso transbordador espacial Challenger explotara, el departamento de control de calidad de la empresa Thiokol (la empresa subcontratada responsable directa del desarrollo de los anillos SRB «O») había advertido a la NASA que el Challenger no estaba listo para el despegue. Sin embargo, los ingenieros de la NASA y el departamento de toma de decisiones para el lanzamiento no quisieron posponer el despegue porque ya había sido pospuesto antes.[10] Esa falta de integridad les costó la vida a siete personas, y muchos millones de dólares al gobierno norteamericano.

A veces en el ministerio se hacen cosas parecidas. El «departamento de control de calidad» dice: «Este líder no está listo; esperemos». Pero el «departamento de producción» nos dice: «Hay que ponerlo a

---

[10] Jeff Forrest, «The Space Shuttle Challenger Disaster: A failure in decision support system and human factors management», estudio de caso, Metropolitan State College, Denver, CO, 1996, publicado en línea por DSS Resources, octubre de 2005. http://dssresources.com/cases/spaceshuttlechallenger/index.html.

servir porque tenemos una necesidad que cubrir o hay mucha gente yéndose al infierno... Necesitamos evangelistas allá afuera». Esta es una situación muy delicada y, si no la manejamos con cuidado, puede explotarnos en las manos. Pues, si no hay calidad, en este caso un carácter íntegro, estamos exponiendo a una persona que todavía no está completamente preparada para manejar ciertas situaciones, y de ahí que con frecuencia vemos desastres, como el Challenger, explotar en nuestras manos. Cuando la vida de un líder de la iglesia explota, los daños son incalculables.

La integridad nos dice lo que debemos hacer. A diario vivimos en una tensión entre lo que nuestros deseos quieren y lo que nuestra mente nos dice que debemos hacer. La integridad determina las reglas del juego para resolver esa tensión y nos muestra lo que debemos y tenemos que hacer, sin importar las circunstancias. Pero cuando no hay integridad, lamentablemente terminamos haciendo lo que queremos hacer; de ahí la necesidad de desarrollar fortaleza de carácter, pues es ella la que les va a decir a nuestros deseos: «No, no puedes», y va a forzar a nuestra voluntad a hacer lo correcto. Así, si usted descubre que sus acciones e intenciones están en constante oposición, entonces solo será necesario examinar su carácter para encontrar el porqué.

Recuerde que siempre habrá áreas de la vida cristiana donde parece haber una constante oposición entre lo que nuestro espíritu desea y lo que nuestra carne demanda. Pablo habla de esta lucha en su Carta a los gálatas cuando dice: *Porque el deseo de la carne es contra el Espíritu, y el del Espíritu es contra la carne, pues éstos se oponen el uno al otro, de manera que no podéis hacer lo que deseáis* (Gál. 5:17). Pero la meta debe ser llegar a un punto de santificación en la vida donde lo que queramos hacer sea lo que en realidad la Palabra de Dios dice que debemos hacer. Nunca lo lograremos por completo, pero esa debe ser la meta tras la cual corremos por gracia. Mientras más nos acerquemos a la imagen de Cristo, más podremos afirmar que Sus mandamientos no son gravosos (1 Jn. 5:3). Y esto solo sucederá cuando ese carácter, ese corazón, haya sido completamente transformado por la Verdad de Dios.

¿Qué cosas revelan el carácter?

Nuestras acciones van a revelar nuestro carácter, más de lo que pudieran hacerlo nuestras palabras. Alguien puede hablar muy bonito, pero su forma de actuar y comportarse en el día a día va a delatar lo que en realidad hay en el interior de esa persona.

Por otro lado, las cosas que nos producen risa, ya sean cuentos, películas o comedias, así como las cosas por las cuales lloramos o nos irritamos, hablan mucho de nuestro carácter. La manera como tratamos a los demás, sobre todo cuando no podemos obtener ningún beneficio de ellos, revela también lo que de verdad somos. Deténgase por un momento y evalúe cómo trata a los que están en una posición por debajo de usted, por ejemplo, el mozo que le sirve en un restaurante y que le trae la comida tarde o la persona que lo detiene para pedirle dinero en la calle cuando usted está apurado por llegar a un lugar. La manera en que usted reacciona y trata a estas personas revela mucho acerca de su carácter. Además, la forma en que actuamos cuando no sabemos qué hacer y la manera en que manejamos el poder, el dinero y la autoridad muestran con claridad la realidad acerca de quiénes somos. De esta manera, podemos hacer un análisis de nuestro carácter si revisamos nuestras acciones antes de fijarnos en nuestras palabras. Alguien dijo: «Si quieres saber lo que una persona es, dale privilegios y no autoridad», y tiene mucho de verdad. Cuando el carácter no está, la persona abusa de sus privilegios con relativa facilidad.

REFLEXIÓN FINAL

La transformación del carácter comienza con la sumisión de nuestra voluntad a la voluntad de Dios. Solo experimentamos una verdadera transformación cuando decidimos someter nuestra voluntad a la Suya, de manera que el Espíritu Santo que mora en nosotros, en combinación con la Palabra de Dios que nos ha sido revelada, y las circunstancias que el Señor mismo va orquestando en nuestras vidas puedan hacer el trabajo y producir en nosotros aquello que necesitamos llegar a ser.

Por desgracia, muchas veces nos sometemos a Dios de palabra, pero lo resistimos con nuestras emociones. Por ejemplo, la esposa que dice: «Bueno, voy a someterme a lo que diga mi esposo porque eso es lo que la Palabra ordena, pero eso no es fácil, ¡ay no!». Esta mujer se somete a su esposo, pero lo hace bajo protesta, pues sus emociones están en rebeldía. El problema es que esa no es una sumisión verdadera: sumisión es entender que Dios está en control de nuestras vidas, en control de nuestras circunstancias, y puede que reaccionemos de manera emotiva, pues somos humanos y no se trata de ser perfectos, pero debe haber un sentido de aceptación de la soberanía de Dios y una disposición a hacer las cosas con una buena actitud. De lo contrario, Dios está viendo más la actitud que oyendo las palabras.

Andrew Murray, un maestro y pastor sudafricano, decía:

Nosotros encontramos la vida cristiana difícil porque buscamos la bendición de Dios mientras vivimos según nuestra propia voluntad. Hacemos nuestros propios planes y elegimos nuestra propia obra, y entonces le pedimos al Señor Jesús que vele y evite que el pecado nos envuelva, y que no nos alejemos demasiado de la ruta. Pero nuestra relación con Jesús debe ser tal que estemos enteramente a Su disposición. Cada día debemos ir primero a Él, en humildad y de manera decir: "Señor, ¿hay algo en mí que no sea conforme a Tu voluntad, que no ha sido ordenado por ti o que yo no te dedique completamente a ti? ¿Qué quieres que haga hoy?.[11]

Mientras estemos insistiendo en hacer nuestra voluntad, la vida cristiana siempre nos parecerá difícil, y la lucha entre lo que deseamos y lo que debemos hacer nunca desaparecerá. Por consiguiente, la transformación de nuestro carácter comienza con someter nuestra voluntad, y no solo nuestras palabras, a la voluntad de Dios. Necesitamos recordar que si queremos las bendiciones de Dios, necesitamos andar en Su voluntad y no en la nuestra.

---

[11] Andrew Murray, *Power in Prayer: Classic Devotions to Inspire and Deepen your Prayer Life* (Bloomington, MN: Bethany House, 2011), 31.

8.

EL CARÁCTER EN LA LITERATURA DE SABIDURÍA

Él reserva la prosperidad para los
rectos, es escudo para los que andan en
integridad.

~ *Proverbios 2:7*

INTRODUCCIÓN

La literatura de sabiduría comprende los libros de Job, Salmos, Proverbios, Eclesiastés y el Cantar de los cantares. Se la ha llamado así porque, en general, esta literatura contiene sabiduría que nos ayuda a entender enseñanzas acerca de Dios, el ser humano y el origen del bien y del mal, con las bendiciones y consecuencias de estas dos últimas realidades. Gracias a tales enseñanzas, esta literatura nos ayuda a vivir en integridad delante de Dios. Creemos que el estudio de la literatura de sabiduría nos puede ayudar a contrastar la visión que esta nos presenta del carácter según la Biblia con la manera como el carácter es visto en la sociedad de hoy en día.

Como hemos venido señalando, el carácter representa lo que somos, nuestra esencia, aquello que hay en nuestro interior y que muchas veces es puesto en evidencia por la manera en la que tomamos decisiones. N. T. Wright, un destacado estudioso del Nuevo Testamento, define el carácter de la siguiente manera: «El carácter es el patrón de pensamiento y actividad que corre a lo largo de una persona, de manera que, donde quiera que la cortes, tú verás el mismo patrón a través de ella».[1] Notemos cómo el carácter en esta definición involucra la mente (patrón de pensamiento) y los hechos (patrón de actividad). La formación de ese patrón de pensamiento y de conducta va a requerir una vida de disciplina.

Hoy en día, dado el énfasis que hemos hecho en recordar al creyente que la salvación es un regalo dado por Dios a través de Su gracia, como ya mencionamos, y que la santificación es también un proceso impulsado por Su misma gracia, muchos han concluido que la idea de disciplinar a las personas en la vida cristiana es más bien un legalismo. Pero esa idea no es bíblica. El mismo apóstol Pablo habló de la necesidad de pelear la buena batalla (2 Tim. 4:7) y correr la carrera, disciplinándonos en cuanto a nuestros hábitos y nuestros deseos: *Y todo el que compite en los juegos se abstiene de todo. Ellos lo hacen para recibir una corona corruptible, pero nosotros, una incorruptible. Por tanto, yo de esta manera corro, no como sin tener meta; de esta manera peleo, no como dando golpes al aire, sino que golpeo mi cuerpo y lo hago mi esclavo, no sea que habiendo predicado a otros, yo mismo sea descalificado* (1 Cor. 9:25-27).

Pablo habló de la necesidad de someter su cuerpo a disciplina hasta que su cuerpo le obedeciera (v. 27) justamente para no verse descalificado ante Dios y ante los hombres. Esta idea que muchos tienen hoy, de que la disciplina en la vida del creyente es más bien un legalismo, parece ser, en parte, una herencia del Romanticismo (siglos XVIII-XIX). Este movimiento filosófico defendía la necesidad de que la parte emocional de las personas (los sentimientos internos) pudiera expresarse con libertad y rechazaba todas aquellas reglas que a los seguidores de este movimiento les parecían impuestas. Pero no podemos correr una carrera sin reglas, como Pablo menciona a los Corintios. El «Romanticismo pudiera decirse que enfatiza el emocio-

---

[1] N. T. Wright, *After You Believe: Why Christian Character Matters* (Nueva York: HarperCollins, 2010), 27.

nalismo, la fantasía sensual y la imaginación por encima del control racional y del orden».[2]

Por otro lado, los existencialistas (siglo xx) entendieron que lo más importante era ser auténtico, y así desafiar y romper las estructuras y los sistemas, para experimentar la verdadera libertad.[3] Hoy en día, el movimiento posmoderno exhibe características similares y, en cierta medida, la Iglesia también ha sido afectada por estas corrientes. En los círculos más liberales, la Iglesia ha abrazado el posmodernismo relativizando todo lo que esta había venido enseñando por años. En otros círculos, la Iglesia ha rechazado de plano la ley de Dios (antinomianismo) para abrazar de manera exclusiva el movimiento de la «hipergracia», donde muchas veces el cristiano rechaza la idea de desarrollar una vida disciplinada como una forma de someter los apetitos de la carne. La disciplina es vista como un legalismo, en vez de ser vista como parte del desarrollo del dominio propio, que es un fruto del Espíritu. Resulta difícil pensar que sea posible sobreenfatizar la gracia; pero, más que sobreenfatizarla, lo que este tipo de movimientos hace es presentarla de manera desbalanceada sin el contrapeso de la ley de Dios y sin el reconocimiento de la necesidad que tenemos de cumplir nuestra responsabilidad cristiana ante Dios.

Si pensamos en cuál es el carácter que el cristiano debe exhibir, de inmediato viene a nuestra mente el carácter de Cristo: manso y humilde (Mat. 11:29), veraz (Mar. 12:14), fiel (Apoc. 3:14), justo (1 Jn. 3:7). Esa es nuestra meta. Pero esas cualidades no se desarrollan solo orando, sino en contacto con personas que ofenden nuestro orgullo y a quienes tenemos que perdonar; en medio de tentaciones que se prestan para que mintamos, pero donde Dios nos da la fortaleza para ser veraces; al atravesar situaciones en las que el pecado nos invitará a ser infieles, pero en las que oiremos el llamado de Dios a permanecer fieles; y en circunstancias en las que nosotros podríamos tomar decisiones que nos favorezcan, pero en las que Dios quiere que hagamos lo correcto aunque eso nos perjudique, como fue el caso de Jesús al ir a la cruz.

---

[2] R. V. Pierard, s.v. «Romanticism», en *Evangelical Dictionary of Theology,* ed. por Walter A. Elwell (Grand Rapids, MI: Baker Book House, 1984), 959.
[3] Wright, *After You Believe,* 50-57.

La instrucción para llevar a cabo esa transformación la provee la Palabra; el poder y el discernimiento provienen del Espíritu de Dios; pero el sometimiento de la voluntad humana al trabajo de Dios en nuestras vidas es algo que depende mucho del esfuerzo del creyente empoderado por la gracia de Dios *quien obra en vosotros tanto el querer como el hacer, para* su *beneplácito* (Fil. 2:13).

LA VIRTUDES CARDINALES EN LA LITERATURA CLÁSICA

En este capítulo acerca del carácter en la literatura de sabiduría, sería de valor considerar las llamadas virtudes cardinales, que han sido reconocidas desde la época de Platón, quien las describe en su obra *La República*. Su discípulo Aristóteles logró elaborar aún más sobre estas virtudes humanas. La palabra «cardinal» proviene del latín *cardo* que significa 'bisagra', lo que implica que todas las demás virtudes del ser humano giran sobre esta bisagra. Estas virtudes son: **prudencia, justicia, fortaleza y templanza.** «Aristóteles distinguía las virtudes morales de las intelectuales. Aprendemos las virtudes morales, **justicia, fortaleza y templanza,** imitando a aquellos que las ejemplifican. Esas imitaciones nos llevan a formar buenos hábitos y esos buenos hábitos forman un buen carácter. La virtud intelectual es la prudencia y esa la aprendemos por medio de la enseñanza» (énfasis agregado).[4] Algunos pensadores cristianos hablan con frecuencia de aquellas que han sido llamadas «virtudes teológicas» para referirse a **la fe, la esperanza y el amor**, virtudes que Pablo menciona en 1 Corintios: *Y ahora permanecen la fe, la esperanza y el amor, estos tres; pero el mayor de ellos es el amor* (1 Cor. 13:13). De estas últimas, el amor provee la motivación correcta para hacer lo correcto para la gloria de Dios y para el beneficio del otro. Así *[a]marás al Señor tu Dios con todo tu corazón, y con toda tu alma, y con toda tu mente... [y] a tu prójimo como a ti mismo* (Mat. 22:37b,39b).

---

[4] John M. Frame, *The Doctrine of the Christian Life: A Theology of Lordship* (Phillipsburg, NJ: P&R Publishing, 2008), 95.

En el cristiano, estas virtudes son más bien el fruto del Espíritu de Dios en nosotros, que opera el poder de la Palabra en cada creyente. Pero para Platón y el resto de las sociedades que han creído en las virtudes cardinales, estas cualidades podían ser desarrolladas por todo el mundo. La sociedad occidental creyó en estas virtudes por mucho tiempo, y ellas y sus derivados representaron la base de la convivencia moral.

Según los filósofos de la antigüedad, **la prudencia** es la facultad mental que nos permite conocer la diferencia entre el bien y el mal. En el capítulo 2 de Romanos esa es la función de la conciencia que necesita ser informada por la Palabra de Dios para mejorar dicha capacidad. Por eso, la prudencia, es decir, la habilidad para diferenciar el bien del mal, fue vista como la virtud número uno. La segunda virtud, según algunos, es **la justicia**. Esta tiene que ver ya no con la razón, sino con la voluntad que se impone a los sentimientos para dar a alguien lo que le corresponde. La tercera virtud es **la fortaleza**, definida como la capacidad de sobreponernos al temor. La cuarta y última es **la templanza**, que tiene que ver con el control de los deseos o los placeres.

Cada una de estas virtudes (prudencia, justicia, fortaleza y templanza) es avalada por las Escrituras; pero, en la Palabra de Dios, la habilidad de poner en práctica cada una de ellas requiere de la acción del Espíritu Santo. Sin embargo, es obligación del creyente prestar atención a cada uno de los imperativos de la Palabra (lo que al creyente le toca hacer) recordando siempre los indicativos de la Palabra (lo que Dios ya ha hecho). De esa forma, el creyente debe someter su mente, su corazón y su voluntad a la ley de Dios en gratitud y por amor a su Dios y Redentor. En los capítulos 1 al 11 del libro de Romanos, el apóstol Pablo detalla todo lo que Dios ha hecho y entonces, en el capítulo 12, comienza diciendo:

> Por consiguiente, hermanos, os ruego por las misericordias de Dios que presentéis vuestros cuerpos *como* sacrificio vivo y santo, aceptable a Dios, *que es* vuestro culto racional. Y no os adaptéis a este mundo, sino transformaos mediante la renovación de vuestra mente, para que verifiquéis cuál es la voluntad de Dios: lo que es bueno, aceptable y perfecto (Rom. 12:1-2).

La frase «por consiguiente» no solo nos deja ver la conexión entre Romanos 12 y los capítulos anteriores, sino que, al leer con cuidado el resto del capítulo, nos permite concluir que lo que se nos dice en los primeros dos versículos de Romanos 12 debe ser la respuesta natural del creyente que ha entendido todo lo anterior (Rom. 1–11). El entendimiento de la Palabra dado por el Espíritu Santo y el poder del mismo Espíritu capacitan al hijo de Dios para mover su voluntad y cultivar el fruto del Espíritu, que nos lleva a poner en práctica las virtudes llamadas cardinales, además de las virtudes teológicas mencionadas más arriba.

El carácter en la literatura de sabiduría

En la literatura de sabiduría, ese carácter del que hemos venido hablando es visto como una combinación de integridad y de sabiduría. De esta manera, la persona de carácter probado de la que habla el apóstol Pablo en su Carta a los romanos (5:3-4) es aquella que posee las dos cualidades que acabo de mencionar. Una persona de carácter probado camina en integridad de corazón y vive de manera sabia. Estas son dos cualidades que Dios valora inmensamente en Su Palabra, y esa es una de las razones por la que decidimos llamar nuestro ministerio Integridad y Sabiduría. Es una forma de recordar cuál debe ser la meta en nuestro diario vivir.

En hebreo, la palabra *integridad* es *tom,* que significa 'completo, perfecto'. En griego, las palabras usadas para hablar de integridad son *alētheia* o *alēthēs,* vocablos que están relacionados con aquello que es verdad o verdadero. Recordemos, y esto lo vimos en un capítulo anterior, cómo en una ocasión los fariseos dijeron a Jesús: *Maestro, sabemos que eres veraz* (Mat. 22:16b). En este pasaje, la palabra *veraz* es una palabra relacionada con la idea de integridad. De esta manera, en la literatura de sabiduría, la palabra *integridad* hace referencia a un individuo que Dios ve como completo, alguien que no tiene grietas en su carácter. Ahora bien, esto no significa que un individuo íntegro es una persona sin pecado, como veremos más adelante.

Dios, en más de una ocasión, se refiere en las Escrituras al hombre de integridad, o al hombre que anda en verdad. De hecho, la palabra *integridad* aparece en el libro de Job siete veces; en el libro de Salmos, diez veces; y en el libro de Proverbios, siete veces; lo cual pone en evidencia que la integridad es un tema recurrente en la literatura de sabiduría.

De igual manera, la sabiduría es un tema frecuente en las Escrituras, aún más que la integridad, en especial en la denominada literatura de sabiduría. La palabra *sabiduría* en hebreo es *hokmah,* que significa 'habilidad'. Con el paso del tiempo, la palabra pasó a significar 'habilidad para vivir': habilidad para vivir de manera correcta, vivir con sabiduría o vivir de acuerdo a los preceptos de Dios. El teólogo John Frame define la sabiduría como «la habilidad de hacer lo correcto en situaciones difíciles».[5] La palabra *sabiduría* aparece 23 veces en el libro Job, 8 veces en los Salmos, 25 veces en Eclesiastés y 45 veces en Proverbios. Estos números variarán de acuerdo a la traducción de las Escrituras que estemos usando, pero nos dan una idea de qué tan recurrentes son estos dos temas, integridad y sabiduría, en la literatura de sabiduría.

La integridad en la literatura de sabiduría

Demos ahora un vistazo a un par de versículos para ver algunos principios que podemos aprender directamente de estos libros ricos en sabiduría.

En el segundo capítulo del libro de Job, nos encontramos con este pronunciamiento: *Y el Señor dijo a Satanás: ¿Te has fijado en mi siervo Job? Porque no hay otro como él sobre la tierra, hombre intachable, recto, temeroso de Dios y apartado del mal. Y él todavía conserva su integridad, aunque tú me incitaste contra él para que lo arruinara sin causa* (Job 2:3). Es evidente a la luz del resto de la revelación bíblica que Job no era un hombre sin pecado. Sin embargo, a la luz de la evaluación que Dios hace de él, Job es considerado

---

[5] Ibíd., 351.

como una persona de integridad. Y cuando en ese mismo contexto Dios describe la integridad de Job, Él dice que Job era un hombre intachable, recto, temeroso de Dios y apartado del mal.

¿Implica la palabra *intachable* que alguien está sin pecado? ¡Claro que no!, porque esa característica solo le pertenece a Dios y como hombre a Jesús, el Dios hecho hombre. Pero una persona intachable, a la luz de la literatura de sabiduría, es una persona con un buen testimonio, alguien que no es reconocido por tener un carácter pecaminoso, aunque sí posee una naturaleza caída. Pero, a pesar de esa naturaleza pecaminosa, los demás no lo conocen como un hombre que vive en la práctica del pecado, sino como alguien que trata de huir de él. Una persona intachable es alguien de quien la gente habla bien. Al referirse a esta persona, no se podría decir con honestidad: «Bueno, esa persona tiene graves problemas; tiene grietas en su carácter», pues eso no es lo que caracteriza su caminar.

Recordemos que, como ya mencionamos, la palabra *integridad* significa que algo está completo. El primer requisito que aparece en el Nuevo Testamento para el anciano u obispo es ser irreprochable (1 Tim. 3:2). ¿Implicaría esto que el anciano no debe tener pecado en su vida? ¡No! Eso es imposible. Intachable es un hombre de buen testimonio en todas las áreas de su vida: en el hogar, en la iglesia, en el círculo social donde se desenvuelve, en su trabajo. Cuando la Palabra de Dios habla de un individuo que es justo o recto, está hablando de alguien que vive una vida de santidad; alguien que es temeroso de Dios, reverente; una persona que tiene cierto temor sano a las consecuencias.

Job fue descrito como alguien «apartado del mal». De esta manera, una de las características por las que Job se distinguió fue precisamente por su separación de aquello que Dios considera malvado y de hombres pecadores. Un tema recurrente en el libro de los Salmos es cómo el hombre de Dios debe ser alguien que se separa del escarnecedor, del hombre pecador y malvado (Sal. 1). Esto es congruente con lo que significa ser santo porque el significado primario de la palabra *santo* en hebreo (*kadosh*) es «apartado», el ser distinto. En ese mismo sentido, cuando Dios habla a Satanás acerca de la integridad de Job, Él le dice que Job era un hombre apartado del mal.

La integridad garantiza una estrecha relación con Dios

Al leer los Salmos, nos damos cuenta de que el salmista entendió la importancia y la relación que hay entre la integridad y la santidad. El Salmo 15 dice: *Señor, ¿quién habitará en tu tabernáculo? ¿Quién morará en tu santo monte? El que anda en integridad y obra justicia, que habla verdad en su corazón* (vv. 1-2).

En este texto, el concepto de *integridad* está vinculado con guardar una estrecha relación con Dios. Esta es la pregunta: ¿quién habitará en tu tabernáculo? ¿Quién morará en tu santo monte?. Es claro que, cuando hoy en día aplicamos este pasaje a nuestras vidas, no estamos hablando de vivir en el tabernáculo. Aun en el Antiguo Testamento esa no era la connotación del salmista, sino ¿quién tendrá comunión íntima con Dios? ¿Quién es el hombre con quien se complace el corazón de Dios? La respuesta está dada en el mismo salmo: *El que anda en integridad*. Entonces, esa persona que anda en integridad es vista como alguien que obra con justicia. Su obrar, aquello que hace delante de los demás, es justo. Esa es una persona que no solo dice verdad, sino que también, cuando Dios examina su corazón, resulta que sus intenciones son también veraces porque habla verdad en su interior, y no solo frente a los demás. El que anda en integridad es veraz en lo más íntimo de su ser, allí donde nadie lo puede ver; él es la misma persona en público y en privado. Lo que dice con palabras es lo que él ha estado pensando en su mente, y frente Dios. Esa es la persona de integridad de acuerdo a la literatura de sabiduría.

El resto del Salmo 15 lo explica de esta manera: El que *no calumnia con su lengua, no hace mal a su prójimo, ni toma reproche contra su amigo; en cuyos ojos el perverso es menospreciado, pero honra a los que temen al Señor;* el que aun *jurando en perjuicio propio, no cambia; el que su dinero no da a interés, ni acepta soborno contra el inocente. El que hace estas cosas permanecerá firme* (vv. 3-5). En otras palabras, es un hombre de integridad en su interior (v. 2), al hablar (v. 3a), en su conducta (v. 3b), en sus valores (v. 4) y en el manejo de su dinero (v. 5).[6] La única persona que cumplió a cabalidad estos requisitos fue Jesús; por tanto, Él es la persona que ha podido disfrutar de la mayor intimidad con Dios. Ahora bien, el salmista señala que el hombre que ha sido lavado por la sangre de Cristo (justificación) necesita comenzar a transitar el camino arriba descrito (santificación).

La integridad garantiza Su protección

Si continuamos explorando la idea detrás de la palabra *integridad* en la literatura de sabiduría, vemos que el autor de Proverbios dice que Dios reserva la prosperidad para los rectos y **es escudo** para los que andan en integridad (Prov. 2:7). Note la relación que el autor de este libro establece entre la protección que Dios brinda a Sus hijos y su andar en integridad. Cuando nuestro caminar está marcado por la maldad, no podemos contar con la protección de Dios precisamente por no andar en integridad de corazón. Por ejemplo, si estamos haciendo negocios de una forma no íntegra, ¿por qué debería Dios proteger nuestros negocios y transacciones ilícitas, o lo que compramos o vendemos de manera fraudulenta? Solo la persona que realiza esas transacciones con integridad de corazón puede contar con la protección de Dios. Y de ahí que Él reserve la prosperidad para los rectos (v. 7a).

La palabra *recto*, que aparece en el versículo que acabamos de citar, está íntimamente relacionada con la palabra *integridad*. En esa porción de las Escrituras podemos ver uno de los paralelismos del libro de Proverbios, que es el estilo como el libro está escrito en su gran mayoría. La primera línea del paralelismo dice: Él reserva la prosperidad para los rectos, y a continuación nos presenta la misma idea, pero dicha de otra forma: *es escudo para los que andan en integridad.*[7]

---

[6] Para más detalles, véase James Montgomery Boice, *Psalms: An Expositional Commentary*, vol. 1 (Grand Rapids, MI: Baker Books, 1994), 124-27.
[7] El paralelismo es una forma de enseñar o escribir en la literatura donde la primera línea expresa una idea que es repetida en la segunda línea con otras palabras. Es una forma de enfatizar para memorizar.

La integridad me permite servir

En el libro de los Salmos encontramos otro texto que nos presenta el vínculo que existe entre la integridad y el andar en rectitud: *Mis ojos estarán sobre los fieles de la tierra, para que moren conmigo; el que anda en camino de integridad me servirá* (Sal. 101:6). En este pasaje, la integridad de la persona está en directa relación con el servicio que ella le pueda brindar a Dios, o el deseo que Dios pueda tener de usar a ese individuo. En ocasiones, es nuestra falta de integridad lo que hace que Dios no quiera usarnos. Es como si Dios dijera: «Yo ando la búsqueda de individuos íntegros con los que me pueda relacionar íntimamente; ando buscando individuos íntegros que me puedan servir; ando buscando individuos íntegros a quienes pueda proteger precisamente por la integridad de su corazón».

Por eso, cuando nos hacemos preguntas de este tipo: ¿por qué Dios no escucha mis oraciones?, ¿por qué no me protege? o ¿por qué no siento Su presencia como otros?, debemos preguntarnos si estamos caminando con integridad y sabiduría. No queremos ser simplistas afirmando que todo se reduce a una falta de integridad, pues no siempre es así. Pero muchas veces, la única respuesta es esa: no estamos caminando en integridad de corazón. Por tanto, la falta de integridad hace que nuestras oraciones no sean escuchadas, impide que Dios pueda usarnos, lleva a Dios a remover Su protección de nuestras vidas (por lo menos de manera parcial) y no nos permite disfrutar la presencia de Dios como Él quisiera dárnosla simplemente por nuestro caminar no íntegro.

Cuidado con el orgullo

Una de las cosas de las que debemos cuidarnos es de que nuestra integridad no se convierta en un ídolo o en un motivo de orgullo para nosotros. Años atrás, el Señor me mostró dos áreas de orgullo en las cuales Él entendía que yo debía trabajar mucho: una de ellas tenía que ver con la excelencia en la práctica de la medicina y la otra con la integridad personal. En ese momento, el Señor me confrontó con la siguiente pregunta: «¿Quién te crees que eres? Si la integridad de mi Hijo, quien es Santo, fue cuestionada de arriba a abajo, ¿quién te has llegado a creer que eres para estar exento?». Así fue como descubrí que la integridad al caminar se había vuelto un motivo de orgullo personal. Para evitar que esto ocurra, debemos tener siempre presente que es la gracia de Dios la que hace posible que caminemos con integridad de corazón.

La oración del íntegro

Los salmos muestran un énfasis especial en la vida de integridad del creyente. En el capítulo 26 del libro de los Salmos, encontramos lo que se ha denominado como la oración del íntegro. El salmista se dirige a Dios y le dice:

> Hazme justicia, oh Señor, porque yo en mi integridad he andado, y en el Señor he confiado sin titubear. Examíname, oh Señor, y pruébame; escudriña mi mente y mi corazón. Porque delante de mis ojos está tu misericordia, y en tu verdad he andado. Con los falsos no me he sentado, ni con los hipócritas iré. Aborrezco la reunión de los malhechores, y no me sentaré con los impíos (Sal. 26:1-5).

Notemos cómo el salmista pide a Dios que le haga justicia y cómo luego establece la razón por la que él entiende que Dios debería o podría obrar a su favor: *porque yo en mi integridad he andado* (v. 1, énfasis agregado). Por otro lado, el autor del Salmo 26 revela que Dios es quien lo ha hecho capaz de caminar de esa manera: *en el Señor he confiado sin titubear* (v. 1b). Al confiar en Dios, ese Dios le ha dado lo que él no tenía en sí mismo.[8] El salmista se siente tan seguro de su andar que él le dice a Dios: *Examíname, oh Señor, y pruébame; escudriña mi mente y mi corazón. Porque delante de mis ojos está tu misericordia, y en tu verdad he andado* (vv. 2-3). He ahí una característica de cómo el salmista ve la integridad: alguien que anda en verdad hasta el punto de pedir a Dios que escudriñe todo su ser, su mente y su corazón. Obviamente, si Dios examinara a esa persona, no

---

[8] Véase Willem A. Vangemeren, *Psalms,* The Expositor's Bible Commentary, ed. rev., ed. por Tremper Longman III y David E. Garland (Grand Rapids, MI: Zondervan, 2008), 275-77.

la encontraría libre de pecado, pero sí encontraría una coherencia (no perfecta) entre sus palabras y su obrar.

Al analizar este salmo, notamos en primer lugar que el salmista expresa su confianza en Dios: *[E]n el Señor he confiado sin titubear* (v. 1b). En segundo lugar, el salmista reconoce: *[E]n tu verdad yo he andado* (v. 3b). Y en tercer lugar, el salmista afirma: *Con los falsos no me he sentado, ni con los hipócritas iré. Aborrezco la reunión de los malhechores, y no me sentaré con los impíos* (vv. 4-5). Con esto último, el autor está reconociendo que parte de su integridad consiste en que él se ha apartado del mal y de aquellos que hacen iniquidad. Dicho de otra manera, hay tres características en este salmo que nos muestran lo que implicaba la integridad para el salmista: confiar en Dios sin titubear, caminar en la verdad y apartarse de los pecadores.

LA SABIDURÍA EN LA LITERATURA DE SABIDURÍA

La sabiduría no es conocimiento, aunque incluye el conocimiento. La sabiduría es, más bien, conocimiento aplicado o conocimiento usado para interpretar y reaccionar ante la vida. El autor de Proverbios separa estos dos conceptos cuando dice: *Yo, la sabiduría, habito con la prudencia, y he hallado conocimiento y discreción* (Prov. 8:12). La sabiduría consiste en varias cosas: prudencia, conocimiento y discreción, que es similar a la prudencia. Por esta razón, basado en este pasaje y en otros similares, me atrevo a decir que en la literatura de sabiduría, la sabiduría es vista como algo que va más allá del mero conocimiento. Es una combinación de la habilidad de discernir, de ser discreto, de ser prudente y de obrar de manera correcta.

El conocimiento se enfoca en el entendimiento del mundo y de uno mismo, en los datos, los hechos. Se enfoca en conocer, por ejemplo, que dos más dos son cuatro. La sabiduría, sin embargo, es más que eso. La sabiduría está relacionada con la habilidad de aplicar ese conocimiento en la vida diaria, de tal forma que Dios sea complacido.

El conocimiento envanece (1 Cor. 8:1) cuando no va acompañado de sabiduría. El conocimiento por sí solo vuelve orgulloso al que lo posee. Es similar a la integridad, que, si no va acompañada de humildad, vuelve orgulloso a quien la posee. El mejor balance de la integridad es un espíritu humilde; el mejor balance del conocimiento es esa misma humildad acompañada de sabiduría. Y cuando tenemos conocimiento con humildad, la sabiduría (la aplicación del conocimiento de una manera que complazca a Dios) se facilita.

En esta literatura que hemos venido revisando, la sabiduría es presentada como el fruto de una buena relación con Dios. Eclesiastés 2:26a dice: *Porque a la persona que le agrada, Él le ha dado sabiduría, conocimiento y gozo.* En este pasaje podemos ver con claridad que la sabiduría es un fruto. Cuando nuestra relación con Dios es buena y Dios se agrada de nosotros, Él se complace en darnos sabiduría, conocimiento, y además nos permite gozar de lo que conocemos, de las obras que hacemos y la manera como vivimos.

Salomón, el autor de Proverbios, comienza este libro con la siguiente frase: *El temor del Señor es el principio de la sabiduría* (v. 7a). Cuando la Palabra de Dios habla del temor del Señor, no se refiere al miedo que experimentamos cuando estamos frente a una amenaza, aunque en sentido literal esta palabra puede significar algo tan severo como la experiencia de pavor. Sin embargo, esta frase, en Proverbios y en pasajes similares, tiene otra connotación. «*El temor del Señor* en último caso expresa la sumisión reverente a la voluntad de Dios y eso caracteriza al verdadero adorador. En este contexto es el principio controlador del conocimiento».[9] Cuando nos sometemos a Su voluntad, comenzamos a ver la vida como verdaderamente es, y eso nos ayuda a crecer en sabiduría y en santidad. Nuestro sometimiento a Su señorío nos permite caminar en intimidad de corazón con el Señor; y como Dios es la fuente de toda sabiduría, nuestro caminar íntimo con Él nos coloca en una posición donde podemos ser llenados de eso que Él tiene.

De esta manera, la sabiduría está relacionada con vivir correctamente. Pero, para vivir correctamente necesitamos reverencia ante

---

[9] Allen P. Ross, *Proverbs,* The Expositor's Bible Commentary, ed. rev., ed. por Tremper Longman III y David E. Garland (Grand Rapids, MI: Zondervan, 2008), 50.

lo que Dios es y representa, y necesitamos un temor sano a las consecuencias que el Señor ordenaría por nuestras acciones pecaminosas. En la literatura de sabiduría, un hombre de carácter santo, como dijimos, es un hombre íntegro y sabio. El salmista entendió eso y escribió: *La boca del justo profiere sabiduría y su lengua habla rectitud* (Sal. 37:30). En este solo versículo, hay una conexión entre el hombre justo y la sabiduría que este habla. David, luego de pecar con Betsabé, confiesa: *He aquí, tú deseas la verdad en lo más íntimo, y en lo secreto me harás conocer sabiduría (Sal. 51:6).* La verdad en lo más íntimo es equivalente a integridad; y para aquellos que así quieren caminar, Dios provee sabiduría de lo alto.

EL CARÁCTER EN NUESTROS DÍAS, LA ANTÍTESIS DE LA LITERATURA DE SABIDURÍA

En nuestros tiempos, la necesidad de desarrollar un carácter santo ha ido perdiendo terreno, y hay varios indicadores que algunos autores han señalado para ayudarnos a entender qué ocurrió en el último siglo. David Wells, en su libro *Losing our Virtue* [Perdiendo nuestra virtud], afirma que ayer cultivábamos el carácter, pero lo que en realidad hoy se cultiva es la personalidad. «Alrededor de 1890, el foco cambió abruptamente de carácter a personalidad. Los adjetivos más frecuentemente usados para describir la personalidad comenzaron a ser *fascinante, maravilloso, atractivo, magnético, brillante, experto, creativo, dominante, enérgico.* Ninguna de esas palabras puede ser fácilmente usada para describir el carácter de alguien. [...] La atención estaba comenzando a cambiar del carácter que necesita ser cultivado a la personalidad que necesita ser configurada».[10] Este autor comenta que «hoy cultivamos la personalidad, una palabra que casi era desconocida antes del siglo xx».[11]

En el siglo xix, las cartas de referencia se entregaban abiertas a la persona que estaba siendo recomendada; y ella la leía en voz alta

---

[10] David F. Wells, *Losing Our Virtue: Why the Church Must Recover Its Moral Vision* (Grand Rapids, MI: Eerdmans, 1998), 97.
[11] Ibíd., 96.

frente a la persona que lo estaría evaluando.[12] Si la persona no merecía una carta de recomendación, pues simplemente no se le entregaba dicha carta. Hoy en día, esas cartas se entregan cerradas, en gran parte, porque muchas veces revelamos ahí cosas que no quisiéramos que el referenciado sepa que estamos revelando. Otras veces, el temor a ser demandados ante la justicia representa otro peligro. En nuestros días, las cartas de recomendación tienden a hablar más de la competencia de la persona en áreas particulares y de su personalidad que de su carácter. Estas cosas señaladas por Wells y otros autores son interesantes porque revelan de qué manera hemos ido cambiando con el paso del tiempo.

Hoy podemos hablar de alguien que es muy encantador, con una personalidad magnética y atractiva, un buen vendedor, extrovertido, de buena comunicación; pero eso nada dice acerca de su carácter. En el pasado, se prefería hablar más de si la persona era íntegra, honesta, confiable, transparente y leal. Esos adjetivos brillan por su ausencia en muchas de las cartas de recomendación de hoy porque le hemos dado más importancia a la personalidad y al conocimiento. Y si bien es cierto que el conocimiento muchas veces es necesario, no es menos cierto que el conocimiento en muchas ocasiones hizo gran daño porque no fue manejado de manera correcta. Pablo nos recuerda en el capítulo 8 de 1 Corintios que el conocimiento «envanece» (LBLA), «nos hace sentir importantes» (NTV), nos «hincha de orgullo» (DHH).

Lo increíble es ver cómo estos cambios no se dieron en los últimos 20 años, como pensamos, sino que hubo un cambio al final del siglo xix (alrededor del año 1890). Al final del siglo xix y comienzos del siglo xx, la teología pasó a un plano muy secundario y, con el desarrollo de la teología liberal, surgieron las grandes críticas contra la Palabra de Dios. Entonces se comenzó a hablar de que la Palabra estaba llena de mitos; todo lo que era sobrenatural comenzó a considerarse como irreal, y algunos enseñaban que era necesario «desmitologizar» la Biblia. Rudolf Bultmann, una de las principales voces del cristianismo liberal de principios del siglo xx, se propuso rescatar

---

[12] Ibíd.

lo que él consideraba el verdadero evangelio, o enseñanzas de Jesús, del lenguaje cultural con todas sus intervenciones sobrenaturales que lo hacen inaceptable para el hombre moderno. Esto implicaba eliminar todos los milagros y todo lo sobrenatural de la revelación de Dios, lo cual la convertiría en un libro más.[13]

En medio de todo ese cambio, la sociedad también estaba cambiando. Por ejemplo, la manera en que los individuos enfatizarían las cualidades y características de una persona cambió. Se comenzó a desplazar el énfasis de las virtudes a la imagen; lo que es importante ahora es cómo lucimos y no quiénes somos. Últimamente, hemos empeorado mucho en esa área. Ahora estamos obsesionados con todo lo que es la imagen. Por eso, a la hora de vender productos tan sencillos como una manzana en un supermercado, en algunos lugares, dichas manzanas son preparadas hasta hacerlas brillar ante nuestros ojos. Su calidad interior puede no ser la mejor, pero, si se logra venderlas, se cumple con la meta. Cuando ese es el fin (la imagen, lo práctico, lo que vende), entonces no damos importancia al carácter, ni a la integridad, ni a la sabiduría de la persona. De acuerdo con Deal Hudson, «la felicidad sicológica ha pasado a ser el principio incuestionable de la era presente».[14] De esta forma, si tenemos que violar las normas morales por obtener y disfrutar de la felicidad, eso está justificado ante los ojos del hombre de hoy.

Tal vez usted recuerde que hasta hace no mucho tiempo, la sociedad hablaba más de héroes, refiriéndose a personas que habían logrado grandes hazañas para el bien común o personas que se habían distinguido por sus logros. Hoy en día, lo que tenemos son celebridades, las cuales son creadas por el mercado que invierte mucho dinero mediante una mercadología gigantesca. En el pasado no era el mercadeo el que creaba los grandes nombres, sino los grandes logros a favor de una sociedad o del mundo. De la misma manera en que las celebridades han remplazado a los héroes, la imagen ha reemplazado el carácter. Esa es la realidad de nuestros días, y de ahí la obsesión del ser humano con todo lo que es lucir bien.

---

[13] Gregg Allison, *Historical Theology: An Introduction to Christian Doctrine* (Grand Rapids, MI: Zondervan, 2011), 384-88.
[14] Citado por Wells, *Losing Our Virtue,* 99.

Algunas culturas parecen más obsesionadas con lucir bien que otras. Ya no se trata solo de un deseo de lucir bien, sino que ha llegado a convertirse en una obsesión. Y esa obsesión va desde cómo luce nuestra casa hasta el tipo de auto que manejamos, el peinado que llevamos, o la marca de la ropa que traemos puesta. En algunos círculos, pueden pasar horas y las conversaciones giran todas en torno a cómo lucimos y cómo nos sentimos.

Usted puede observar esto en los preparativos de ciertas actividades, como bodas y cumpleaños. Hay una obsesión enfermiza con esto del lucir bien ante los demás, lo que lleva a muchos a preguntarse qué va a pensar el otro, antes que a preocuparse por cualquier otra cosa. La idea del carácter, como aparece en la literatura de sabiduría contenida en la Palabra de Dios, es un concepto extraño en nuestros días. Hoy tenemos un concepto puramente mundano de lo que es prioritario y no solo en el mundo secular, sino también en medio del pueblo de Dios.

A veces, cuando escuchamos las recomendaciones y los consejos que algunos hombres y mujeres creyentes les dan a los más jóvenes, nos preguntamos en qué escuela mundana les habrán enseñado tales cosas. Es lamentable, pero nos hemos conformado a este mundo y cambiamos lo que es bueno y aceptable delante de Dios por el placer, la felicidad y la risa del momento; pues estamos más interesados en lucir bien ante los demás que en cultivar un carácter aprobado y conforme a la Palabra de Dios.

REFLEXIÓN FINAL

El carácter importa e importa siempre:

1. No podemos llevar nuestra vida donde el carácter no ha llegado. Por eso hay los muchos fracasos.

2. No podemos lucir en nuestro trabajo el carácter que nuestra vida no tiene, de ahí por qué abunda la mediocridad en nuestros días.

3. No podemos impactar en la vida de los demás si nuestro carácter

no ha sido impactado por el carácter de Dios, de ahí las contradicciones entre lo que decimos y lo que vivimos, y entre lo que enseñamos a nuestros hijos y cómo ellos viven.

4. No podemos pasar un legado a la próxima generación si nosotros mismos no hemos forjado nuestro carácter. Las opiniones no pasan a la próxima generación: ellas mueren con nosotros. Solo las convicciones que moldean el carácter son capaces de hacer eso.

5. No podemos vivir de manera coherente sin la formación de nuestro carácter. Las altas y las bajas que vemos en muchos estilos de vida son el reflejo de una ausencia de carácter que las estabilice.

9.

INTEGRIDAD Y SABIDURÍA EN LA LITERATURA DE SABIDURÍA

Señor, ¿quién habitará en tu tabernáculo?
¿Quién morará en tu santo monte? El que
anda en integridad y obra justicia, que
habla verdad en su corazón.

~ Salmos 15:1-2

INTRODUCCIÓN

En el capítulo anterior, hablamos de cómo es presentado el carácter en la literatura de sabiduría del Antiguo Testamento, en contraste con el concepto que la sociedad actual tiene del carácter. En ese sentido, pudimos observar con claridad que, en la literatura sapiencial, una persona de carácter es aquella que camina en integridad y sabiduría.

Hasta aquí hemos desarrollado en profundidad el concepto de caminar en integridad, pero quizás no hemos abundado tanto en lo que implica la sabiduría para la vida del creyente. En ese sentido, quisiéramos ver en los mencionados libros de sabiduría qué importancia tiene la sabiduría para Dios y cómo esta luce cuando es puesta en práctica en el caminar de los hijos de Dios.

John Frame define la sabiduría como «una forma de conocimiento que penetra hasta el significado más profundo de las cosas y por tanto nos permite aplicar ese conocimiento a las situaciones prácticas. La Escritura frecuentemente la presenta como una habilidad, un conocer *cómo* más que un conocer *qué*.[1] La sabiduría comienza con pensar de manera correcta; luego nos permite hablar y actuar con prudencia. Un pensamiento errado producirá una conducta errada. De ahí que el apóstol Pablo nos estimule a pensar con propiedad: *Por lo demás, hermanos, todo lo que es verdadero, todo lo digno, todo lo justo, todo lo puro, todo lo amable, todo lo honorable, si hay alguna virtud o algo que merece elogio, en esto medita*d (Fil. 4:8). Pero todo comienza con pensar en lo que es verdad. La percepción de la realidad es determinante para toda la vida: todo comienza con ella. En el jardín del Edén, Dios dijo a Adán: «El día que comas de la fruta prohibida, morirás». Esa era la realidad. La serpiente hizo que Adán y Eva pensaran de manera equivocada. Y ¿cómo lo hizo? Cambiando la percepción de la realidad: *Ciertamente no moriréis. Pues Dios sabe que el día que de él comáis, serán abiertos vuestros ojos y seréis como Dios, conociendo el bien y el mal* (Gén. 3:4b-5). Ahora Adán y Eva no estaban pensando en todo lo verdadero, como dice Filipenses 4:8, sino en una nueva mentira y así perdieron la sabiduría de Dios por la necedad de Satanás.

A continuación, cito cuatro definiciones de sabiduría del Antiguo Testamento.[2]

1. Una habilidad manual.

Parecida a la capacidad que tiene un artesano de crear algo hermoso a partir de un objeto sin forma alguna (Ex. 35:10). Un ejemplo que podemos citar es la sabiduría con la que Dios dotó a los hombres que habrían de trabajar en el tabernáculo *para elaborar diseños, para trabajar en oro, en plata y en bronce, y en el labrado de piedras para engaste, y en el tallado de madera, y para trabajar en toda clase de obra ingeniosa* (Ex. 35:32b-33). Así, esta forma de ver la sabiduría

---

[1] John M. Frame, *The Doctrine of the Christian Life: A Theology of Lordship* (Phillipsburg, NJ: P&R Publishing, 2008), 351.

[2] Véase Richard Mayhue, *Practicing Proverbs: Wise Living for Foolish Times* (Escocia, Reino Unido: Christian Focus Publications, 2004), 42.

tenía que ver más que cualquier otra cosa, con una habilidad manual para crear algo especial, algo hermoso y de valor.

2. Una habilidad intelectual.

Una capacidad para observar y explicar cómo funciona el mundo natural. En 1 Reyes 4:29-34 vemos que Dios dio a Salomón sabiduría y gran discernimiento, más que a todos los hombres, hasta el punto de que venían de todos los pueblos para oír la sabiduría de Salomón, que se caracterizaba por la habilidad de conocer y discernir cómo funcionaba el mundo a su alrededor.

3. Aplicación del conocimiento con sentido común.

Hoy en día hay personas que, aun sin ser cristianas, son reconocidas y buscadas por otros precisamente por poseer cierta sabiduría natural que les permite conocer y entender las cosas de manera especial. Eso era parte de lo que la sabiduría implicaba en el Antiguo Testamento.

4. El temor del Señor.

Este es un concepto que comenzamos a explicar en el capítulo anterior, y decíamos que el libro de Proverbios señala que el principio de la sabiduría es el temor del Señor (Prov. 1:7; 9:10; 15:33). Esto quiere decir que el hombre comienza a ser verdaderamente sabio cuando teme al Señor, cuando al reverenciarlo lo busca y aprende de Él a través de Su Palabra.

El Salmo 111:10 dice: *El principio de la sabiduría es el temor del Señor; buen entendimiento tienen todos los que practican sus mandamientos; su alabanza permanece para siempre.* En este texto, la Palabra de Dios establece una relación directa entre la cantidad de sabiduría que una persona posee y el grado de temor del Señor que esta tiene. El salmista parece decir que, a menos que estemos practicando Sus mandamientos, la Palabra no nos ve como personas de buen entendimiento.

Esto tiene mucho sentido, pues, como veremos más adelante, si alguien no tiene temor del Señor, no tiene una relación con Dios; y si no tiene una relación con Dios, no tendrá una visión del mundo y de la vida conforme a la manera en que Dios ve el mundo; ni tampoco tendrá Su perspectiva de las personas que lo habitan, la forma en la que ellas se relacionan y Su creación en general. De la única manera en que podemos tener una idea de cómo funciona el mundo, y cómo debemos evaluar y reaccionar ante los acontecimientos de la vida, es conociendo lo que Dios ha revelado sobre todas estas cosas. Pero, sin temor de Dios, no podemos lograrlo.

Las implicaciones del temor de Dios

De manera resumida, el temor del Señor implica dos cosas: en primer lugar, necesitamos tener cierta reverencia, respeto y honor hacia quién es Dios, hacia Su persona y Sus mandamientos; y por otro lado, debemos temer a las consecuencias que se derivan de quebrantar las ordenanzas del Señor. El temor del Señor nos coloca entonces en una correcta relación con Dios, nos lleva a consultar Su sabiduría dada en la Palabra y nos permite ver la vida y reaccionar ante ella de la manera en que Dios espera que lo hagamos.

La frase «el temor de Dios» no es exclusiva del Antiguo Testamento, sino que también aparece de manera repetida en el Nuevo Testamento. El apóstol Pablo dijo a los corintios: *Por tanto, amados, teniendo estas promesas, limpiémonos de toda inmundicia de la carne y del espíritu, perfeccionando la santidad en el temor de Dios* (2 Cor. 7:1). Si analizamos este versículo, podemos ver la relación que la Palabra de Dios establece entre el temor del Señor y nuestra vida de santidad. Ahora bien, las Escrituras también nos muestran la relación que existe entre la ausencia del temor del Señor y una vida de pecado. Observe lo que dice el salmista:

La transgresión habla al impío dentro de su corazón; no hay temor de Dios delante de sus ojos. Porque en sus propios ojos *la transgresión* le engaña en cuanto a descubrir su iniquidad *y* aborrecer*la*. Las palabras de su boca son iniquidad y engaño; ha dejado de ser sabio *y* de hacer el bien. Planea la iniquidad en su cama; se obstina en un camino que no es bueno; no aborrece el mal (Sal. 36:1-4).

Notemos que el versículo tres de este salmo dice que este individuo «ha dejado de ser sabio y de hacer el bien». Esto es justo lo que
sucede cuando abandonamos el temor de Dios: dejamos de ser sabios
y nos volvemos necios. De la misma forma, una vez que perdemos el
temor de Dios, comenzamos a dejar de hacer el bien para transgredir
la ley de Dios, lo cual termina engañándonos en cuanto a nuestra
propia pecaminosidad, y nos hace tener una visión totalmente distorsionada del mundo y de la vida, y por lo tanto, carente de sabiduría.

Si no estamos en una relación correcta con Dios, no podremos
vivir de otra manera que no sea engañados. Y cuando vivimos engañados, no podemos ser sabios. Cuando alguien vive engañado, no
aborrece ni tampoco desecha la iniquidad; y no lo hace porque ni
siquiera se percata de que anda en pecado, pues carece de entendimiento. Esa es la esencia del necio: no entiende a Dios, no entiende
los mandamientos de Dios y no entiende cómo caminar con Dios; no
entiende ni siquiera cómo vivir porque carece de sabiduría, ya que no
hay en él temor de Dios. Por eso la Palabra dice: *El temor del Señor
es el principio de la sabiduría* (Prov. 1:7). El que no teme a Dios no
conoce Sus mandamientos y el que no conoce Sus mandamientos
andará perdido en su propio caminar. «No puede haber una verdadera
sabiduría sin una relación con Dios. La sabiduría no comienza con
una acumulación de datos, sino teniendo una relación con Dios».[3]

La sabiduría no es algo que podemos adquirir por medio del estudio; la sabiduría viene de Dios. Es don de Dios, como afirma Santiago: *Pero si alguno de vosotros se ve falto de sabiduría, que la pida
a Dios, el cual da a todos abundantemente y sin reproche, y le será
dada* (1:5). Y si no tenemos temor de Dios, ¿cuál es la probabilidad
de que Él quiera darnos este regalo? ¡Ninguna! Si usted posee cierto
grado de temor de Dios, quizás tenga algo de sabiduría porque Dios
lo ha bendecido e iluminado de manera limitada. Pero mientras más
temor de Dios usted tenga, mientras más reverencia y aprecio tenga
por la persona de Dios, por Su carácter, por Su Palabra, por Su causa,

---

[3] Tremper Longman III, s.v. «Fear of the Lord», en *Dictionary of the Old Testament:
Wisdom, Poetry, and Writings,* ed. por Tremper Longman III y Peter Enns (Downers
Grove, IL: IVP Academic, 2008), 201-205.

más complacido estará Dios con usted; y por lo tanto, Él querrá darle aún más iluminación. Proverbios 9:10 dice: *El principio de la sabiduría es el temor del Señor, y el conocimiento del Santo es inteligencia.* El conocimiento de Dios mejora nuestra inteligencia y aumenta nuestra sabiduría porque cuando Dios se complace en nosotros, Él nos da entendimiento. Además, Su Palabra nos deja ver cómo luce en realidad el mundo.

En ocasiones, estando en medio de una sesión de consejería, he notado que la situación que tengo delante luce muy compleja a mis ojos. En momentos como esos, he tomado la decisión de detener la reunión y orar por sabiduría y dirección. Es muy sencillo; la Palabra de Dios dice: *Pero si alguno de vosotros se ve falto de sabiduría, que la pida a Dios, el cual da a todos abundantemente y sin reproche, y le será dada* (Sant. 1:5). Dios es quien da la sabiduría. De esta manera, si estamos en medio de una situación muy compleja y no sabemos qué hacer, el Señor espera que nosotros le pidamos a Él que nos dé entendimiento. Hacerlo demuestra una vida de confianza y fe en Dios. Es lamentable ver cómo muchos han reducido a Dios al raciocinio humano y se han olvidado del Dios vivo, Aquel que es capaz de obrar en nuestras vidas más allá de nuestro entendimiento.

Conocer a Dios nos permite ver, evaluar y discernir el mundo y la vida desde un punto de vista espiritual, es decir, nos ayuda a ver las cosas por encima del sol. El rey Salomón recibió más sabiduría que cualquier otro hombre que haya vivido sobre la faz de la tierra. Pero si hubo algo que él no demostró durante el tiempo en que escribió Eclesiastés, fue precisamente sabiduría. Salomón terminó viendo la vida por debajo del sol, según ha quedado plasmado en el libro. En un momento dado él escribió: *Porque la suerte de los hijos de los hombres y la suerte de los animales es la misma: como muere el uno así muere el otro* (Ecl. 3:19a). Si hay algo que suena como el razonamiento de un necio, es eso; si hay algo que suena poco sabio, es eso.

¿Cuál es la diferencia entre este Salomón, que se expresa con tan poca sabiduría, y aquel otro Salomón, del cual la Palabra misma testifica que poseía una sabiduría extraordinaria? La única diferencia fue su relación con Dios, nada más. Cuando él pronunció estas palabras necias, tenía el mismo intelecto con el cual nació, la misma cantidad de materia gris que cuando todos los habitantes de la tierra acudían a él para oír su sabiduría; lo que él ya no poseía era una relación correcta con Dios. Dicho de otra manera, perdió los lentes de Dios para ver la vida. Él había perdido toda la sabiduría que Dios le había dado porque ya no había temor de Dios en él. Cuando Salomón vuelve en sí, él concluye el libro del Eclesiastés con estas palabras: *Teme a Dios, y guarda sus mandamientos; porque esto es el todo del hombre* (Ecl. 12:13b, RVR1960). Ese es el principio de la sabiduría; eso es lo que nos conecta con Dios. Si nos desconectamos, perdemos de inmediato todo entendimiento.

El apóstol Pablo, en 1 Corintios, nos ayuda a entender cuándo comienza en realidad el entendimiento: *Pero el hombre natural* [el que no conoce a Dios] *no acepta las cosas del Espíritu de Dios, porque para él son necedad; y no las puede entender* [no es simplemente que no las entiende, no puede], *porque se disciernen espiritualmente* (1 Cor. 2:14, énfasis agregado). Cuando un individuo viene a los caminos de Dios, es cuando su sabiduría verdaderamente comienza porque es entonces cuando, por primera vez, puede ver el mundo como Dios lo ve. Hasta ese momento, él poseía una sabiduría natural, que muchas veces le daba una perspectiva por debajo del sol, que no es la correcta y que no es la que Dios valora. De ahí entonces que, si el temor de Jehová es el principio de la sabiduría, es la regeneración, ese nacer de nuevo, lo que permite que la persona comience a tener sabiduría por primera vez.

Observe otra vez cómo Santiago lo dice de una forma muy natural: *Pero si alguno de vosotros se ve falto de sabiduría, que la pida a Dios, el cual da a todos abundantemente y sin reproche, y le será dada. Pero que pida con fe, sin dudar; porque el que duda es semejante a la ola del mar, impulsada por el viento y echada de una parte a otra* (Sant. 1:5-6). Me pregunto cuántos creyentes, al encontrarse frente a una situación difícil, ya sea familiar o laboral, estuvieron dispuestos a decirle a Dios: «No estoy seguro de qué debo hacer; Dios, ¡dame sabiduría!». Muy pocos lo hacen. Y lo único que nos lo impide es nuestro orgullo. Sin embargo, las instrucciones acerca de lo que nos toca hacer están claras en la Palabra. ¿Usted se ve falto de sabiduría? Pídasela a Dios.

Por el contrario, muchas veces hacemos lo que Proverbios 3:5 nos aconseja que no hagamos: nos apoyamos en nuestro propio entendimiento. Ignoramos este mandato de las Escrituras y, en ocasiones, tomamos decisiones importantes conforme a lo que con la razón humana pensamos que es lo correcto; pero la vida cristiana es una vida sobrenatural, nuestro nuevo nacimiento es sobrenatural, el Espíritu que mora en nosotros es sobrenatural, el Dios que tenemos es sobrenatural. ¿Cómo es entonces que reducimos todo a una vida natural? Cuando actuamos así, nos parecemos a los intelectuales de este mundo, pues permitimos que nuestro intelecto explique la mente de Dios. Decimos creer en un Dios sobrenatural, pero, si luego no podemos explicar las cosas de manera natural, no las creemos. ¿Dónde está entonces nuestra fe?

No se trata de tener una experiencia mística, como muchos pretenden hoy en día, sino de alcanzar un mejor entendimiento de los hechos que tenemos por delante, gracias a la iluminación que Dios nos da por medio de Su Espíritu, a través de Su Palabra y cuando le pedimos sabiduría. Y eso lo podemos hacer de forma sencilla y en cualquier circunstancia, aun en medio de una consejería. Pero, como pastores, a veces no nos atrevemos a hacerlo porque nos preocupa que el aconsejado pueda pensar que no tenemos suficiente experiencia si nos escucha admitir que no sabemos qué decirle frente a su situación. El corazón humilde no piensa de esa manera; más bien reconoce que hay muchas cosas que no conoce y que solo en Dios puede encontrar verdadera sabiduría para manejarse ante las situaciones complejas de la vida. Andrew Murray lo dijo de esta manera: «La verdad es esta: el orgullo tiene que morir en usted o nada del cielo puede vivir en usted».[4]

Muchas veces la falta de sabiduría del creyente se debe a su ambivalencia al caminar. Quiere la sabiduría de Dios, pero sin un caminar íntegro y sin estar en conformidad con los mandamientos de Dios,

---

[4] Andrew Murray, *Humility and Absolute Surrender* (Peabody, MA: Hendrickson Publishers, 2005), 58.

de ahí la necesidad de entender lo que significa andar en el temor de Dios. Si usted tiene temor de Dios, no va a caminar de forma ambivalente, sino en santidad. Pero cuando no tenemos ese tipo de relación con Dios, cuando no tenemos temor reverente por Su santidad, terminamos siendo personas de doble ánimo, inestables en todos nuestros caminos. Escuche el consejo completo de Santiago:

> Pero si alguno de vosotros se ve falto de sabiduría, que *la* pida a Dios, el cual da a todos abundantemente y sin reproche, y le será dada. Pero que pida con fe, sin dudar; porque el que duda es semejante a la ola del mar, impulsada por el viento y echada de una parte a otra. No piense, pues, ese hombre, que recibirá cosa alguna del Señor, *siendo* hombre de doble ánimo, inestable en todos sus caminos (Sant. 1:5-8).

Santiago está hablando de alguien caracterizado por una «inconsistencia en actitud y en espíritu más que de una duda ocasional».[5]

Entonces, cuando le pedimos a Dios sabiduría, no podemos obtenerla. Necesitamos temor de Dios para que Él, complacido con nuestro caminar en Cristo, quiera iluminar nuestro entendimiento.

Cuando el rey Salomón pidió sabiduría y entendimiento a Dios para juzgar al pueblo y *para discernir entre el bien y el mal* (1 Rey. 3:9), notemos la respuesta que el Señor dio a esta petición:

> Y fue del agrado a los ojos del Señor que Salomón pidiera esto. Y Dios le dijo: Porque has pedido esto y no has pedido para ti larga vida, ni has pedido para ti riquezas, ni has pedido la vida de tus enemigos, sino que has pedido para ti inteligencia para administrar justicia, he aquí, he hecho conforme a tus palabras. He aquí, te he dado un corazón sabio y entendido, de modo que no ha habido ninguno como tú antes de ti, ni se levantará ninguno como tú después de ti (1 Rey. 3:10-12).

---

[5] Douglas J. Moo, *The Letter of James,* The Pillar New Testament Commentary, ed. por D. A. Carson (Grand Rapids, MI: Eerdmans, 2000), 63.

La sabiduría es un don de Dios, y Él la da abundantemente y sin reproche a aquellos que se la piden, como bien escribió Santiago. Dios es el primer interesado en iluminar nuestro entendimiento para que podamos caminar de manera correcta, honrándolo y complaciéndolo en todo, y evitar así las consecuencias que se derivan de violar los mandamientos del Señor.

Cómo andar en sabiduría

La vida cristiana es relativamente sencilla, no simplista. La Palabra de Dios es sabia, Su voluntad es sabia, Sus caminos son sabios. Cuando estudiamos y aplicamos la Palabra de Dios, cuando tratamos de conocer Su voluntad y andar en Sus caminos, como resultado, vamos a andar con sabiduría. De esta manera, andar en sabiduría no es tan complejo, no es algo místico; más bien es algo sencillo.

Si queremos andar con sabiduría, lo primero que tenemos que hacer es **conocer Su Palabra.** El Salmo 19:7 dice: *La ley del Señor es perfecta, que restaura el alma; el testimonio del Señor es seguro, que hace sabio al sencillo.* Las Escrituras nos conectan con la fuente de toda sabiduría, Dios mismo, y nos ayudan a conocerlo y pensar como Él piensa, lo que nos convierte así en personas sabias. Esta es una garantía que la Palabra de Dios nos da.

Por otro lado, debemos procurar **hacer Su voluntad.** El apóstol Pablo, en su carta a los colosenses, expresa lo siguiente: *Por esta razón, también nosotros, desde el día que* lo *supimos, no hemos cesado de orar por vosotros y de rogar que seáis llenos del conocimiento de su voluntad en toda sabiduría y comprensión espiritual, para que andéis como es digno del Señor, agradándo*le *en todo, dando fruto en toda buena obra y creciendo en el conocimiento de Dios* (Col. 1:9-10). Pablo no pide provisión para los colosenses porque él sabe que esas cosas se dan por añadidura; más bien él pide aquello que solo Dios puede dar: el ser *llenos del conocimiento de su voluntad en toda sabiduría y comprensión espiritual* (v. 9b). Y la razón para recibir sabiduría de lo alto es para que podamos andar *como es digno del Señor, agradándo*le *en todo, dando fruto en toda buena* *obra y creciendo en el conocimiento de Dios* (v. 10). Una cosa lleva a la otra de manera natural: Su sabiduría nos lleva a caminar bien.

Necesitamos sabiduría para poder andar correctamente. Y solo en la medida en que estudiamos la Palabra de Dios y conocemos Su voluntad, podemos tener una relación correcta con Él, quien es la fuente de toda sabiduría. Es cuando estamos en una relación genuina con Dios que Él ilumina nuestro entendimiento, haciendo sabio al sencillo. Entonces, quizás sea un buen ejercicio para nosotros si a partir de ahora, cuando oremos, le pidamos a Dios este tipo de cosas: conocimiento de Su voluntad, sabiduría y comprensión espiritual, lo cual va a dar por resultado un buen andar, digno del Señor, que le va a agradar en todo y que va a dar buenos frutos.

En otras palabras, el cristiano ha sido llamado por Cristo a buscar el reino de Dios primero, confiando en que no necesitamos pedir nada más, pues todo lo demás vendrá por añadidura (Mat. 6:33). Esto fue lo que el rey Salomón hizo cuando Dios le dijo: *Pide lo que* quieras que *yo te dé* (1 Rey. 3:5b). Salomón solo le pidió al Señor un corazón con entendimiento para juzgar al pueblo y para discernir entre el bien y el mal (v. 9). Él puso el reino de Dios primero y, por lo tanto, Dios le concedió abundante sabiduría, pero no solo eso, sino que también le dijo: *También **te he dado lo que no has pedido,** tanto riquezas como gloria, de modo que no habrá entre los reyes ninguno como tú en todos tus días* (1 Rey. 3:13, énfasis agregado). Nuestro Dios es un Dios de abundancia porque Él no carece de nada. Sin embargo, en nuestra naturaleza caída nuestro Padre con frecuencia tiene que retener Sus bendiciones porque no estamos preparados para manejarlas, como lo vimos en el caso del mismo Salomón.

Salomón alaba la sabiduría: *Lo principal es la sabiduría; adquiere sabiduría, y con todo lo que obtengas adquiere inteligencia* (Prov. 4:7). *Lo principal es la sabiduría*, dice el autor bajo inspiración divina. Nada hacemos con conocer la Biblia entera, memorizarla y aun recitarla, si no tenemos sabiduría. Eso es mero conocimiento. Los fariseos tenían mucho conocimiento, pero les faltó sabiduría. ¿Cuál era la relación de los fariseos con Dios? Ninguna; aunque conocían la Palabra y la recitaban de memoria, eso no servía para transformar su vida. Por eso, no se trata de conocimiento: necesitamos aplicar ese conocimiento a la vida diaria de manera correcta. De eso se trata la sabiduría, y esta solo proviene de Dios.

Observemos la queja del autor del libro de Proverbios con relación a aquellos que no tienen sabiduría: *¿Hasta cuándo, oh simples, amaréis la simpleza, y los burladores se deleitarán en hacer burla, y los necios aborrecerán el conocimiento?* (Prov. 1:22). La idea es que hay un grupo de personas que no solo son simples o ignorantes, sino que además están contentas con la simpleza; no les molesta e incluso la aman. Ellos cosecharán sus consecuencias.

La sabiduría no se aprende ni se consigue con un título académico. La sabiduría proviene de lo alto. Por lo tanto, necesitamos ir a la fuente de sabiduría, el Dios del cielo y la tierra. Él es quien puede iluminar nuestro entendimiento a través de Su Palabra y Su Espíritu que mora en nosotros para enseñarnos cómo caminar con integridad y sabiduría delante de Él.

Por último, además de conocer Su Palabra y hacer Su voluntad, si queremos caminar con sabiduría, es importante **andar en Sus caminos.** Ahora bien, una cosa es conocer a Dios y Su Palabra, y otra muy distinta es conocer Sus caminos, es decir, conocer cómo Dios obra, hasta donde nuestra humanidad nos permita. El apóstol Pablo exclama en Romanos 11:33: *¡Oh, profundidad de las riquezas y de la sabiduría y del conocimiento de Dios! ¡Cuán insondables son sus juicios e inescrutables sus caminos!* Los caminos de Dios son inescrutables; por lo tanto, no se trata de predecir la forma en que Dios va a obrar. Dios es impredecible. Más bien se trata de conocer en intimidad a Dios y Su Palabra, de manera que podamos reconocer que Él es consecuente con Su manera de obrar, con Su carácter y con Su revelación; y por lo tanto, podamos, como Moisés, conocer Sus caminos (Sal. 103:7) y andar en ellos. La voz de Dios siempre es consecuente:

1. Con Su Palabra.
2. Con Su carácter.
3. Con Sus propósitos.
4. Con mi crecimiento espiritual.
5. Con las responsabilidades que Él impone.

Reflexión final

En la Palabra de Dios, la sabiduría y la integridad son consideradas virtudes supremas. En Job 28:18, Dios compara la sabiduría con las riquezas y dice: *Coral y cristal ni se mencionen; la adquisición de la sabiduría es mejor que las perlas.* De igual manera, Dios compara la sabiduría con las posesiones y dice: *Mejor es lo poco con el temor del Señor, que gran tesoro y turbación con él* (Prov. 15:16). Lo que el Señor nos está diciendo a través de estos pasajes es que es mejor ser pobre pero tener temor de Dios, quien es la fuente de la sabiduría, que tener cualquier otra cosa en la vida.

La sabiduría es mejor que las riquezas y las posesiones porque, cuando andamos sabiamente, Dios se complace en nosotros y nos bendice con Su provisión (Sal. 34:9), con Su bonanza (Sal. 31:19), con Su amor (Sal. 103:11), con Su instrucción (Sal. 25:12), con Su compasión (Sal. 103:13) y con Su confianza (Prov. 14:26). Todo esto es el resultado de andar en el temor del Señor, que la Palabra de Dios afirma es el principio de la sabiduría.

Pero ¿cómo puede el simple salir de la simpleza? Él necesita más reflexión, más tiempo de meditación en la Palabra de Dios. Deténgase por un momento a escuchar las conversaciones de muchos cristianos y trate de medir el nivel de profundidad de ellas. A menudo no tienen ni media pulgada de profundidad porque hablan de las mismas simplezas que hablan los inconversos: política, deportes, el último evento social, y otros temas por el estilo. Pasan dos, tres horas en conversaciones vanas y al día siguiente vuelven a reunirse y hablan de lo mismo. Salomón escribió el libro de Proverbios precisamente para poner fin a eso: *Los proverbios de Salomón, hijo de David, rey de Israel: para aprender sabiduría e instrucción, para discernir dichos profundos, para recibir instrucción en sabia conducta, justicia, juicio y equidad; para dar a los simples prudencia, y a los jóvenes conocimiento y discreción* (Prov. 1:1-4). Como bien dijo Richard Foster en uno de sus libros, «La superficialidad es la maldición de esta generación. La doctrina de la satisfacción instantánea es un problema espiritual instantáneo».[6]

¿Cuántos de nosotros hemos leído el libro de Proverbios con ese propósito? Este libro fue escrito por el hombre más sabio del mundo (para ser exactos, la mayor parte del libro) bajo inspiración divina. Por eso, deberíamos prestar mucha atención a lo que Dios tiene que decirnos a través de él. No es un libro de promesas; es un libro de sabiduría aplicable a múltiples áreas de la vida, desde cómo criar a los hijos hasta cómo no endeudarnos. Toda esa sabiduría está a nuestro alcance, y Salomón dice que escribió el libro para corregir a los simples, para ayudarlos a entender; para enseñar a los jóvenes a que tengan prudencia y discreción; para enseñarles a discernir dichos profundos.

---

[6] Richard Foster, *Celebration of Discipline: The Path to Spiritual Growth* (Nueva York: HarperCollins, 1998), 1.

10.

INTEGRIDAD Y SABIDURÍA EN EL MANEJO DE LAS FINANZAS

Mas acuérdate del Señor tu Dios, porque
Él es el que te da poder para hacer
riquezas, a fin de confirmar su pacto, el
cual juró a tus padres como en este día.

~ Deuteronomio 8:18

INTRODUCCIÓN

Uno de los problemas que a menudo traen los creyentes a la sala de consejería es su mala administración financiera, que lleva a muchos hijos de Dios a vivir esclavizados con deudas y pagos atrasados. Aunque en la superficie estos problemas parecen ser de índole económico, en realidad con cierta frecuencia representan un problema de integridad y de carácter. De hecho, como ya hemos mencionado, la crisis financiera que ocurrió a principios de este siglo y que llevó a muchas compañías norteamericanas a la quiebra, entre las cuales Enron fue la más cuantiosa, se debió precisamente a una violación de la integridad. Esta compañía llegó a reportar ganancias que no tuvo y a ocultar pérdidas cuantiosas hasta que explotó el escándalo. La quiebra fue económica, pero es evidente que antes hubo una «quiebra» del carácter de los que manejaron las finanzas de la empresa. Eso que podemos ver con claridad en la quiebra de una compañía ocurre a menor escala en las economías personales de muchos individuos.

Una vez más volvermos a decir que el talón de Aquiles, tanto de creyentes como de no creyentes, está en el manejo de sus finanzas. Y la raíz del problema está en la mentalidad materialista que la sociedad nos ha vendido y que muchos han comprado con tanta facilidad. Podríamos definir el materialismo como un sistema de valores que da prioridad a las cosas materiales por encima de los valores espirituales. Una buena ilustración de esto sería el creyente que es disciplinado en su gimnasio, al que le dedica una hora diaria, pero no tiene cinco minutos para escudriñar la Palabra de Dios. Otro ejemplo similar es el de aquella mujer cristiana que va al salón de belleza todas las semanas, pero que nunca invierte tiempo ni dinero en la compra de literatura cristiana para nutrir su alma.

Por otro lado, el materialismo puede definirse como una preocupación excesiva por las necedades y deseos materiales en vez de las cosas espirituales. Los diccionarios seculares concuerdan con esta definición. De esta manera, aun en el mundo secular algunos ven el materialismo como una preocupación por necedades (no necesidades).

Síntomas del materialismo

El materialismo puede evidenciarse en la vida de una persona a través de múltiples síntomas. A continuación veremos algunos de ellos:

1. Falta de contentamiento

La mente materialista encuentra poco gozo en lo que tiene. Esto la lleva a querer poseer siempre más cosas o algo mejor. Desafortunadamente, ese descontento en ocasiones puede terminar provocando que el individuo comprometa su integridad, con miras a adquirir aquello que hoy no tiene.

El cristiano necesita aprender el secreto que Pablo dice haber aprendido: *No que hable porque tenga escasez, pues he aprendido a contentarme cualquiera que sea mi situación. Sé vivir en pobreza, y sé vivir en prosperidad; en todo y por todo he aprendido el secreto tanto de estar saciado como* de *tener hambre, de tener abundancia como de sufrir necesidad* (Fil. 4:11-12).

Pablo pudo decir esto porque había reducido sus expectativas a lo esencial, por amor al evangelio. Estas palabras de Pablo a Timoteo acerca del contentamiento son impresionantes: *Y si tenemos qué comer y con qué cubrirnos, con eso estaremos contentos* (1 Tim. 6:8). De la misma manera, en Mateo 6:25-34, Cristo nos instruye a no preocuparnos por el día de mañana o por lo que comeremos o cómo vestiremos porque los gentiles o incrédulos son los que se preocupan por esas cosas. Nosotros, sin embargo, deberíamos buscar el reino de Dios primero y todas esas cosas se nos darán por añadidura.

Observe cómo lo dijo Salomón en el libro que escribió para darles entendimiento a los simples: *Dos cosas te he pedido, no me* las *niegues antes que muera: Aleja de mí la mentira y las palabras engañosas, no me des pobreza ni riqueza; dame a comer mi porción de pan, no sea que me sacie y te niegue, y diga: ¿Quién es el Señor?, o que sea menesteroso y robe, y profane el nombre de mi Dios* (Prov. 30:7-9). La abundancia nos puede llevar a vivir como ateos prácticos y la pobreza puede llevarnos a hacer cosas indebidas para adquirir lo que no tenemos.

2. Falta de gratificación retardada

Estudios recientes han demostrado que estamos experimentando un aumento de las tendencias narcisistas en nuestros días. «La media de la prueba sicológica para el narcisismo ha aumentado un 30% en las últimas dos décadas. El 93% de los jóvenes obtuvo una puntuación más alta que la media de hace 23 años. El mayor aumento se produjo en el número de personas que estuvo de acuerdo con la afirmación: "yo soy una persona extraordinaria" y "me gusta mirar mi cuerpo"».[1]

Mientras más egocéntricos nos volvemos, menos habilidad o disposición tenemos para esperar. La gente parece decir: «Yo lo quiero ahora y no tengo tiempo para esperar», y eso nos lleva a cometer fraudes y actos de corrupción, a no pagar deudas para adquirir otras tantas, a no pagar impuestos y a una serie de acciones

---

[1] David Brooks, *The Road to Character* (Nueva York: Random House, 2015), 7.

no íntegras porque no estamos dispuestos a esperar. Tristemente, los padres contribuyen a esta deformación del carácter en los hijos si, cada vez que el hijo quiere algo, se lo conceden. Cuando actuamos así, no estamos enseñando a nuestros hijos a esperar. El concepto de gratificación retardada es algo casi desconocido para esta generación.

3. Insatisfacción

La persona materialista pierde interés fácilmente por aquello que adquiere o por aquello que comienza a hacer. Compra un auto y al poco tiempo ya no le atrae tanto; compra una computadora y a los seis meses también le pierde el interés, a menudo porque otros modelos han empezado a cautivar su mente. Esta forma de vivir nunca producirá la satisfacción que el hombre de hoy busca. Nuestra generación es la que cuenta con el mayor número de cosas en la historia de la humanidad, pero tal vez sea la menos satisfecha.

4. Ingratitud

Sin duda, la mente materialista tiene una disposición hacia la queja. Si tuviéramos una mente espiritual, no estaríamos quejándonos todo el tiempo. No es sabio vivir de esa manera porque tarde o temprano terminaremos cosechando las consecuencias de nuestro espíritu de queja. Es necesario que aprendamos del apóstol Pablo, quien aun en medio de sus prisiones, nunca mostró una actitud de queja, sino de aceptación, gratitud y confianza en la soberanía de Dios.

Hoy más que nunca vemos personas a las que les cuesta experimentar gratitud por el trabajo que tienen, por lo que se la pasan criticando y quejándose de su condición laboral. Pero no podemos olvidar que la queja, en última instancia, es contra Dios, como nos enseñó Moisés: *Y Moisés dijo:* Esto sucederá *cuando el Señor os dé carne para comer por la tarde, y pan hasta saciaros por la mañana; porque el Señor ha oído vuestras murmuraciones contra Él. Pues ¿qué somos nosotros?* **Vuestras murmuraciones no son contra nosotros, sino contra el Señor** (Ex. 16:8, énfasis agregado). Si Dios orquesta todos los eventos de nuestras vidas y todas las cosas las hace cooperar para bien, entonces al quejarnos estamos expresando nuestra molestia contra Dios, el director del «drama de nuestras vidas».

5. Uso de las personas y amor por las cosas

Usar a las personas mientras amamos las cosas es típico de la mente materialista. Y la mejor evidencia está en la crianza de los hijos. Como padres, a diario abandonamos a nuestros hijos para que los críe otra persona o, peor aún, para que los eduque la televisión, mientras damos nuestros mejores esfuerzos, nuestras mejores horas al trabajo y a la acumulación de bienes. En el proceso, nuestros hijos se pierden. Amamos tanto las posesiones que mostramos un deseo continuo de cambiar aquello que tenemos por nuevas o mejores cosas porque siempre aspiramos a tener el último modelo, o lo mejor del mercado.

Cuando compramos algo, ¿tiene que ser de una marca reconocida? Cuando estamos tristes, ¿salimos de compras? Esta es la manera como muchas personas afrontan la tristeza, el desánimo o la depresión. ¿Siente usted la necesidad de tener lo último, lo máximo, el mejor modelo del mercado? Algunas personas viven revisando catálogos por lo menos para estar al tanto de lo último de la moda. El problema es que nuestro corazón se va de continuo tras esas cosas. El resultado es una conducta consumista y un espíritu de insatisfacción que con frecuencia nos acarrean mayores gastos, y mayores compromisos financieros. Todo eso es señal de una mente materialista.

Otra forma en que usted puede monitorear sus tendencias materialistas es preguntándose cuál es su actitud cuando otros poseen algo mejor de lo que usted tiene. ¿Se siente mal? ¿Se siente inferior? Por otro lado, piense en cuál es su actitud frente a las cosas materiales: ¿se le hace difícil dar? Todas estas actitudes revelan que nuestras posesiones nos están poseyendo, en vez de ser a la inversa. Richard Foster, en su libro *Dinero, sexo y poder*, dice que nosotros deberíamos encontrar formas de profanar el dinero, el cual ha adquirido un carácter sagrado en nuestro mundo.[2] Entonces, él nos habla de que

---

[2] Richard J. Foster, *Dinero, Sexo y Poder* (Nashville, TN: Editorial Betania, 1989), 52.

«la mejor forma de profanar el dinero es regalándolo sabiamente».[3] Hay que ser sabios, aun al dar.

MI CARÁCTER Y EL DINERO

James Moffatt dijo en una ocasión: «cómo el hombre trata el dinero es la prueba más decisiva de su carácter: cómo él lo gana y cómo él lo gasta».[4] Si usted quiere una prueba clara de su carácter, revise sus estados de cuenta o su chequera. Haga una evaluación de sus motivaciones para ganar dinero y para gastarlo. Vivimos en una sociedad consumista que no sabe lo que es la frugalidad; no sabe lo que es vivir restringido dentro de un presupuesto; no sabe lo que es vivir por debajo de sus posibilidades. Es una sociedad que no conoce lo que es la modestia no solo al vestir, sino en la vida en general.

Prestemos atención a estas palabras de Mark Rutland, el autor del libro *Character Matters* [El carácter importa], con relación a la frugalidad: «Cuando una sociedad deja fuera de su vida la frugalidad, el carácter nacional comienza a torcerse como una hoja de metal en un horno de fuego... Una sociedad sin frugalidad pierde la capacidad de evaluar lo que realmente es preciado».[5]

Algunos han concluido erróneamente que «el dinero es la raíz de todos los males». De ser así, solo los ricos tendrían problemas de dinero. Sin embargo, la Palabra de Dios establece algo parecido, pero muy diferente: *Porque la raíz de todos los males es el amor al dinero, por el cual, codiciándolo algunos, se extraviaron de la fe y se torturaron con muchos dolores* (1 Tim. 6:10). No es el dinero en sí, sino el amor por él. Es posible no tener dinero y amarlo. En ese caso, nuestro corazón estará tan enfermo como el de aquel que, teniéndolo, quiere más.

La manera como Dios ve el dinero es muy diferente de la forma como la sociedad lo valora y el propósito que le atribuye: la sociedad

---

[3] Ibíd.
[4] Citado por David Sonye en *Stewardship: Transforming Africa Through Excellence in Stewardship* (Nairobi, Kenia: lulu.com, 2010), 109.
[5] Mark Rutland, *Character Matters: Nine Essential Traits You Need to Succeed* (Lake Mary, FL: Charisma House, 2003), 79.

nos dice que el dinero es para comprar lo que deseamos; Dios nos enseña que el dinero es un instrumento para cubrir necesidades, las nuestras y las de otros. La sociedad nos dice que el dinero nos da valor; Dios nos enseña que el dinero es una prueba de nuestro carácter. La sociedad nos dice que el dinero es una medida del éxito; Dios nos enseña que el dinero es un instrumento para financiar Su causa. La sociedad nos dice que el dinero es para obtener bienes; Dios nos enseña que el dinero es para glorificarlo a Él. La sociedad nos dice que el dinero es para financiar nuestros placeres, nuestros viajes, nuestros gustos; Dios nos enseña que el dinero es para disfrutarlo mientras lo usemos en la expansión de Su Reino. He ahí el contraste entre una mente materialista y una mente espiritual.

Nosotros decimos que el dinero es de Dios y luego compramos, gastamos e invertimos, y nunca le preguntamos primero a Dios en oración sobre esas transacciones. Tanto el cristiano como el no creyente usan el siguiente criterio al momento de comprar algo: «si tengo dinero, lo compro», lo que implica que esa persona no cree de verdad que Dios es el dueño de sus finanzas. Al pensar de esta manera, mostramos quién es nuestro verdadero dios. Si el dinero es lo que va a determinar lo que compramos, entonces ese dinero termina siendo nuestro dios funcional. Aun si tenemos el dinero, debemos ir a Dios en oración para buscar Su dirección para el manejo de nuestras finanzas.

El dinero no es el problema

«En sí mismo, el dinero no es el problema. Necesitamos el dinero para comprar y satisfacer nuestras necesidades individuales. Los problemas surgen debido a nuestras necesidades individuales y nuestras actitudes culturales hacia el dinero y debido a nuestra ineficiencia para manejar nuestras finanzas sabiamente».[6] Tenemos muchas ideas culturalmente distorsionadas acerca de lo que es el dinero, la importancia que debemos o no otorgarle, así como la forma en que debemos ganarlo o gastarlo. Esto trae como resultado una ineficien-

---

[6] Gary R. Collins, *Christian Counseling: A Comprehensive Guide* (Nashville, TN: Thomas Nelson, 2007), 701.

cia para manejar las finanzas con sabiduría. No podemos manejar el dinero como lo haría un inversionista incrédulo, sino conforme a los principios de la Palabra de Dios.

DIOS Y NUESTRAS FINANZAS

Dios nos ha prestado Sus recursos. No poseemos nada, nada en absoluto. Lo único que tenemos es un préstamo de parte de Dios porque de Él son todos los recursos, y el Salmo 24 está ahí para apoyar esta declaración: *Del Señor es la tierra y todo lo que hay en ella; el mundo y los que en él habitan* (Sal. 24:1).

Algunos reciben de parte de Dios «préstamos» mayores que otros. *Porque* el reino de los cielos *es como un hombre que al emprender un viaje, llamó a sus siervos y les encomendó sus bienes. Y a uno le dio cinco talentos, a otro dos, y a otro uno, a cada uno conforme a su capacidad; y se fue de viaje* (Mat. 25:14-15). No debemos codiciar aquello que Dios ha entregado a otros, aun cuando no nos haya tratado a nosotros de la misma manera. De acuerdo a esta parábola, Dios entrega diferentes talentos a cada quien conforme a sus capacidades. Si comenzamos a ver las cosas de esa manera, vamos a cuidar de forma diferente lo que Dios nos ha prestado. Dios espera que ejerzamos una buena mayordomía con los recursos que Él nos ha encomendado. Entendemos que esta parábola apunta a cosas más trascendentales que el mero dinero, pero nos sirve de ilustración de cómo Dios espera fidelidad en las cosas que nos entrega.

Dios sanciona la holgazanería. La parábola de los talentos nos deja ver cómo Dios considera al que tomó un talento y no hizo nada con él, llamándolo holgazán y disciplinándolo: *Pero su señor respondió, y le dijo: "Siervo malo y perezoso, sabías que siego donde no sembré, y que recojo donde no esparcí. [...] Por tanto, quitadle el talento y dádselo al que tiene los diez talentos."* (Mat. 25:26,28). De esta manera, la holgazanería, es decir, ser negligente con aquello que Dios nos ha entregado, es algo que Dios condena. Al final del día, el holgazán desprecia o minimiza el valor de aquello que su Dios le entregó.

Como Sus administradores, tendremos que rendir cuentas. Del mismo modo, en esta parábola se nos enseña que al regreso de Cristo tendremos que rendir cuentas, así como el hombre de la parábola le hizo rendir cuentas al siervo que recibió cinco talentos, al que recibió dos y al que recibió uno. Al igual que estos siervos, nosotros hemos recibido un préstamo de parte de nuestro Amo, y los recursos que nuestro Señor nos ha dado no son nuestros. Por lo tanto, cuando Dios le haga rendir cuentas, Él va a querer saber qué hizo usted con los recursos que le asignó, cómo los invirtió. Y en ese caso, Él no le va a preguntar si usted encontró el banco que mayor interés le pagaba o si encontró la firma de inversiones que mejor lo manejaba. Aunque usted pueda invertir el dinero, y en ocasiones deba hacerlo, esa no es la manera como Dios va a ver las cosas. Dios va a medir todo lo que nos ha confiado, desde finanzas hasta dones y oportunidades, en relación con Su causa, Su reino, Su gloria, Su nombre, y con relación a las necesidades a nuestro alrededor. ¿Qué hicimos con Su dinero? ¿Lo usamos de manera egoísta o lo usamos de una forma generosa para bendecir el reino de Dios, Sus ovejas, Su causa y Su nombre? Y, dentro de eso, hay un manejo que en ocasiones podría incluir el ahorro y las inversiones.

NECESIDADES, DESEOS Y NECEDADES

Es necesario diferenciar entre lo que son necesidades, deseos y simples caprichos. **Necesidades** son cosas sin las cuales no podemos vivir: comida, ropa, alimento. Dios conoce cuáles son nuestras necesidades, y por ellas no deberíamos preocuparnos (Mat. 6:31-34).

Por otro lado, los **deseos** a menudo tienen que ver con preferencias, gustos y cosas similares, por ejemplo, un auto nuevo versus un auto usado. No estamos en contra de comprar autos nuevos, pero entendemos que tener un auto nuevo no es una necesidad porque también podemos movilizarnos en un auto usado. Ahora bien, alguien podría hacer un análisis de costo-beneficio y concluir que, en su situación particular, el auto nuevo le resultará en una mejor y más apropiada inversión de sus recursos. Así como en otros casos, el auto usado será la opción más sabia.

Pero los **caprichos** no son más que cosas que son comprables con dinero «sobrante». Después de que alguien cubrió sus necesidades, e incluso algunos deseos, quizás todavía le sobre algo de dinero, o tal vez mucho, y entonces esa persona decida darse el lujo de comprarse ciertos caprichos o antojos. Es aquí cuando debemos pensar muy bien las cosas porque a veces obtenemos nuestros caprichos a expensas del hambre de mucha gente, cuyas necesidades podríamos cubrir con ese dinero que decidimos invertir en cosas que en realidad no necesitamos. Por lo tanto, debemos preocuparnos por usar el dinero de manera apropiada.

De nuevo, el dinero no es el problema, el ahorro no es el problema, la inversión no es el problema, sino las razones por las cuales gastamos, ahorramos o invertimos ese dinero, que muchas veces son incorrectas.

Los valores de la Reforma protestante contribuyeron a desarrollar una ética de trabajo muy productiva, junto con valores que incentivaban a llevar una vida frugal, para así impulsar la cultura. La idea es que nuestros hábitos de producción y consumo estén conectados con el reino de los cielos, y no en primer lugar con nuestros beneficios económicos, de manera que podamos implementar una buena mayordomía. Eso será lo que marque la diferencia.

CAUSAS PRINCIPALES DE PROBLEMAS FINANCIEROS

El consumismo

Hoy en día estamos inmersos en una cultura de consumismo a nivel mundial. De hecho, la columna vertebral de algunas economías, como la norteamericana, es el consumismo.[7] Hace unos años se realizó un estudio y se determinó que en Estados Unidos había una inversión de quince billones de dólares en el diseño de una campaña publicitaria dirigida en especial a niños y adolescentes con el fin de motivarlos a consumir. ¿Por qué invertir tanto dinero en anuncios dirigidos a ese público en particular? Simple: porque esos niños y adolescentes, luego de ser expuestos a campañas publicitarias que despiertan en ellos

---

[7] Patrick M. Morley, *The Man in the Mirror: Solving the 24 Problems Men Face* (Grand Rapids, MI: Zondervan, 1997), 13.

el deseo de tener eso que se promueve, van a volver «locos» a sus padres hasta que les compren lo que ellos demandan. Esto va a funcionar, sobre todo en el caso de aquellos padres que, por estar ausentes del hogar, se sienten culpables del poco tiempo que pasan con sus hijos y entonces, movidos por la culpa, compran todos los juguetes posibles, de manera tal que los hijos se sientan halagados. Entonces, cuando las compañías publicitarias logran hacer eso, tienen un cliente de por vida: un niño que se vuelve adulto consumiendo.

Todo lo anterior nos hace recordar una historia que escuchamos hace ya un buen tiempo: un padre y una madre van con su hijo a ver a su pastor. Se sientan frente a él y le cuentan: «Pastor, no entendemos cómo este muchacho se ha rebelado. Se le ha dado todo, se le ha dado la mejor educación, le hemos dado viajes desde temprana edad, le hemos dado educación, le hemos enseñado idiomas, y muchas otras cosas más». Cuando el padre termina de hablar, el hijo le dice: «Sí, tú me has dado todo eso, pero lo único que tú no me has dado es a ti mismo». Entonces se paró y se fue de la habitación. Estas son señales del materialismo y el consumismo actuales.

La falta de dominio propio o disciplina del autogobierno

Las generaciones anteriores, menos hedonistas, menos consumistas y con mayor sentido de sacrificio, parecen haber tenido mejor control de sus emociones. Uno de nuestros problemas son las decisiones impulsivas. Vamos a una tienda y decimos: «¡Me gustó!», y lo compramos. Compramos no porque necesitamos, sino solo porque nos gustó algo. Eso es materialismo y consumismo. Es también una conducta pecaminosa. El dominio propio es un fruto del Espíritu que suele estar poco desarrollado precisamente porque no ejercitamos la paciencia y la espera.

Otras veces somos impulsivos al cambiar de trabajo porque nos ofrecieron un mejor salario. Muchas personas cambian de trabajo solo por razones monetarias, sin considerar cómo ese nuevo trabajo podría afectar su tiempo con Dios, con su familia y aun su asistencia a la iglesia. Nosotros siempre tenemos que analizar las decisiones sacando el dinero de la ecuación y, luego de hacer un análisis objetivo de los «pros» y los «contras», considerar si es o no una buena decisión. Cuando comenzamos con el dinero como premisa, a menudo terminaremos tomando decisiones impulsivas y no bien pensadas. Las decisiones basadas de manera exclusiva en el dinero suelen ser malas decisiones.

Formas erradas de ahorrar dinero

En ocasiones hemos oído a personas decir que aprovecharán la oferta que una línea aérea ha lanzado para irse de viaje. Pero, al hablar con más detalles sobre el asunto, descubrimos que esa persona no tenía un viaje planificado, sino que, al enterarse de dicha oferta, decidió hacer el viaje porque piensa que de esa manera puede economizarse un dinero. A una edad muy temprana, aprendí que no podemos hacer dinero gastando dinero, a menos que represente una inversión con beneficios. Ahora bien, si esta persona tenía planeado hacer ese viaje de todas maneras y resulta que el boleto aéreo ha bajado de precio, entonces sí puede representar un ahorro significativo para ese individuo. Pero, si esa persona saca el dinero de la ecuación y se pregunta: ¿necesito hacer este viaje? Descubrirá que en realidad no tenía tal necesidad. Entonces, una vez que hemos respondido la pregunta, podemos incorporar el dinero en la ecuación y nos daremos cuenta de cómo podemos tomar una decisión más objetiva, independiente del factor dinero.

Algo similar ocurre cuando salimos a comprar una camisa pensando gastar no más de unos 40 dólares o su equivalente. Al llegar a la tienda, nos encontramos con un especial de dos camisas por 60 dólares. Hacemos la compra y decimos que economizamos 20 dólares. ¡Falso! Porque salimos de la casa con la idea de comprar una camisa por 40 dólares y tan solo necesitábamos una camisa, pero terminamos comprando dos camisas y gastando 20 dólares más de lo que habíamos planificado. Solo economiza 20 dólares aquella persona que necesitaba dos camisas en primer lugar. Los mercadólogos conocen muy bien cómo despertar nuestros hábitos de consumo.

La cultura de crédito

Este es un grave problema en nuestra sociedad. El ciudadano promedio hoy en día tiene varias tarjetas de crédito, sobre todo en países como

Estados Unidos donde el crédito es tan fácil de adquirir. En el mes de junio del año 2015, la deuda de crédito en la nación norteamericana de acuerdo a la Reserva Federal estaba así: 703 billones de dólares en tarjetas de crédito, 8,1 trillones de dólares en deudas de propiedades inmobiliarias y 1,2 trillones de dólares en préstamos estudiantiles.[8]

Cuando alguien nos llama para ofrecernos otra tarjeta de crédito, hace que nos creamos mejores y superiores por nuestro «buen crédito», o nuestro «buen nombre». No seamos tan ingenuos. La realidad es que usted es uno de los muchos a quienes llamarán ese día para venderles la misma idea. La cultura de crédito apela a esos sentimientos narcisistas en nosotros. Pero la Palabra de Dios nos habla en contra de las deudas porque nos hacen esclavos y dependientes de algo que no es Dios, como nos revela el libro de Proverbios: *El rico domina a los pobres, y el deudor es esclavo del acreedor* (Prov. 22:7).

El orgullo

A menudo, las deudas nos llevan a obtener cosas por nuestros propios medios, que Dios no nos está proveyendo y que es muy posible que tampoco quiera para nosotros en ese momento. Diferentes factores contribuyen a alimentar nuestro deseo de adquirir cosas sin importar que eso implique endeudarnos. Uno de esos factores es el orgullo.

El orgullo es capaz de hacernos creer que merecemos aquello que deseamos comprar, pero para lo cual no tenemos dinero suficiente, lo que entonces nos lleva a endeudarnos. Un ejemplo es aquella persona que, luego de ser promovida en su trabajo, entiende que no debe seguir manejando el auto que hasta ese momento poseía debido a que alguien con ese estatus en la empresa «no se ve bien en un auto de esa categoría». Quizás los demás no vean las motivaciones de nuestro corazón, pero Dios, que todo lo escudriña, sí conoce nuestra condición interior.

El deseo de aparentar lo que no somos es otra forma como el orgullo se manifiesta. Algunas personas adquieren cosas por el mero

---

[8] En Estados Unidos un billón es equivalente a mil millones y un trillón es equivalente a mil billones.

hecho de vivir con mayor comodidad, pero otros lo hacen movidos por el deseo de aparentar frente a los demás. Muchas veces nos sentimos inferiores y, al sentirnos así, incurrimos en gastos innecesarios con la idea de dar la apariencia de que estamos a la misma altura del otro. Esa falsa apariencia es una falta de integridad en sí misma, pero además, si luego resulta que no podemos pagar los compromisos adquiridos, terminamos violando nuestra integridad una vez más.

SÍNTOMAS DE LA ESCLAVITUD FINANCIERA

Es muy lamentable ver cómo muchos hijos de Dios terminan volviéndose esclavos del dinero, incluso sin tenerlo, por no saber confiar en Dios y esperar en Él.

Confiar en lo que poseo es uno de los síntomas de la esclavitud financiera. El autor de Proverbios nos advierte: *El que confía en sus riquezas, caerá, pero los justos prosperarán como la hoja* verde (Prov. 11:28). El justo, aquel individuo que es íntegro y sabio en su andar, no pone su confianza en el dios dinero porque sabe que este terminará esclavizándolo y hundiéndolo en la ruina y en la perdición (1 Tim. 6:9). La confianza en el dinero nos lleva no solo a sentirnos independiente de Dios, sino también a vivir como ateos prácticos.

La avaricia o el deseo de acumular. Este es otro de los síntomas de la esclavitud financiera. Nunca nos hemos encontrado con alguien que venga a consejería porque entiende que tiene un corazón avaro. La avaricia es una condición del corazón de la cual raramente la persona se percata, si es que alguna vez lo hace. Jesús comparó su señorío con el señorío que ejerce el dinero sobre nosotros y nos advirtió: *No os acumuléis tesoros en la tierra, donde la polilla y la herrumbre destruyen, y donde ladrones penetran y roban; sino acumulaos tesoros en el cielo, donde ni la polilla ni la herrumbre destruyen, y donde ladrones no penetran ni roban; porque donde esté tu tesoro, allí estará también tu corazón* (Mat. 6:19-21, énfasis agregado). Y luego agregó: *Nadie puede servir a dos señores; porque o aborrecerá a uno y amará al otro, o se apegará a uno y despreciará al otro. No podéis servir a Dios y a las riquezas* (Mat. 6:24).

Cómo ganamos el dinero y dónde lo invertimos nos permite ver con claridad si tenemos o no las prioridades en orden. Muchos cristianos no tienen más recursos porque Dios sabe que no tienen el corazón para manejarlos. Ni aun Salomón, el hombre a quien Dios concedió sabiduría y conocimiento más que a cualquier otro sobre la faz de la tierra, pudo manejar las riquezas sin corromperse. Dios mismo había puesto mucho en sus manos (2 Crón. 1:11-12), pero lo que acumuló le hizo olvidar lo principal: el reino de Dios y Su justicia (Mat. 6:33).

La envidia es un sentimiento que nos hace desear lo que otros tienen e incluso nos hace pensar que los demás no merecen tener lo que nosotros no poseemos. Esta es otra forma más en la que se evidencia la esclavitud financiera en que nos encontramos. La envidia nos lleva a adquirir cosas que no necesitamos y, en múltiples ocasiones, nos hace endeudarnos con tal de poseer lo que otros no tienen; y así comprometemos nuestra integridad financiera e incrementamos nuestra esclavitud. Es lamentable, pero el ciudadano común de hoy tiene una serie de cosas que en realidad no posee porque no son suyas, sino que son todas de otro a quien él se las debe (bancos e instituciones financieras).

El autor de Proverbios dice que *[u]n corazón apacible es vida para el cuerpo, mas las pasiones son podredumbre de los huesos* (Prov. 14:30). Nuestras pasiones producen intranquilidad y un estado de esclavitud e insatisfacción. La envidia es una de esas pasiones que no nos permiten vivir en paz.

No olvidemos que, como mencionamos más arriba, las deudas muchas veces no son más que una forma de adquirir algo que Dios aún no nos ha provisto. Las deudas presuponen que en el día de mañana tendremos los mismos ingresos que en el presente, lo cual no podemos saber con certeza, aunque Dios sí lo sabe. Cuando usted acepta endeudarse, está adquiriendo un compromiso a largo plazo sin saber si en el día de mañana podrá hacer frente a dicha obligación. Es importante conocer todo esto y entender que el problema con las deudas no es solo la esclavitud que producen, sino que también son un síntoma de problemas aún mayores como el orgullo, la baja autoestima, la impaciencia, la ignorancia y la falta de fe.

EL HEDONISMO DE NUESTROS DÍAS

El hedonismo de nuestros días es tierra fértil para este mal financiero. Hoy vivimos en una sociedad compuesta de personas que se creen cada vez más merecedoras de que alguien llene sus deseos. El hedonista no sabe esperar; tampoco tiene dominio propio. La década de 1960 en Estados Unidos fue una década muy complicada, caracterizada por un sentido de rebelión e independencia, con un enfoque en el placer y en el desarrollo de una cosmovisión del «aquí y ahora». Esto produjo una visión hedonista y narcisista del mundo. Desde entonces, esa tendencia solo ha ido en aumento. La globalización facilitó la exportación de estos valores en todas las direcciones.

En la actualidad, *narcisismo* es una palabra usada para describir a las personas cuya búsqueda en la vida es la autogratificación, que ellos perciben como un derecho. En efecto, toda la industria de la publicidad está dominada por este sentimiento: «Usted se merece el lujo de este automóvil»; «Se merece unas vacaciones en la costa en este hermoso complejo turístico»; «Debe cuidar de sí mismo porque, si no lo hace, nadie más lo hará por usted»; y un sinnúmero de frases similares. Como bien dice Calvin Miller: «Nuestro amor por la conveniencia nos entrena para creer que podemos tener tanto como queramos, de lo que sea que queramos, cuando lo queramos. [...] No importa lo que la vida nos dé; siempre queremos más».[9]

En su primera carta, el apóstol Pablo le dice a Timoteo: *Pero la piedad,* en efecto, *es un medio de gran ganancia cuando* va *acompañada de contentamiento* (1 Tim. 6:6). Sin contentamiento, no podemos disfrutar ni siquiera de lo que tenemos y que ha sido provisto por Dios. Tampoco olvidemos las palabras de Pablo en los siguientes versículos:

> Porque nada hemos traído al mundo, así que nada podemos sacar de él. Y si tenemos qué comer y con qué cubrirnos, con eso estaremos contentos. Pero los que quieren enriquecerse caen en tentación y lazo y en muchos deseos necios y dañosos que

---

[9] Calvin Miller, *The Unchained Soul* (Minneapolis, MN: Bethany House, 1998), XVII.

hunden a los hombres en la ruina y en la perdición. Porque la raíz de todos los males es el amor al dinero, por el cual, codiciándolo algunos, se extraviaron de la fe y se torturaron con muchos dolores (1 Tim. 6:7-10).

Si nuestros ojos están puestos en las cosas por venir, las cosas de este mundo pierden su brillo.

Todo comienza con el deseo de enriquecernos. Dios les concedió prosperidad a muchas personas, como lo vemos en el registro bíblico: Abraham, Job, Salomón, así como a muchos otros. De esta manera, las riquezas en sí mismas no son pecaminosas, porque entonces Dios habría depositado mucho pecado en las manos de estos hombres. El problema está en el manejo que les damos a las riquezas y la visión que tenemos de ellas. Lamentablemente, la mayoría de las personas no saben manejar las posesiones. De hecho, alguien dijo en una ocasión que, por cada 100 hombres que saben enfrentar la adversidad, hay uno que sabe manejar la prosperidad. Si depositamos nuestro sentido de significado en las posesiones que hemos adquirido o que anhelamos tener, eso convierte las riquezas en algo pecaminoso en nuestras vidas. Recuerde que el dinero, al igual que el pecado en general, promete más de lo que puede entregar. El dinero produce un hambre insaciable; es como el agua de sal que mientras más se ingiere, más sed se experimentará.

Pasos para liberarse

Reconozca que Dios es el propietario. Ya hablamos de esto, pero la repetición es la clave para el aprendizaje: *Del Señor es la tierra y todo lo que hay en ella; el mundo y los que en él habitan* (Sal. 24:1). Reconozca que Dios es la fuente de provisión. Esto aumentará su sentido de gratitud.

Dios mismo enseñó esta verdad a los israelitas antes de entrar en la Tierra Prometida: *No sea que digas en tu corazón: "Mi poder y la fuerza de mi mano me han producido esta riqueza." Mas acuérdate del Señor tu Dios, porque Él es el que te da poder para hacer riquezas, a fin de confirmar su pacto, el cual juró a tus padres como en este día* (Deut. 8:17-18). Dios sabe que muchas veces podemos llegar a pensar que nuestra inteligencia, nuestra astucia y nuestros esfuerzos fueron responsables de las riquezas que hemos adquirido, cuando en realidad fue nuestro Dios quien nos dio la facultad de hacer riquezas. Por lo tanto, no olvidemos que algún día tendremos que rendirle cuentas.

No envidie lo que el otro tiene. Quizás no tenemos aquello que deseamos porque hemos preferido guardar nuestra integridad; o quizás no lo tenemos porque Dios entiende que no lo necesitamos o que, de tenerlo, podría hacernos daño en nuestra vida espiritual. Debemos estar dispuestos a gozarnos de que Dios haya provisto cosas para otros que no proveyó para nosotros. Cuando no podemos gozarnos de manera genuina, comenzamos a comprometer nuestra integridad a nivel de nuestro corazón.

Resista la presión de las ofertas. Algunas naciones tienen destinados ciertos gastos que son deducibles de los impuestos que el ciudadano debe pagar. Y muchos deciden comprar cosas aduciendo que ese gasto es deducible de dichos impuestos. Lo que no podemos olvidar es que, cuando gastamos de esa manera, estamos cultivando el hábito de consumo y, por otro lado, estamos aumentando nuestros gastos porque lo que es deducible es solo una porción de lo adquirido. El único gasto que es provechoso es aquel que es motivado por una necesidad real. Aquello que puede ser deducido de nuestros impuestos solo es beneficioso si yo tengo una real necesidad de eso que estoy adquiriendo.

Muchas otras personas incurren en la práctica de cargar gastos personales a la cuenta de la empresa para la cual trabajan, por ejemplo una cena o un almuerzo que no tiene nada que ver con las operaciones de la compañía. Eso es una falta de integridad que al final llevará a mayores faltas en la misma área.

Enfóquese en los propósitos de Dios para el dinero. Disfrute lo que tiene: poco o mucho. Adopte una actitud de vida de contentamiento. Cubra sus necesidades, no sus deseos. Provea para otros. Comparta con el necesitado. Contribuya a financiar el reino de los cielos. «El único dinero que vuelves a ver es el que inviertes en el reino de los cielos».[10] A. W. Tozer lo dijo de esta otra forma: «Cualquier posesión temporal puede ser convertida en riqueza eterna. Lo que le damos a Cristo inmediatamente es tocado con inmortalidad».[11]

Reconozca que los productos están sobrestimados. Lo que queremos expresar con esta frase es que, al escuchar las ofertas, podemos apreciar cómo los anunciantes nos prometen beneficios que los productos en realidad no pueden entregarnos. Se nos habla de cremas que quitan las arrugas, de fajas que «queman» la grasa del abdomen, de pastillas que hacen bajar una libra por día al quemar los excesos de grasa, o de lugares vacacionales que proveerán el descanso que nuestro espíritu necesita. Todo eso es una estrategia mercadológica que muchos llegan a creer. ¿Sabe por qué? Porque eso es lo que queremos creer. Y luego, después de que consumimos las cremas, tenemos las mismas arrugas y miles de pesos menos; y seguimos igual de cansados, aun después de regresar de esos lugares adonde fuimos de vacaciones. Lo que necesitamos es una mente que razone con claridad y a través de las Escrituras. En el caso de la pérdida de peso, lo que necesitamos es más dominio propio, que es un fruto del Espíritu.

Pague sus impuestos. La cantidad de cristianos que evade impuestos es alarmante. Pensamos que, si nos quedamos con dinero del gobierno, no es robar porque el gobierno no es una persona, o porque no lo necesita, o porque lo consideramos corrupto. El problema es que la obligación de pagar nuestros impuestos no es solo un requisito del gobierno, sino de Dios mismo: *Pues por esto también pagáis impuestos, porque* los gobernantes *son servidores de Dios, dedicados precisamente a esto. Pagad a todos lo que debáis: al que impuesto, impuesto; al que tributo, tributo; al que temor, temor; al que honor, honor* (Rom. 13:6-7). Cuando ese texto se escribió, el Imperio romano era tan corrupto como el peor gobierno de nuestros días. Dios observa el manejo que le damos a nuestras finanzas y la fidelidad que mostramos, y los toma en cuenta a la hora de bendecirnos en el futuro.

---

[10] R. Kent Hughes, *Set Apart: Calling a Worldly Church to a Godly Life* (Wheaton, IL: Crossway Books, 2003), 34.

[11] A. W. Tozer, *Born After Midnight* (Chicago, IL: Moody, 2015), 120.

Pague sus deudas. Es vergonzoso el número de cristianos que está endeudado no solo a gran escala, sino también sin cumplir muchas veces con sus compromisos de manera adecuada; y dan así un mal nombre a la fe cristiana. Dios nos dice con claridad: *No debáis a nadie nada, sino el amaros unos a otros; porque el que ama a su prójimo, ha cumplido la ley* (Rom. 13:8). Hay un testimonio que guardar y la santidad de un nombre que proteger. El cristiano de hoy en día no se respeta ni siquiera a sí mismo. En el pasado, las personas, aun las no cristianas, cumplían con sus compromisos porque no querían que su nombre cayera en el descrédito. Y aunque en algunos casos esto pudo haber tenido motivaciones orgullosas, lo cierto es que había un sentido del deber que la sociedad ha ido perdiendo con el paso del tiempo.

Maneje sus recursos de una manera frugal. La ética de trabajo de los puritanos los llevó a trabajar mucho y a gastar en las cosas necesarias, más que a vivir una vida de comodidad o de derroches.[12] Si bien es cierto que Dios es nuestra provisión y que debemos vivir confiados en Él, no es menos cierto que Dios instruyó a José a ahorrar para los años de las vacas flacas (Gén. 41). Además, nos recomendó observar a la hormiga que prepara en el verano el alimento que se ha de comer en el invierno (Prov. 6:6-8).

Dé con alegría. Como mencionamos al inicio de este capítulo, la mejor manera de profanar el dinero es regalándolo. De esa forma nos vamos librando poco a poco de sus amarras. «Cada vez que doy yo declaro que el dinero no me controla».[13] Cuando permitimos que el dinero ejerza domino sobre nosotros, muchas veces terminamos comprometiendo nuestra integridad debido al poder atractivo del dinero. Sobre este tema Cristo nos advirtió al decirnos que nadie puede servir a Dios y a las riquezas *porque o aborrecerá a uno y amará al otro, o se apegará a uno y despreciará al otro* (Luc. 16:13). Por su parte, el apóstol Pablo en 2 Corintios nos instruyó en cuanto al dar y nos dijo: *Que cada uno dé como propuso en su corazón, no de mala gana ni*

---

[12] Leland Ryken, «The Original Puritan Work Ethic», *Christianity Today,* página consultada el 26 de abril de 2016. http://www.christianitytoday.com/history/issues/issue-89/original-puritan-work-ethic.html.

[13] Hughes, *Set Apart,* 33.

por obligación, porque Dios ama al dador alegre (2 Cor. 9:7).

Al dar, recuerde que el dinero que usted regala deja de ser suyo. Decimos esto porque mucha gente regala dinero y luego quisiera seguir teniendo control sobre el dinero que ha regalado, lo cual revela el poder del dinero sobre esta persona, que aun después de darlo no quisiera dejarlo ir.

El cristiano recibió tanto que debería ser la persona más inclinada a dar. Comparemos nuestra actitud al dar con la actitud de las iglesias de Macedonia:

> Ahora, hermanos, os damos a conocer la gracia de Dios que ha sido dada en las iglesias de Macedonia; pues en medio de una gran prueba de aflicción, abundó su gozo, y su profunda pobreza sobreabundó en la riqueza de su liberalidad. Porque yo testifico que según sus posibilidades, y aun más allá de sus posibilidades, *dieron* de su propia voluntad, suplicándonos con muchos ruegos el privilegio de participar en el sostenimiento de los santos (2 Cor. 8:1-4).

Estas iglesias, aun siendo muy pobres, le suplicaron a Pablo que las dejara contribuir al sostenimiento de los santos. Las personas con esa liberalidad a la hora de dar pocas veces ven su integridad comprometida en el manejo de sus finanzas. Esta debería ser también nuestra actitud, y a esto nos motiva Pablo en su Carta a los romanos: *contribuyendo para las necesidades de los santos, practicando la hospitalidad* (Rom. 12:13). En virtud de la gracia que nos ha sido dada, es nuestro deber como creyentes contribuir a las necesidades de aquellos que están a nuestro alrededor, sobre todo a los de la familia de la fe.

No olvide a los pobres. Esta es la enseñanza del autor del libro de Proverbios: *El que se apiada del pobre presta al Señor, y Él lo recompensará por su buena obra* (Prov. 19:17). Nunca debemos hacer algo por el beneficio que pudiéramos obtener, pero este proverbio nos muestra cómo el Señor muchas veces retribuye al corazón que presta atención a Sus palabras, y brindar ayuda a los necesitados es parte del consejo de Dios que debemos obedecer.

Si este solo versículo que acabamos de citar no es suficiente, quizás las palabras de Jesús nos convenzan:

Entonces el Rey dirá a los de su derecha: "Venid, benditos de mi Padre, heredad el reino preparado para vosotros desde la fundación del mundo. Porque tuve hambre, y me disteis de comer; tuve sed, y me disteis de beber; fui forastero, y me recibisteis; estaba desnudo, y me vestisteis; enfermo, y me visitasteis; en la cárcel, y vinisteis a mí". Entonces los justos le responderán, diciendo: "Señor, ¿cuándo te vimos hambriento, y te dimos de comer, o sediento, y te dimos de beber? ¿Y cuándo te vimos *como* forastero, y te recibimos, o desnudo, y te vestimos? ¿Y cuándo te vimos enfermo, o en la cárcel, y vinimos a ti?" Respondiendo el Rey, les dirá: "En verdad os digo que en cuanto lo hicisteis a uno de estos hermanos míos, *aun a* los más pequeños, a mí lo hicisteis" (Mat. 25:34-40).

Cuando comenzamos a vivir de esa manera, nos vamos despegando del dinero que nos esclaviza.

Una observación más: cuando Pablo fue a visitar a Santiago, a Pedro y a Juan para la confirmación de su apostolado a los gentiles, ellos afirmaron su llamado, pero le hicieron una observación y fue que Pablo debía recordar a los pobres, a lo cual Pablo agregó que eso era precisamente lo mismo que él quería hacer (Gál. 2:9-10).

REFLEXIÓN FINAL

El dinero puede ser una ayuda o un obstáculo para la causa de Cristo, dependiendo del uso que le demos o a la forma en que lo adquiramos. Necesitamos una mente bíblica para usar el dinero de una manera que beneficie el avance del reino de los cielos en la tierra.

A partir de Génesis 3, todo lo terrenal pasó a estar teñido por el pecado. Y es evidente que esto incluye el manejo de las finanzas. El dinero es atractivo al hombre por el poder que confiere, por el sentido de importancia que adquirimos al vernos en posiciones que otros no disfrutan, por la independencia que nos brinda, por el placer que compra, por la seguridad que brinda... Pero en todas estas áreas, el dinero ejerce una influencia competitiva sobre nuestro corazón. «En la sociedad moderna, el dinero ha usurpado demoníacamente el papel que el Espíritu Santo debe tener en la iglesia».[14] En muchas iglesias se han producido grandes discusiones y aun divisiones como consecuencia del manejo del dinero. El dinero supo corromper el corazón de gente común, de príncipes, de reyes, de presidentes y también de ministros del evangelio de Cristo. El Señor no se equivocó cuando dijo: *Nadie puede servir a dos señores; porque o aborrecerá a uno y amará al otro, o se apegará a uno y despreciará al otro. No podéis servir a Dios y a las riquezas* (Mat. 6:24b).

Todos creemos que somos capaces de administrar el dinero sabiamente, pero pocos han demostrado tal habilidad santa. He visto pocas cosas que tengan un poder tan embriagador como el dinero. Quizás el hambre de poder y el sexo sean dos cosas que tienen un efecto similar. Hay más gente en el mundo enferma por el deseo de poseer dinero que por el abuso de las drogas; lo mismo podemos decir del alcohol o de los juegos de azar. Al final del camino, necesitamos dinero para comprar drogas, alcohol, jugar en un casino y muchas veces también para comprar sexo. Cuando todo es dicho y hecho, «el amor al dinero gana» por encima de todos los demás males. Dios no se equivoca: «el amor al dinero es la raíz de todos los males».

«Jesús usa todas las formas básicas de metáforas para la idolatría y se las aplica a la idolatría y al dinero. De acuerdo a la Biblia, los idólatras hacen tres cosas con sus ídolos: los aman, confían en ellos y los obedecen».[15]

---

[14] Thomas Merton, citado en Foster, *Dinero, Sexo y Poder,* 19.
[15] Timothy Keller, *Counterfeit Gods: The Empty Promises of Money, Sex, and Power, and the Only Hope That Matters* (Nueva York: Penguin Books, 2009), 56-57.

11.

INTEGRIDAD Y SABIDURÍA AL RESISTIR LA TENTACIÓN

Sino que cada uno es tentado cuando es
llevado y seducido por su propia pasión.

~ Santiago 1:14

INTRODUCCIÓN

Entender qué es y cómo funciona la tentación es indispensable para la vida cristiana. A esta área del diario vivir la hemos llamado «la anatomía de la tentación y del pecado». En ese sentido, uno de los conceptos principales que necesitamos entender es que lo que nos tienta es aquello que nuestro corazón desea. Lo que no representa un deseo de nuestro corazón nunca nos atraerá. Comprenderlo es de gran importancia para la vida del creyente porque, cuando nos sentimos tentados, en lugar de desplazar la culpa hacia aquello que nos está tentando, podemos ir delante de Dios y permitir que Él trate con nosotros, pues ahora sabemos que somos tentados por algo que nuestro corazón desea. Si no lo deseáramos, no estaríamos luchando con la situación en la que nos encontramos.

Por otro lado, la Palabra declara que Dios no puede ser tentado ni tienta a nadie. Esto es así porque en el corazón de Dios no existe nada que no sea santo, justo, bueno y perfecto. Ahora bien, es imposible para el ser humano vivir en el mundo en que vivimos, con una naturaleza pecadora presente, y no ser tentados todo el tiempo. Lamentablemente, con frecuencia no vemos venir la tentación porque tendemos a pensar que una tentación es solo sexual, o que está relacionada con algún vicio, como el abuso del alcohol o las drogas; pero hay diferentes tipos y maneras en que la tentación puede hacerse presente en la vida del creyente.

DEFINICIÓN DE TENTACIÓN

La palabra *tentación* está representada en el hebreo por el vocablo *nasá,*[1] que significa probar o examinar algo, de manera que, si consideramos esta definición, la tentación en sí misma no es mala, pero sí lo es su intención final. La tentación permitida por Dios solo trata de probar la condición de nuestro corazón. Cuando nos sentimos tentados, podemos ver esto como una especie de revelación acerca de algo que está escondido en nuestro interior y que Dios necesita abordar para poder, Él mismo, sanar o modificar ese deseo que está causando una atracción en la dirección equivocada. La palabra *nasá* es también traducida al español como prueba, intento o tratar.

La tentación no es traída por Dios. La epístola de Santiago dice que, cuando alguien es tentado, no debe pensar que Dios fue la fuente de la tentación, sino que esa persona está siendo seducida por su propio corazón (Sant. 1:13-14).

La respuesta del creyente determinará si el sufrimiento terminará siendo una prueba para ser superada o una tentación para pecar. Por lo tanto, cuando experimentemos una tentación, no nos atrevamos a culpar a Dios, sino solo a nosotros mismos. Es interesante la ausencia de mención alguna a Satanás o sus súbditos en este pasaje de la Escritura. Santiago conoce acerca del rol del diablo en la tentación (note la «sabiduría demonía-

---

[1] Francis Brown, S. R. Driver y Charles A. Briggs, eds., s.v. «נָסָה», en *The Brown-Driver-Briggs Hebrew and English Lexicon* (Peabody, MA: Hendrickson Publishers, 2014), 650.

ca» en Sant. 3:15) y más adelante llamará a los cristianos a resistirlo (Sant. 4:7). Pero en este texto, el énfasis de Santiago sigue estando en que las personas se hagan cargo de su propia responsabilidad.[2]

Ahora bien, la tentación sí es permitida por Dios con el fin de revelar nuestras fortalezas y debilidades. Examinar la tentación antes de caer nos debe llevar a ver en qué áreas somos débiles, de forma tal que podamos evitar aquellas cosas que golpean nuestras debilidades. Si en algún momento somos tentados por el dinero, por ejemplo, con ello acabamos de descubrir que tenemos una debilidad por el dinero. Si somos atraídos por el sexo que la Biblia considera ilícito, esa atracción es también una alarma que nos informa acerca de una debilidad que tenemos en esa área. De este modo, debemos alejarnos de lo que nos seduce, lo cual puede ser una cosa, una persona o una situación en particular.

En griego, la palabra que con frecuencia se traduce como tentación es *peirasmós,* que puede referirse a «una tentación con la intención de hacernos pecar, ya sea que provenga de los deseos o de circunstancias externas».[3] Pero este vocablo puede significar también una prueba con un propósito provechoso. La tentación, en esta primera acepción en griego, tiene el propósito de hacernos caer; esa es la razón por la que nunca proviene de Dios, pues no es la intención de Dios que caigamos, sino todo lo contrario. El deseo de Dios es probarnos para mejorarnos (santificarnos). La diferencia entre una prueba y una tentación es que la prueba tiene la intención de revelar cosas que no conocemos y fortalecernos en esas áreas. En medio de la prueba, descubrimos si somos envidiosos, celosos u orgullosos. Es entonces cuando Dios trabaja en nuestras vidas para formar un corazón que no sea de esa manera. La intención de la tentación, que proviene de Satanás o de nuestra propia carne, es hacernos caer.

---

[2] Craig Blomberg y Mariam J. Kamell, *James,* Exegetical Commentary on The New Testament, ed. por Clinton E. Arnold (Grand Rapids, MI: Zondervan, 2008), 77.
[3] Joseph H. Thayer, s.v. «πειρασμός», *Thayer's Greek-English Lexicon of the New Testament* (Grand Rapids, MI: Zondervan, 1979).

De esta manera, la diferencia entre una prueba y una tentación tiene que ver con su diseño y propósito final. En el desierto, Israel fue probado por parte de Dios: *Y te acordarás de todo el camino por donde el Señor tu Dios te ha traído por el desierto* durante *estos cuarenta años, para humillarte, probándote, a fin de saber lo que había en tu corazón, si guardarías o no sus mandamientos* (Deut. 8:2). El propósito de Dios al permitir que Israel pasara 40 años de aflicción y prueba en el desierto fue probar su obediencia y revelar la condición del corazón del pueblo.

BENEFICIOS DE LA TENTACIÓN

Si Dios permite la tentación, entonces esta debe tener algún beneficio. De lo contrario, Dios no la permitiría. Nosotros sabemos cuáles son sus «males», pero muchas veces no reconocemos los beneficios de la tentación.

Para comenzar, la tentación revela nuestro carácter. Cuando la esposa de Potifar intentó seducir a José, esa tentación reveló el carácter de José. Por otro lado, la tentación va a probar además nuestro compromiso con Dios y revelar hasta dónde estamos dispuestos a guardar Sus ordenanzas.

La Palabra de Dios dice que nuestra fe será probada y refinada por el fuego, y la tentación es parte de ese fuego que ha de probar cuán genuina es nuestra fe. Considere las palabras del apóstol Pedro en su primera epístola: *En lo cual os regocijáis grandemente, aunque ahora, por un poco de tiempo si es necesario, seáis afligidos con diversas pruebas, para que la prueba de vuestra fe, más preciosa que el oro que perece, aunque probado por fuego, sea hallada que resulta en alabanza, gloria y honor en la revelación de Jesucristo* (1 Ped. 1:6-7). Pedro nos enseña que, cuando llega la ocasión en que nuestra fe es examinada, la prueba sirve para un propósito definido y es que nuestra fe resulte en alabanza, gloria y honor a la hora de la revelación de Jesucristo. La tentación permitida por Dios apunta a un mejor final; desde el punto de vista de Satanás, la tentación busca un final de destrucción.

Cuando recordamos la historia de José, narrada en el libro de Génesis, observamos que él pasó satisfactoriamente la prueba y, al hacerlo, dio como resultado gloria y alabanza para nuestro Dios. Pero ¿por qué las pruebas deberían dar por resultado la gloria y alabanza a nuestro Dios? Porque Dios es quien nos capacita para pasar por la prueba. Uno de los errores que hemos cometido en la enseñanza de la Palabra es resaltar el rol del ser humano por encima del rol de Dios. No hay duda de que hay algo digno de imitar en José. No hay duda de que hay algo digno de imitar y aplaudir en el profeta Daniel, así como en otros hombres de Dios, pero no podemos exaltarlos a ellos por encima de Su Dios, quien los capacitó para pasar la prueba, pues es Dios quien obra en nosotros tanto el querer como el hacer (Fil. 2:13).

Debemos aprender a exaltar al Dios de los héroes de la Biblia y no a los héroes que Dios ha levantado. De esta manera, no exaltemos tanto a Moisés, sino al Dios de Moisés, quien lo equipó para hacer todo cuanto hizo. Eso no quiere decir que Moisés no tenga un lugar especial como figura cuyas cualidades son dignas de imitar, sino que Dios no debe quedar eclipsado en medio de la historia. Entonces, cuando logremos soportar la tentación sin que esta nos seduzca, tenemos que darle gracias a Dios porque nos dio la capacidad para resistirla.

Comprender que lo que nos tienta depende de lo que hay en nuestro corazón es haber comprendido uno de los mejores conceptos para crecer en santidad, porque nos permite entender que podemos presentarnos ante Dios y pedirle que erradique de nosotros aquello que hace la tentación atractiva a nuestros ojos. Por medio de la tentación, usted puede saber cuáles son las áreas que tiene que llevar delante de Dios para que Él le dé forma a su corazón. Recuerde que no podrá deshacerse de eso que lo seduce a través del esfuerzo humano, aunque es así como muchas veces tratamos de santificarnos. Dios es quien nos santifica. Pero a la vez, tenemos que hacer lo que nos toca hacer y no quedarnos de brazos cruzados.

Nadie lo dijo mejor que el apóstol Pablo en 2 Corintios 3:18: *Pero nosotros todos, con el rostro descubierto, contemplando como en un espejo la gloria del Señor, estamos siendo transformados en la misma imagen de gloria en gloria, como por el Señor, el Espíritu.* Pablo escribe a los corintios diciéndoles que estamos siendo transformados de gloria en gloria al contemplar el rostro del Señor. Note cómo dice: «siendo transformados», en voz pasiva; es decir, que otro es quien nos está transformando. Ese otro es el Espíritu de Dios, y lo hace mientras contemplamos el rostro del Señor en Su Palabra. «De la misma manera que Moisés fue cambiado por la experiencia de la presencia de Dios (Ex. 34:29-30), aquellos que pertenecen al nuevo pacto son cambiados por su experiencia de la presencia de Dios a través del ministerio del Espíritu».[4] Cuando nos acercamos a Dios al escudriñar Su Palabra, descubrimos quién es Él, y eso nos va cambiando. Ya no se trata solo de un esfuerzo de la carne: Dios lo está haciendo. Cuando Moisés descendió del monte Sinaí, la piel de su rostro resplandecía por haber hablado con Dios. ¿Qué hizo que él saliera transformado de allí? Contemplar a Dios. En la Palabra de Dios, tenemos Su revelación y, en la medida en que lo contemplamos, vamos siendo transformados de una forma natural por el Espíritu de Dios.

Un análisis de la tentación

La tentación no es pecado

El autor del libro de Hebreos nos deja ver con claridad que la tentación, antes de materializar su propósito, no es un pecado en sí misma, como lo muestra la vida de Jesús: *Porque no tenemos un sumo sacerdote que no pueda compadecerse de nuestras flaquezas, sino uno que ha sido tentado en todo como nosotros, pero sin pecado* (Heb. 4:15). El pecado está más bien vinculado con la manera como reaccionamos frente a la tentación.

Cristo fue tentado, como afirma el texto anterior. De hecho, este ha sido un tema de gran debate, pues, si Cristo era Dios, ¿significa que Dios puede ser tentado? ¡De ningún modo! Dios no puede ser tentado (Sant. 1:13). Por otro lado, algunos podrían decir que, si Cristo era Dios encarnado, entonces Él no pudo ser tentado porque nada

---

[4] George H. Guthrie, *2 Corinthians,* Baker Exegetical Commentary on the New Testament, ed. por Robert W. Yarbrough y Robert H. Stein (Grand Rapids, MI: Baker Academic, 2015), 228.

puede tentar a Dios. Sin embargo, la Palabra establece que Cristo fue tentado en todo como nosotros. Entonces, ¿implica esto que Él no era Dios? ¡Sí, lo era! Pero Cristo no solo fue Dios, Él también fue hombre, Dios hecho hombre. Entonces, cuando decimos que Cristo fue tentado, nos referimos a que fue tentado en Su naturaleza humana. En nuestra mente finita, se nos hace imposible comprender cosas como estas porque ninguno de nosotros ha sido, ni será jamás, Dios y hombre a la vez.

Otra inquietud que puede surgir al respecto es que, si Cristo fue tentado, ¿significa eso que pudo haber caído? Si afirmamos que sí, surge una nueva interrogante: entonces, ¿no era Dios? Porque Dios no puede pecar. Pero si respondemos que no pudo haber caído, otros podrían argumentar que entonces las tentaciones no fueron tal cosa porque una tentación que no me puede hacer caer no es en realidad una tentación. Estas son las paradojas de la historia bíblica que resultan incomprensibles a la mente humana, pero no a la mente divina, y ante dichas paradojas tenemos que decir: la Palabra afirma ambas verdades. Jesús fue tentando en Su naturaleza humana, pero Su naturaleza divina le impedía pecar. Solo Dios conoce cómo esas dos naturalezas se conjugaron en Cristo porque solo Él ha sabido ser ambas cosas a la vez.

Durante el examen oral para ser ordenado como pastor, nos formularon esta misma pregunta: ¿podía Cristo caer ante la tentación del desierto? Nuestra respuesta fue que, en términos de la capacidad humana, Él podía. Por ejemplo, tomemos a un padre muy amoroso, alguien que de verdad ame a sus hijos, entreguémosle una pistola y coloquemos a su hijo frente a él. ¿Cree usted que ese padre podría matar a su hijo? Él tiene la capacidad; nada más tendría que apretar el gatillo. Si estamos hablando de poder, él puede. Ahora, si formulamos la pregunta de otra manera: ¿cree usted que ese padre va a matar a su hijo? La respuesta es negativa; él no lo hará, pues el amor por su hijo se lo impediría. La analogía no es perfecta porque ese padre no ama a la manera de Dios, pero nos ayuda a entender cómo algunas cosas son posibles vistas desde un ángulo e imposibles vistas desde otro ángulo. De la misma manera, Cristo podía «desobedecer» en términos humanos: solo tenía que violentar la Palabra de Su Padre, pero Él no lo haría jamás porque su condición de Dios no se lo hubiese permitido; y tampoco lo hubiese deseado, pues no había pecado en Él. «Si una prueba se convierte en una tentación, es debido a la naturaleza pecaminosa».[5] Por consiguiente, podemos ver que Cristo fue tentado y concluir entonces que la tentación no es un pecado, sino que el pecado está en el corazón del hombre que quiere usar la tentación para experimentar algo que a él le place y que le está prohibido.

La tentación es permitida por Dios, pero no es de Dios

El texto de Santiago 1:13 trae luz en esta área: *Que nadie diga cuando es tentado: Soy tentado por Dios; porque Dios no puede ser tentado por el mal y Él mismo no tienta a nadie.* La Biblia revela que la tentación viene de Satanás mismo. Dios no puede ser tentado porque la tentación viene de los deseos pecaminosos que están en nuestro interior, como ya vimos. Como Dios no tiene deseos pecaminosos en Su corazón, no puede entonces ser tentado. De este modo, Dios ni puede ser tentado ni puede tentar a nadie porque la maldad no forma parte de Su ser, pero sí puede permitir que seamos tentados con el propósito de producir en nosotros un mejor resultado: un carácter más santo, como el de Cristo.

La tentación puede ser resistida

Uno de los libros más prácticos de la Palabra es la epístola de Santiago, la cual vuelve a informarnos de algo importante a la hora de enfrentar la tentación; es que Dios nos dio la capacidad de resistirla y nos dejó ejemplos en la Biblia de esta realidad, como la vida de José.

La Palabra de Dios nos instruye a luchar esta guerra espiritual de una manera muy diferente de como comúnmente lo haríamos. Santiago 4:7 dice: *Por tanto, someteos a Dios. Resistid, pues, al diablo y huirá de vosotros.* Preste atención a que este pasaje ni siquiera menciona reprender a Satanás, sino que nos exhorta a resistirlo. En otras

---

[5] Daniel M. Doriani, *James,* Reformed Expository Commentary, ed. por Richard D. Phillips y Philip Graham Ryken (Phillipsburg, NJ: P&R Publishing, 2007), 35.

palabras, con las verdades que Dios nos ha entregado en Su Palabra y el Espíritu de Dios que mora en nosotros, es suficiente para que podamos resistirlo.

En el idioma original, la palabra traducida como resistir hace referencia a un soldado o a un batallón de soldados a quienes les han entregado una posición que ellos tienen que defender de los ataques del enemigo. Lo que Dios nos está enseñando es que Él nos salvó y nos entregó una posición en Él; por tanto, debemos permanecer firmes en lo que hemos creído y no prestar atención a las distracciones que Satanás traiga a nuestras vidas. ¿Qué hizo Cristo en el desierto? Él resistió, y dice la Palabra que el diablo se alejó de Él por un tiempo. Satanás va a huir porque sabe que no puede hacer más nada.

El apóstol Pablo, después de aprender muchas cosas enseñadas por Dios, nos instruye inspirado por el mismo Dios en 1 Corintios 10:13 y nos recuerda: *No os ha sobrevenido ninguna tentación que no sea común a los hombres; y fiel es Dios, que no permitirá que vosotros seáis tentados más allá de lo que podéis* soportar, *sino que con la tentación proveerá también la vía de escape, a fin de que podáis resistir*la.

De este pasaje se derivan varias enseñanzas:

1. La tentación es parte de ser humano.
2. Dios permite la tentación.
3. La tentación permitida no es mayor que nuestra fortaleza; tiene límites.
4. Dios nos dará una puerta a través de la cual podremos salir de la tentación.
5. Si caemos, no es porque no podíamos soportar la tentación ni porque no tuvimos cómo escapar.

Es como un niño al que le estamos enseñando a caminar: le permitimos moverse en un espacio previamente delimitado de manera deliberada. Quizás el niño se va a caer durante sus primeros intentos y tal vez hasta se dé un golpe, pero todo ocurrirá en el espacio que hemos marcado para él. Jamás permitiríamos que este niño aprenda a caminar colocándolo al borde de un precipicio. De esa misma manera, Dios permite la tentación bajo circunstancias que Él controla, de forma que pueda darnos el apoyo que necesitamos. Pero muchas veces, aun cuando la puerta está ahí, no optamos por huir de la tentación a través de la vía de escape que Dios nos ha proporcionado.

> Que Dios no nos permita ser expuestos a tentaciones irresistibles es un reflejo de Su fidelidad a Sus promesas hechas a nosotros como gente del nuevo pacto. En algunos casos, Dios podría removernos de la situación de una tentación aparentemente insoportable, mientras que en otros casos Él podría proveer la fortaleza u otros recursos dentro de la misma situación para fortalecer a Su gente de manera que pueda resistir la tentación y permanecer fiel a Él.[6]

Cuando el rey David fue tentado mientras se paseaba por el terrado de su casa, como se describe en 2 Samuel 11, Dios enseguida le abrió una puerta de escape. Y esa puerta fue la información de que Betsabé, la hermosa mujer que había capturado su atención, era la esposa de Urías. Con esa información, David debió reconocer que ella tenía «dueño», su esposo, y eso la hacía intocable para él. Cuando David preguntó quién era ella, no le dijeron solo que su nombre era Betsabé, sino que también le informaron que estaba casada (v. 3). Nuestras tentaciones siempre vienen acompañadas de un nivel de información que nos permite salir por donde debemos y podemos.

Aunque Satanás lo tiente, usted es responsable de sus hechos

En nuestros días es muy común escuchar: «Satanás me hizo pecar». Con esta respuesta a menudo tratamos de escapar de nuestra responsabilidad. Sin embargo, la Palabra de Dios nos instruye de otra manera:

---

[6] Roy E. Ciampa, *The First Letter to the Corinthians,* The Pillar New Testament Commentary, ed. por D. A. Carson (Grand Rapids, MI: Eerdmans, 2010), 468.

Y se levantó Satanás contra Israel e incitó a David a hacer un censo de Israel. Dijo, pues, David a Joab y a los jefes del pueblo: Id, contad a Israel desde Beerseba hasta Dan, y traedme *el resultado* para que yo sepa el número de ellos. Pero Joab dijo: Añada el Señor a su pueblo cien veces más de lo que son. Mas, oh rey, señor mío, ¿no son todos ellos siervos de mi señor? ¿Por qué procura esto mi señor? ¿Por qué ha de ser él motivo de culpa para Israel? (1 Crón. 21:1-3).

En este pasaje, vemos que Joab apela a David en contra de la decisión de censar al pueblo para hacerle recordar y entender que él nunca había ganado una batalla por el número de sus soldados. Entonces, ¿por qué hacer esto ahora? ¿Por qué contar a toda esta gente? Su victoria no dependía de ellos, sino de Dios. David pecó al hacer el censo, y como consecuencia murieron 70.000 hombres (1 Crón. 21:14). Satanás fue el arquitecto de este plan, pero David pagó las consecuencias. Dios no dijo: «¡Reprende a Satanás, que él es el culpable!». Más bien, Él nos deja ver a través de este pasaje que David fue el único culpable, porque pudo haber resistido la tentación. De la misma manera, Satanás tentó a Adán y a Eva en el jardín del Edén, y Dios los reprendió a ambos porque pudieron resistirlo, pero no lo hicieron. Nuestra culpabilidad no cae sobre Satanás por tentarnos, sino que recae sobre nosotros cuando le hacemos caso en vez de resistirlo.

Todos pueden ser tentados y caer

La mayoría de los creyentes están familiarizados con las palabras del apóstol Pablo en 1 Corintios 10:12, quien nos recuerda: *Por tanto, el que cree que está firme, tenga cuidado, no sea que caiga.*

Es muy probable que usted conozca personas que cayeron en pecado y otras que no. Las que no han caído no es porque en sí mismas son más fuertes, pues David fue un hombre conforme al corazón de Dios y aun así cayó. De esta manera, no es el grado de santidad que se posea en un momento dado lo que hace que una persona no caiga, aunque, mientras más santificados estemos, mejor resistiremos la tentación. La realidad es que, si quitamos los límites, aunque seamos muy santos, vamos a caer por lo que dice el versículo que citamos más arriba. Todos nosotros somos potencialmente derrumbables.

Hace mucho tiempo, un pastor mayor que yo me enseñó algo bien sencillo: «Si sabes que todo el mundo puede caer y lo conoces en tu mente y lo conoces en tu corazón, no tienes que conocerlo en tu vida». El problema está en que muchas veces enseñamos esto, pero pensamos que no se aplica a nosotros porque no hemos caído en determinada área. Lo enseñamos como algo que es puramente cerebral, pero no creemos que podamos caer. La realidad es que todo el mundo puede caer. De manera personal, creo con firmeza que soy capaz de caer, y es por eso que necesito límites y guardas en mi propia vida. Si usted sabe que puede caer, establezca límites; entonces no tendrá que caer.

Cuando no queremos establecer los límites necesarios, una de dos cosas están pasando en nuestro interior: no creemos que podamos caer o quisiéramos dejar la puerta abierta por si acaso haya alguna manera de caer sobre un «lugar acolchado». Pero resulta que nadie cae en un lugar acolchado cuando se trata de caídas pecaminosas; todo el mundo se da un buen golpe.

En el pasaje que cito más arriba (1 Cor. 10:12), el contexto era que muchos de los corintios se sentían muy seguros de su conocimiento y de su madurez a la hora de enfrentar la tentación. En ese sentido, «las advertencias de Pablo a través de este pasaje tienen la intención de ayudarlos a ver que su conducta sugiere que ellos no están tan seguros como ellos suponen y que deberían reconsiderar sus actitudes presentes y sus prácticas como algo de suma urgencia».[7]

Resistir la tentación requiere del poder de Dios y no del de nuestra carne

Esta es una verdad que muchos afirmamos y enseñamos, pero olvidamos en la práctica. El apóstol Pablo lo dijo mejor que nadie en 2 Corintios 12:9: *Y Él me ha dicho: Te basta mi gracia, pues mi poder se perfecciona en la debilidad. Por tanto, muy gustosamente me gloria-*

---

[7] Ibíd., 466.

ré más bien en mis debilidades, para que el poder de Cristo more en mí. Murray J. Harris, profesor emérito de Exégesis del Nuevo Testamento y Teología en Trinity Evangelical Divinity School en Illinois, comenta: «No es simplemente que la debilidad es un prerrequisito para el poder. Tanto la debilidad como el poder existieron simultáneamente en la vida de Pablo, como también ocurrió en el ministerio de Cristo y en su muerte. De hecho, la cruz de Cristo forma el ejemplo supremo de poder en la debilidad».[8]

La mayoría de las personas están tratando no solo de resistir la tentación con el poder de la carne, sino también de tener una vida de santidad en el poder de la carne, y eso nunca funcionará. Nuestra fortaleza no está en aquellas cosas que dominamos; por el contrario, ahí está quizás nuestra mayor debilidad, porque confiamos en lo que nosotros podemos hacer y no en el poder de Dios. Debemos tener cuidado, pues esto puede convertirse en un motivo de orgullo. El día que luchemos contra la tentación confiando en nuestras habilidades, lo haremos de la peor forma posible, pues estaremos descansando en nuestras fortalezas y no en la gracia de Dios. La historia que sigue ilustra lo que estamos explicando y ocurrió mientras ejercíamos la carrera de Medicina en Estados Unidos.

En aquella nación, cuando alguien ha sido operado del apéndice, por ejemplo, es común que en el informe médico aparezca escrito algo como: «estado posapendicectomía», para indicar que el paciente se encuentra en una condición posterior a la cirugía de apéndice. Mientras ejercía la medicina en ese país, en una ocasión atendí a un paciente que estaba muy grave. Después de atenderlo, el paciente se repuso de la enfermedad y se fue a su casa. Más adelante me llamaron para que viera a otro paciente que se encontraba en condiciones similares, y esa persona también se recuperó de la misma manera. Días después, una enfermera que me vio entrar por tercera vez a atender a otro paciente en una condición similar dijo de forma jocosa: «Usted viene a ver al paciente y dejarlo en «estado pos-Núñez»», en otras

---

[8] Murray J. Harris, *2 Corinthians,* The Expositor's Bible Commentary, ed. por Tremper Longman III y David E. Garland (Grand Rapids, MI: Zondervan, 2008), 533.

palabras, a dejarlo en una condición posterior a que el doctor Núñez lo haya visto. Eso me gustó mucho y me llenó de orgullo. Después de atenderlo, el paciente se fue a su casa sin complicaciones. Cuando me tocó recibir a otro paciente que estaba en condiciones graves, resulta que estaba de servicio la misma enfermera y, en esa ocasión, no esperé a que ella me dijera algo para decirle: «Vine a dejar a este paciente en «estado pos-Núñez»». Días después el paciente murió. Luego me llamaron para atender a un próximo paciente, y este también murió. Un día, mientras salía como a las once de la noche de la sala de cuidados intensivos con un sentimiento de frustración y caminaba rumbo al ascensor, le decía al Señor en oración: «¿Qué es lo que está pasando?». De una forma muy clara, aunque no audible, el Señor me respondió: «Para que aprendas a descansar en el dador de los dones y no en los dones». Esa es una gran verdad. Cuando confiamos en nuestros dones y fortalezas, estos suelen convertirse en nuestra mayor debilidad.

Es en nuestra debilidad donde está nuestra fortaleza; cuando no podemos, entonces tenemos que clamar a Dios para que Él lo haga. Hoy en día, al ir a ver a un paciente, reconocemos que dependemos de la sabiduría, el poder, la iluminación y el discernimiento de Dios para que Él use nuestros dones conforme a Sus propósitos. Él es quien los usa, no nosotros. Con frecuencia, queremos resistir la tentación con el poder de la carne, y cuando lo hacemos caemos una y otra vez.

Permitir la tentación es parte del proceso de crecimiento

Una vez más tenemos que ayudarnos de las verdades que están en la epístola de Santiago, la cual nos exhorta de la siguiente manera: *Tened por sumo gozo, hermanos míos, el que os halléis en diversas pruebas, sabiendo que la prueba de vuestra fe produce paciencia, y que la paciencia tenga su perfecto resultado, para que seáis perfectos y completos, sin que os falte nada* (Sant. 1:2-4).

Dios no remueve la tentación de nuestras vidas, porque así es como crecemos y somos fortalecidos. Por lo tanto, cuando estemos atravesando por diferentes pruebas (la tentación es un tipo de prueba), debemos estar gozosos sabiendo que Dios está trabajando en nosotros para formar nuestro carácter y hacernos conforme a la imagen de Cristo, de tal manera que al final podamos ser perfeccionados y no nos falte nada. Es a través de la prueba que Dios va a producir en nosotros todo lo que necesitamos: paciencia, gratitud, amor, integridad, sabiduría...

La tentación puede ser más fuerte que la debilidad de la carne, pero no más fuerte que el Señor

El libro de Proverbios nos instruye en esa dirección: *Porque el Señor será tu confianza, y guardará tu pie de ser apresado* (3:26). En medio de la prueba, debemos aferrarnos a Dios, pues la prueba puede ser muy grande y hacernos colapsar, o puede ser pequeña, pero muy engañosa. Tenemos que asirnos de la mano de Dios y descansar en Su poder. Él guardará nuestros pies para que no caigamos como una presa. El Señor va a guardarnos para que, si tropezamos, no caigamos. Tenemos que rendirnos a Él y pedirle que nos guarde, y Él va a guardarnos. Necesitamos esa confianza, en lugar de confiar en lo que podemos hacer por nosotros mismos.

CÓMO OPERA LA TENTACIÓN

Sin duda, mientras mejor conocemos cómo opera la tentación, mejor podremos mantener la integridad cuando nuestro carácter sea sacudido por ella. En ese sentido, es importante saber que la tentación se produce en un área donde ya antes fuimos tentados. En otras palabras, usted no se levanta un día y de la nada es tentado en un área en la que nunca antes había sido probado. Cuando alguien es tentado en algo, con toda probabilidad esa persona ya había tenido luchas en esa área en particular. Por lo tanto, tenga presente que lo que no le funcionó para poder resistirla la primera vez tampoco le funcionará la segunda vez que lo intente.

Otra observación que debemos hacer es que la tentación siempre entra por la mente. Por lo tanto, debemos correr la carrera cristiana con los ojos puestos en Jesús, quien es el autor y consumador de nuestra fe (Heb. 12:2), y llevar todo pensamiento cautivo a la obediencia de Cristo (2 Cor. 10:5b). Esto implica negarnos a pensar en aquellas cosas que no son dignas de elogio (Fil. 4:8) para evitar así que nuestra mente sea abordada por pensamientos, ideas, anhelos o cualquier otra cosa que no sea de provecho para nuestro carácter y que más tarde pueda convertirse en una tentación para nosotros. Pues lo que ocurre es que la tentación se aprovecha de aquello que usted desea, de aquello que lo atrae, para seducirlo y hacerlo caer. Necesitamos quitar nuestros ojos de la tentación y enfocarnos en las verdades contenidas en la Palabra de Dios (Fil. 4:8).

La tentación es engañosa

La tentación hace que nos olvidemos de Dios por un tiempo. Cuando esto ocurre, no podemos ver las consecuencias del pecado. La tentación nos engaña al hacernos pensar que lo que vamos a hacer es quizás peligroso, pero no pecaminoso; y luego nos convence de que podemos manejar los riesgos del peligro. En ocasiones, la tentación nos convence de que eso que estamos a punto de hacer va a satisfacer una necesidad legítima, buena o válida, pero luego nos ofrece una forma ilegítima de hacerlo. La Biblia relata que Jesús fue tentado por el diablo en el desierto cuando tuvo hambre, luego de haber ayunado durante 40 días y 40 noches (Mat. 4:2). Satanás lo tentó a convertir las piedras en pan para satisfacer Su hambre (v. 3). Esta era una necesidad legítima desde el punto de vista humano, pero la forma propuesta para satisfacer dicha necesidad era ilegítima.

La tentación aparece cuando su «radar espiritual» está apagado

La tentación siempre se aprovecha de aquellos momentos en que no estamos alertas. Quizás estas situaciones se dan cuando usted está cansado, distraído, de vacaciones o solo disfrutando de un tiempo de entretenimiento. Cuando nuestras barreras están bajas, cuando nuestro «radar espiritual» ha sido apagado o cuando más convencidos estamos de que podemos manejar una determinada situación, es en esos momentos cuando la tentación golpea más fuerte. Durante esos momentos, a menudo nuestra imaginación corre libre porque nuestra mente no está alerta, sino que está distraída en otras cosas. La imaginación es cautivada y cultivada; y entonces es usada para hacernos escapar de la realidad al mundo de la potencialidad: «Si esto pudiera ocurrir sin que nadie se entere (en otro país, por ejemplo), no le haría daño a nadie».

La tentación adormece la conciencia racionalizando aquello que queremos hacer. Cuando somos tentados de inmediato pensamos cosas como: «Te lo mereces; tuviste una semana dura»; «Necesitas relajarte, no puedes tomar las cosas tan en serio»; «La vida cristiana no se puede vivir de manera tan radical». Nos convencemos de que podemos llevar las cosas hasta un punto, sin pasarnos de los límites, justo hasta donde queremos llegar. Ese es el comienzo de nuestro pecado. Si hay algo que muchos han comprobado con tristeza es que el pecado siempre nos llevará más allá de donde queríamos llegar.

Además, la tentación se vuelve dominante porque nos da vueltas en la mente todo el tiempo. Ese pensamiento se aferra a nosotros y se convierte en algo de lo cual no podemos escapar. Lamentablemente, esto muchas veces continúa hasta que logra dominar a la persona tentada y la hace pecar.

Cristo le dice a los discípulos en el huerto de Getsemaní: *Velad y orad para que no entréis en tentación; el espíritu está dispuesto, pero la carne es débil* (Mat. 26:41). Ellos no lo sabían, pero al rato ya estarían siendo tentados. Horas después de recibir la advertencia, la tentación llegó y ellos abandonaron al Maestro. ¿Qué pasó? No oraron, no estaban alertas y no le pidieron a Dios que los preparara para esa tentación. Nuestro espíritu puede tener todo el deseo de agradar a Dios, pero hay una lucha en los miembros de nuestra carne. Nuestro espíritu se deleita en la ley de Dios, pero a la vez encontramos, como Pablo afirma en Romanos 7:22-23, que hay otra ley que opera en los miembros de nuestro cuerpo, y esa es la ley del pecado. Es a eso que se está refiriendo Jesús en el pasaje de Mateo que acabamos de citar. Nuestro espíritu tiene todo el deseo de no caer, pero nuestra carne muchas veces hasta desea caer; por eso en ocasiones pensamos en las posibilidades de cómo caer de forma tal que nadie se entere.

Nosotros resistimos la tentación como Él lo hizo, orando. Esto no es una idea nueva, pero podemos meditar en ella. Él oró con humildad, repetidamente, con el rostro en tierra buscando la voluntad de Dios. En la prueba, Él busca la perspectiva del Padre. Cuando somos tentados, en algunas ocasiones, nosotros hacemos lo opuesto. Nosotros nos volvemos hacia nuestro interior, hacia nuestra propia sabiduría o deseos. Por ejemplo, si alguien nos ofende o nos irrita, ¿qué hacemos? Regurgitamos la ofensa o chismeamos, o hasta planificamos la venganza. Si oramos, sin embargo, podríamos ver la situación a la manera de Dios. La ofensa no es tan terrible. Dios nos ama y siente compasión por nuestro enemigo; quizás nosotros también deberíamos.[9]

LAS CONSECUENCIAS DEL PECADO

El pecado lo hará desviarse más allá de lo que usted pensó. Usted piensa que solo va a coquetear con su pecado, pero que no va a pasar de un límite que usted ha determinado con anterioridad, como ya mencionamos. Sin embargo, no es infrecuente que, al día siguiente o a la próxima semana, usted ya esté más lejos de donde pensaba llegar, pues la transgresión se ha vuelto difícil de controlar. Es como si usted se colocara al borde de un precipicio y comenzara a coquetear con la idea de saltar desde allí, y mientras está en ese juego se resbala y, cuando está cayendo por el precipicio, ya nadie lo puede hacer regresar.

El pecado lo mantendrá alejado más tiempo de lo que usted estimó. Muchos son los que piensan en coquetear con el pecado solo por un momento, por una ocasión o por un fin de semana. Pero en algunos casos, los días se transforman en semanas y las semanas en meses y los meses en años. El pecado lo va a mantener alejado durante mucho más tiempo de lo que usted pensó al principio.

---

[9] Daniel M. Doriani, *Matthew, Vol 2,* Reformed Expository Commentary, ed. por Richard D. Phillips y Philip Graham Ryken (Phillipsburg, NJ: P&R Publishing, 2008), 452.

El pecado le hará pagar más caro de lo que usted quería pagar. Si el rey David se hubiese imaginado lo que esa noche con Betsabé le iba a costar, jamás lo hubiese hecho; pero no lo pensó. Meditar en las consecuencias del pecado no constituye el freno final ni el mejor freno en todo caso, pero es uno de los ejercicios que nos ayudarán a mantenernos lejos del pecado. Nosotros escogemos nuestro pecado, pero Dios escoge nuestras consecuencias y ellas no llegan cuando pensamos, sino cuando Dios decide que es tiempo de disciplinarnos.

El pecado sabe delicioso al comienzo, pero no permanecerá dulce hasta la última mordida. El pecado tiene un sabor dulce al inicio, pero pronto lo dulce se torna amargo. Tal vez Adán y Eva aún no habían terminado de comer la fruta cuando comenzaron a saborear lo amargo y lo agrio de su desobediencia. No se deje engañar por el pecado.

El lugar del arrepentimiento

En una ocasión, leí una historia (no sé si era real o no) acerca de un niño que compró un tirapiedras y jugaba con él en el campo de su abuelo. El abuelo tenía un pato especial y, un día mientras el niño jugaba con su tirapiedras, no pensó que podía darle al pato, pero soltó la piedra, golpeó al pato en la cabeza y lo mató. De inmediato fue y escondió el pato en la finca. La hermana del niño lo vio y pensó en usarlo en su contra. En los días siguientes, cuando el abuelo llamaba al niño para ir de pesca, la hermana le decía al abuelo que ella iba a acompañarlo en lugar de su hermano, a lo que su hermano se oponía, pero la hermana le recordaba el incidente con el pato y el niño se quedaba callado y accedía a dejarla ir en su lugar. Al día siguiente, el abuelo llamó a la hermana para que lavara los platos, y la niña respondió que su hermano lo haría por ella. Cuando su hermano protestó, la hermana respondió: «Acuérdate del pato». A las dos semanas, el niño se sintió esclavizado por la hermana y, harto de la situación, fue a ver a la abuela para contarle lo que había sucedido con el pato del abuelo y lo que la hermana había estado haciendo desde entonces. Luego de escucharlo, la abuela le respondió: «Ese día yo estaba en la ventana y lo vi todo, pero no dije nada porque quería saber hasta cuándo ibas a permitir que tu hermana te esclavizara manipulándote».

Eso es lo que muchas veces pasa con nosotros: caemos y tratamos de ocultar las cosas, mientras que Dios está en su trono diciendo: «Yo ya sé lo que pasó. Solo quiero saber hasta cuándo vas a permitir que tu pecado y Satanás te esclavicen». Si vamos a Dios en arrepentimiento, podemos resolver el problema en ese mismo momento. Sin embargo, nosotros permitimos la esclavitud que el pecado produjo en lugar de ir ante Dios y confesar, de manera que Él pueda hacer algo al respecto. Usted puede estar seguro de que Dios lo resolverá porque somos Sus hijos.

No lo olvide: el pecado promete placer, pero no puede entregarlo de la forma en que lo promete. 2 Pedro 2:19 dice: *Les prometen libertad, mientras que ellos mismos son esclavos de la corrupción, pues uno es esclavo de aquello que le ha vencido.* Cuando caemos y no nos arrepentimos, nos convertimos en esclavos de aquello que nos vence, como sucedió con el niño de la historia; él estaba siendo esclavo de lo que lo venció: la incapacidad de confesar. En lugar de ir al trono de la gracia, confesar y arrepentirnos, hacemos como este niño, que escondió su acción y se hizo esclavo de su pecado y de su hermana. Debemos recordar las palabras de Thomas Brooks, autor y predicador puritano, quien dijo: «El arrepentimiento es el vómito del alma».[10] La mayor libertad está no en poder disfrutar de la tentación, sino en no exponernos a la tentación para no caer en ella y poder permanecer de verdad libres.

El tiempo de tratar con la tentación es cuando somos atraídos. No es después de haber probado, sino mucho antes de la primera mordida. Una vez que hemos mordido la fruta, seremos atrapados por el veneno del placer.

Cuando Satanás se les apareció a Adán y a Eva cuestionando lo que Dios había revelado, su respuesta debió ser: «Nosotros tenemos instrucciones claras; no tenemos nada que hablar contigo». La razón

---

[10] Thomas Brooks, *The Select Works of the Rev. Thomas Brooks, Vol 1.,* ed. por Rev. C. Bradley (Londres: L. B. Seeley and Son, 1824), 335.

por la que compramos la tentación con tanta facilidad es porque con frecuencia se presenta a través de algo familiar. ¿Qué había alrededor de esta primera pareja? Plantas y animales. Entonces, encontrarse con una serpiente no les iba a causar ninguna sospecha inicial porque estar rodeado de animales era algo normal para ellos. A ellos no les llamó la atención que esta serpiente hablara. De esta misma manera, cuando somos tentados, muchas veces es por algo que a nosotros nos parece muy común o normal: un jefe, una compañera de trabajo, una oferta económica, o algo similar. La serpiente era parte del ambiente, así como la computadora es parte de nuestro ambiente; y de esta manera sutil entran las tentaciones a nuestras vidas y las recibimos sin ningún problema.

Si hoy viniera un burro a nosotros y nos dijera: «¿Consideraste a esta persona?», lo más probable es que no le haríamos caso porque sería muy extraño que un burro entrara a la oficina y nos dijera una cosa semejante. Enseguida pensaríamos que el animal está poseído por un demonio, pues es obvio que ese fenómeno sería algo por completo anormal. Pero si viniera un compañero de oficina y nos dijera: «¿Consideraste a tu nueva secretaria?», es casi seguro que conversaríamos con él porque es nuestro amigo y parte normal de nuestro ambiente. Satanás nos tienta con las cosas que son habituales a nuestro alrededor; por eso las recibimos con tanta facilidad.

Preguntas de evaluación

Como no siempre somos objetivos al autoevaluarnos, es bueno considerar algunas preguntas que nos podrían ayudar a encontrar dónde radica el problema. Por ejemplo: ¿está usted negando la tentación? ¿Es usted defensivo con relación a la tentación? ¿Se siente culpable, pero lo oculta? ¿Está usted siendo distraído y descuidando sus intereses?

El salmista escribió: *De continuo están mis ojos hacia el Señor, porque Él sacará mis pies de la red* (Sal. 25:15). Cuando la red está siendo tendida, usted necesita ser encontrado mirando hacia el Señor. No sea ingenuo. No permita que Satanás ponga un solo pie en la puerta de su corazón, pues, cuando esto sucede, sus emociones comienzan a controlar su mente. Antes de que eso ocurra, tenemos que eliminar esos pensamientos pecaminosos de nuestra mente y corazón porque, una vez que perdemos terreno santo y empezamos a darle entrada al pecado, ya prácticamente hemos perdido la batalla. Las emociones no son lógicas: solo son. Por ejemplo, no podemos dar una explicación lógica de por qué nos gusta un color determinado; nos gusta y ya. Es ahí donde radica el problema cuando permitimos que las emociones abracen nuestra mente porque estas nos van a llevar a actuar de manera irracional solo porque así lo deseamos.

LA TEOLOGÍA PARA MANEJAR LA TENTACIÓN[11]

Hemos muerto al pecado (Rom. 6:2). Aquellos que hemos creído en Cristo, hemos muerto al pecado con Él. Por eso, no somos condenados posteriormente cuando pecamos porque Cristo murió por el pecado nuestro y como nuestro representante. Por tanto, no podemos continuar viviendo aún en él. Tenemos que alejarnos. De ahí la pregunta de Pablo en 6:2b: *¿cómo viviremos aún en él?*

Hemos sido unidos a Cristo y resucitados con Él (Rom. 6:4-5). Por consiguiente, el poder que levantó a Cristo de entre los muertos es el mismo poder que reside en nosotros y que es capaz de preservarnos de la caída. Pero para contar con el poder de la resurrección en nuestras vidas, necesitamos depender de Dios y andar en el Espíritu.

Nuestra naturaleza pecadora fue crucificada con Cristo (Rom. 6:6). A pesar de ello, esta aún no acaba de morir. Sin embargo, nuestra naturaleza pecadora no debe ser lo que nos domine, pues, aunque el viejo hombre aún va a desear el pecado, ahora tenemos (en Cristo) el poder para vencerlo. Esto nos permite tener una vida de santidad por encima de lo que son nuestras caídas.

Hemos sido liberados del pecado (Rom. 6:7). En la cruz, Cristo nos liberó de la **pena** del pecado: no tenemos que ir a la condenación. A través de la vida de santificación, Cristo nos está liberando del **po-**

---

[11] Para detalles de consejería bíblica contra la tentación, véase June Hunt, s.v. «Temptation», en *The Biblical Counseling Reference Guide* (Eugene, OR: Harvest House, 2008).

der que el pecado ejerce sobre nosotros; y al final, cuando entremos en gloria, seremos liberados de la **presencia** del pecado en nosotros.

Considerémonos muertos al pecado, pero vivos para Dios (Rom. 6:11). Ya hemos muerto a eso que Dios llama pecado; por lo tanto, no tratemos de volver atrás. Se cuenta que, en una ocasión, Agustín fue seguido por una mujer que había sido su amante antes de su conversión. Él dio media vuelta y apresuró el paso alejándose. La mujer volvió a llamar con insistencia: «Agustín, soy yo, soy yo». Y él respondió sobre sus hombros: «Yo sé, pero ya no soy yo».[12] Esta es una excelente ilustración de cómo el creyente debe verse a sí mismo después de su conversión.

No usemos los miembros de nuestro cuerpo para satisfacer la carne (Rom. 6:13). La carne tiene deseos, pero, como ya no somos siervos del pecado sino de Dios, no debemos usar nuestros ojos, nuestras manos, nuestra mente ni nuestros pies para ir a lugares donde nada más vamos para satisfacer los deseos de la carne.

LUCHANDO CONTRA LA TENTACIÓN

Prioridad #1: la renovación de la mente (Rom. 12:2). Toda tentación llega a la mente por medio de los sentidos o se concibe en la mente. Parte del problema es que las tentaciones nos hacen caer porque hemos ido conformando nuestra forma de pensar y de vivir de acuerdo con los patrones de este mundo, nuestras preferencias, los lugares que frecuentamos, las formas de vestir, las cosas que compramos, las conversaciones que escuchamos, y muchas cosas más. Tenemos la mente del mundo de hoy, una mente secular, aunque el corazón se haya convertido. De ahí la importancia de la instrucción del apóstol Pablo a los romanos: *Y no os adaptéis a este mundo, sino transformaos mediante la renovación de vuestra mente, para que verifiquéis cuál es la voluntad de Dios: lo que es bueno, aceptable y perfecto* (Rom. 12:2).

---

[12] William MacDonald, *Believer's Bible Commentary,* ed. por Art Farstad (Nashville, TN: Thomas Nelson, 1989), 1702.

Prioridad #2: recuerde dónde reside el poder del cambio. El apóstol Pablo expresa su frustración en su lucha con el pecado:

Porque lo que hago, no lo entiendo; porque no practico lo que quiero hacer, sino que lo que aborrezco, eso hago. Y si lo que no quiero hacer, eso hago, estoy de acuerdo con la ley, *reconociendo* que es buena. Así que ya no soy yo el que lo hace, sino el pecado que habita en mí. Porque yo sé que en mí, es decir, en mi carne, no habita nada bueno; porque el querer está presente en mí, pero el hacer el bien, no. Pues no hago el bien que deseo, sino que el mal que no quiero, eso practico. Y si lo que no quiero *hacer*, eso hago, ya no soy yo el que lo hace, sino el pecado que habita en mí. Así que, queriendo yo hacer el bien, hallo la ley de que el mal está presente en mí. Porque en el hombre interior me deleito con la ley de Dios, pero veo otra ley en los miembros de mi cuerpo que hace guerra contra la ley de mi mente, y me hace prisionero de la ley del pecado que está en mis miembros. ¡Miserable de mí! ¿Quién me libertará de este cuerpo de muerte? Gracias a Dios, por Jesucristo Señor nuestro. Así que yo mismo, por un lado, con la mente sirvo a la ley de Dios, pero por el otro, con la carne, a la ley del pecado (Rom. 7:15-25).

Aún Pablo no entendía por qué en ocasiones terminaba haciendo justamente aquello que no quería hacer y otras veces no hacía lo que le correspondía hacer. Este solo pasaje nos instruye de sobre manera acerca de la necesidad de depender de Dios.

Dada esa realidad, nosotros necesitamos lo siguiente:

1. Vivir en Su Palabra y por Su Palabra.
2. Depender de Su Espíritu.
3. Desarrollar dominio propio como un fruto del Espíritu.

Frecuentemente el espíritu está dispuesto, pero la carne es débil (Mat. 26:41). La carne no tiene poder de transformación alguno porque en la carne no hay nada bueno (Rom. 7:18).

Prioridad #3: cuando se sienta tentado, hable la verdad a su vida. En el momento de la tentación, nuestra mente con frecuencia cree una mentira que en otras condiciones hubiese rechazado. Un esposo podría ver a una mujer que no es su esposa y admirar ciertas condiciones en ella y en ese momento podría decir: «Sí posee estas condiciones, pero no es mi esposa y mi esposa es el regalo de Dios para mi vida». Es una forma sencilla de ilustrar de qué manera nosotros podemos decirnos la verdad en el momento de la tentación. Podría ser tentado a mentir para quedar bien, pero en ese momento puedo recordar que Satanás es el Padre de las mentiras y decírmelo a mí mismo. En el Edén, Adán pudo haber dicho: «Esto es lo que la serpiente dice, pero esto es lo que Dios dijo; por lo tanto esto es lo que decido creer y no la nueva idea que trajo la serpiente». Necesitamos hablarnos más a nosotros mismos las verdades que queremos predicar a otros.

Prioridad #4: cuando se sienta tentado, recuerde las consecuencias. Piense que Dios lo está mirando, que no hay nada que hagamos o pensemos que Dios no sepa (Luc. 8:17). Recuerde que los ojos de Dios están continuamente observando lo que usted hace e incluso escuchando lo que usted piensa. Si usted no detiene la tentación, llegará un momento en que la tentación dejará de ser tal cosa y se convertirá en una realidad. Antes de ceder, considere que puede perder su reputación en un minuto, y recobrarla le puede costar toda la vida, si es que acaso logra hacerlo.

Piense en la culpa y la vergüenza, la vergüenza que traerá a su familia, a su pareja, a sus hijos, a la iglesia, al Señor, a sus amigos, a sus compañeros de trabajo y a su vida en general. Considere con seriedad el peso de la culpa que caerá sobre usted.

¿Recuerda el capítulo sobre la integridad y nuestra conciencia? Parte del problema es que la conciencia nos habla y nos advierte: «No lo hagas»; pero, en la medida en que la tentación va arropando nuestra mente y nuestro corazón, la conciencia va perdiendo fuerza y, en medio del pecado, nuestra conciencia no puede trabajar de manera adecuada. Es por eso que no podemos frenar la tentación a tiempo. Pero tan pronto pecamos, la conciencia se despierta y nos dice: «Lo hiciste. Eres culpable. No eres digno». La conciencia se convierte entonces en un arma poderosa que Satanás usa para acusarnos después de que caímos.

Piense además en el dolor que causará a otros, el dolor que causará a su familia, a sus hijos y a su cónyuge. Hay un dolor que no es solo suyo: otros sufren con usted cuando cae por no haber prestado atención a las señales del camino.

REFLEXIÓN FINAL

Algunos han definido el pecado como una declaración de independencia de Dios. Cuando elegimos pecar, demostramos nuestra esclavitud al pecado (el incrédulo) o decidimos volver a una esclavitud de la cual ya habíamos sido liberados (el creyente). Creer Su Palabra y actuar conforme a ella es el comienzo de la liberación.

Nos volvemos ególatras en el momento en que pecamos. Por cierto, la mayoría de las veces que pecamos no es porque desconocemos los mandatos de la ley de Dios, sino porque elegimos en ese momento desobedecer aquello que conocíamos. Muy rara vez ignorábamos que lo que estábamos haciendo estaba mal y era pecado. Por lo tanto, al violar los mandatos que conocemos, nuestro pecado se convierte en una declaración de independencia de Dios de nuestra parte.

El problema, como ya dijimos, es que podemos escoger nuestro pecado, pero no las consecuencias, y a veces las consecuencias de Dios son muy pesadas. De la misma manera, podemos escoger el momento para pecar, pero es Dios quien decide el momento en que nos disciplinará. En ocasiones, la disciplina ha llegado cuando menos la esperábamos, cuando ya pensábamos que Dios nos había permitido salir ilesos. Y quizás suceda así, si hubo un verdadero arrepentimiento; pero, de lo contrario, el tiempo en que Dios se encargará de nosotros y nos disciplinará llegará tarde o temprano.

Es posible que a veces pensemos que Dios se ha olvidado de nuestros pecados no confesados, pero no es así. Él está esperando el momento adecuado, dándonos la oportunidad de arrepentirnos, hasta que llegue el tiempo de hacernos entender el peso de nuestro pecado.

Dios escoge el tiempo de nuestras consecuencias, al igual que escoge el tipo de consecuencias por las cuales hemos de atravesar como resultado de nuestro pecado.

12.

CÓMO TOMAR DECISIONES SABIAS PARA VIVIR CON INTEGRIDAD

*Pero si alguno de vosotros se ve falto de
sabiduría, que la pida a Dios, el cual da a
todos abundantemente y sin reproche, y
le será dada.*

~ Santiago 1:5

INTRODUCCIÓN

Existen distintas áreas de la vida diaria que no están bien delineadas o definidas en la Palabra de Dios; es decir, son áreas que no podemos clasificar con facilidad bajo una categoría de blanco o negro, por ejemplo. Estas han sido denominadas como áreas grises y constituyen uno de los aspectos más problemáticos en la vida cristiana. Estas áreas grises se complican aún más debido a la cosmovisión personal de cada creyente y a características típicas de nuestra naturaleza caída. A manera de introducción, a continuación mencionaremos algunas de estas áreas.

En primer lugar, **nuestro egocentrismo** nos lleva a ver las cosas que nos convienen como buenas y válidas, y cuando alguien nos hace algún tipo de señalamiento en un área donde la Palabra no usa un lenguaje prescriptivo es nuestra tendencia responder diciendo que esa idea o principio no está muy claro en la Palabra de Dios. Y eso puede ser cierto, pero eso no quiere decir que Dios no nos haya dejado principios que nos orienten en la toma de decisiones. A veces, el problema es que, si cada quien dice algo similar respecto a las áreas que afectan sus intereses y su forma de vivir, se hará imposible sostener conversaciones objetivas y bíblicas.

Por otro lado, **nuestras preferencias** en estilos de música, liturgia eclesiástica, formas culturales, etc., nos llevan a juzgar las cosas de distintas maneras y dificultan el ponernos de acuerdo.

De igual manera, **nuestros diferentes niveles o etapas de santificación** nos hacen llegar a conclusiones distintas. En nuestra inmadurez, a veces tildamos de no pecaminosas cosas que la Biblia declara como tales; y otras veces nuestro legalismo, típico de la falta de madurez, nos lleva a clasificar de blanco o negro áreas que en verdad son grises. En la medida en que somos santificados, esas áreas grises comienzan a verse cada vez más claras en términos de cómo son en realidad: blancas o negras, o áreas donde podemos ejercer la libertad cristiana, según nos dicte nuestra conciencia, pero amparados siempre en la Palabra.

Nuestro grado de discernimiento espiritual también influye en el momento de juzgar. Cuando éramos más jóvenes, juzgábamos muchas cosas como buenas o apropiadas porque nuestra falta de discernimiento no nos permitía emitir un mejor juicio. Lo mismo ocurre durante la época en que somos niños en la fe, pues aún carecemos de la sabiduría necesaria para determinar lo que es mejor o más apropiado ante los ojos de Dios.

A continuación examinaremos varios pasajes bíblicos y principios de sabiduría bíblica que nos pueden ser de gran utilidad a la hora de tomar decisiones.

DIOS NO ES INDIFERENTE A NINGUNA DE NUESTRAS DECISIONES O ACTIVIDADES

Dios tiene una opinión de cada acción, de cada pensamiento y de cada decisión, buena o mala, pecaminosa o no, que podamos considerar. Si pudiéramos consultar directamente con Dios y conocer cuál es Su opinión acerca de todas y cada una de las decisiones o alternativas que tenemos por delante, estamos seguros de que Dios nunca nos respondería algo como: «La verdad es que no sé cuál de esas dos opciones sea la mejor». Un Dios que es omnisciente conoce todas las alternativas y sus potencialidades; y por tanto, cada decisión que Él toma es siempre la mejor decisión, habiendo considerado todas las posibles opciones. Solo el ser humano, que tiene limitaciones para conocer las opciones pasadas, presentes y futuras, se encuentra con frecuencia ante opciones difíciles de escoger.

Como bien establece la Confesión de fe de Westminster, «Dios, el gran creador de todas las cosas, sostiene, dirige, dispone y gobierna todas las criaturas, las acciones y las cosas, desde la más grande hasta la más pequeña, por medio de su más sabia y santa providencia, según su infalible presciencia y el libre e inmutable consejo de su propia voluntad, para alabanza de la gloria de su sabiduría, poder, justicia, bondad y misericordia».[1] Pablo nos llama a hacerlo todo (ya sea que comamos, bebamos o cualquier otra cosa) para la gloria de Dios (1 Cor. 10:31). No nos cabe la menor duda de que Dios examina cada una de nuestras acciones y decisiones en términos de hasta dónde procuran la gloria de Dios.

DIOS Y LAS ÁREAS GRISES

Con frecuencia, Dios nos habla a través de Su Revelación en términos tan absolutos que no deja brecha alguna para que pensemos en términos relativos. Consideremos a continuación estos pasajes.

> ¡*Oh almas* adúlteras! ¿No sabéis que la amistad del mundo es enemistad hacia Dios? Por tanto, el que quiere ser amigo del mundo, se constituye enemigo de Dios (Sant. 4:4).

Toda la epístola de Santiago parece estar escrita en términos similares. Si no creyéramos en la inspiración de la Biblia por parte de Dios, concluiríamos que Santiago tenía una personalidad radical, y

---

[1] Alonzo Ramírez, *Los estándares de Westminster* (Guadalupe, Costa Rica: Editorial CLIR, 2010), 19.

que eso hizo que escribiera de esa manera. En el versículo que citamos más arriba, las alternativas que se nos presentan son «somos amigos del mundo y enemigos de Dios» o «somos amigos de Dios y enemigos del mundo». No hay términos medios.

«De la misma manera que el Israel infiel buscó adorar al Señor y a los dioses de los cananeos de la fertilidad y la prosperidad, así cristianos intentan buscar a Dios y al mundo. Santiago dice que esto no es vacilación: es adulterio».[2] Muchas veces, las denominadas áreas grises son grises para nosotros, pero Dios no tiene áreas grises. Dios siempre tiene una opinión definida de cada situación en particular.

Ahora bien, Santiago no es el único autor de la Biblia que escribe en estos términos. Con cierta regularidad, el apóstol Pablo usa en sus cartas un lenguaje muy similar. En la segunda carta de Pablo a los corintios leemos lo siguiente:

> No estéis unidos en yugo desigual con los incrédulos, pues ¿qué asociación tienen la justicia y la iniquidad? ¿O qué comunión la luz con las tinieblas? ¿O qué armonía tiene Cristo con Belial? ¿O qué tiene en común un creyente con un incrédulo? ¿O qué acuerdo tiene el templo de Dios con los ídolos? Porque nosotros somos el templo del Dios vivo, como Dios dijo: Habitaré en ellos, y andaré entre ellos; y seré su Dios, y ellos serán mi pueblo (2 Cor. 6:14-16).

En este texto, Pablo literalmente contrapone a Cristo con Belial, al creyente con el incrédulo, y al templo de Dios con los ídolos. Aquí no hay nada gris: es una cosa o la otra. Las áreas grises tienen que ver con nosotros y no con Dios. Dios no es ambivalente, cambiante o relativista; y nunca lo ha sido como afirma el mismo Santiago: *Toda buena dádiva y todo don perfecto viene de lo alto, desciende del Padre de las luces, con el cual no hay cambio ni sombra de variación* (Sant. 1:17). Dios no cambia de opinión.

---

[2] Daniel M. Doriani, *James,* Reformed Expository Commentary, ed. por Richard D. Phillips y Philip Graham Ryken (Phillipsburg, NJ: P&R Publishing, 2007), 134.

Vemos entonces el parecido entre el texto de Santiago y las palabras de Pablo en su epístola a los corintios. Jesús mismo habló con un lenguaje similar: *El que no está conmigo, está contra mí; y el que no recoge conmigo, desparrama* (Mat. 12:30). No encontramos ningún tono gris en esta afirmación: estamos con Cristo o contra Él. Según lo expresado en este versículo, si hay alguien que aún no ha definido su posición (si está con Cristo o contra Él), esa misma falta de definición lo coloca contra Cristo, pues de lo contrario no estaría indeciso, sino que estaría con Cristo.

Algo similar se evidencia en la carta que Pablo escribe a los gálatas. El apóstol estaba tratando de ayudarlos a entender que en la vida cristiana existe un conflicto permanente, sin áreas grises, entre los deseos de la carne y los deseos del Espíritu, los cuales siempre estarán en oposición el uno del otro. Pablo lo expresa de la siguiente forma: *Porque el deseo de la carne es contra el Espíritu, y el del Espíritu es contra la carne, pues éstos se oponen el uno al otro, de manera que no podéis hacer lo que deseáis* (Gál. 5:17). Una vez más podemos observar que para nosotros existen las áreas grises, pero es obvio que no para Dios. Cada cosa que hacemos o alimenta la carne o alimenta el Espíritu. «El espíritu y los deseos de la naturaleza carnal son irreconciliablemente opuestos el uno al otro, lo que da como resultado conflicto en la vida del creyente».[3] El deseo de la carne es tan contrario al Espíritu que con frecuencia no podemos hacer lo que queremos (Rom. 7:15-16). Entonces, comenzamos a ver que Dios no tiene nuestros mismos criterios a la hora de juzgar. Las áreas grises muchas veces aparecen porque estamos buscando la manera de hacer lo que a nosotros nos place sin tener que sentirnos culpables.

¿QUÉ TIENE DE MALO?

Hace unos años, tuve una conversación telefónica con alguien que residía en el extranjero, y ella me comentaba que su hija, quien pro-

---

[3] Robert K. Rapa, *Galatians,* The Expositor's Bible Commentary, ed. rev., ed. por Tremper Longman III y David E. Garland (Grand Rapids, MI: Zondervan, 2008), 626.

fesaba ser creyente, estaba en una relación amorosa con alguien que, hasta donde sabía, no era creyente y que ambos querían casarse. La madre me dijo en esa conversación: «Pastor, sé que en nuestra iglesia no se puede hacer, pero ¿habrá alguna forma de que mi hija se pueda casar aquí en el país?». Luego de su comentario, le pregunté: «¿No dijo usted que el novio de su hija no es creyente?»; y ella me respondió que efectivamente el joven no lo era. Entonces le comenté que el problema no era si ellos se podían casar en nuestra iglesia (la IBI) o en otra iglesia; el problema estaba en que el novio de su hija no era creyente, a lo que me contestó: «Es que eso sería para el año que viene». Entonces le dije: «No importa si la boda es el año que viene; es ahora que ella está en yugo desigual. Estamos hablando de un problema actual, no de un problema futuro». ¿Se da cuenta de cómo de repente comenzamos a buscar soluciones a problemas pecaminosos a través de atajos que también son pecaminosos? En este caso, desplazamos el problema de hoy para el año que viene. Pero el problema no está en el futuro, sino ahora, en el presente.

Cuando lidiamos con los jóvenes, al encontrarnos con algún área gris, es frecuente que ellos nos pregunten: «¿Qué tiene de malo?». A nuestro entender, esa pregunta es muy limitante si de verdad queremos saber qué tiene algo de malo, pues esa no es la única pregunta de importancia que debemos hacer. Junto con esa pregunta debemos también preguntarnos: ¿qué tiene de santo? La primera pregunta (¿qué tiene de malo?) busca encontrar de qué manera se parece eso que estamos haciendo a Satanás. La otra pregunta (¿qué tiene de santo?) tiene como propósito descubrir de qué forma eso que queremos hacer se asemeja a Dios. Cuando analicemos qué tiene algo de santo, podremos entender mejor lo que eso tiene o no de malo.

Susanna Wesley, la madre de los hermanos Charles y John Wesley, en una ocasión le dio la siguiente definición de pecado a uno de sus hijos cuando este le preguntó que era el pecado: «Pecado es cualquier cosa que debilite tu razonamiento, altere la sensibilidad de tu conciencia, oscurezca tu apreciación de Dios, o que te quite la pasión por las cosas espirituales. En pocas palabras, cualquier cosa que aumente el poder o la autoridad de la carne sobre tu espíritu... eso para ti se convierte en pecado, independientemente de cuán bueno sea en sí mismo».[4]

Si algo debilita nuestro razonamiento, esa alteración nos coloca en una posición de vulnerabilidad que nos impide decidir con sabiduría entre las cosas sagradas y las pecaminosas. En ese momento, ya no estamos caminando sobre terreno santo. Luego de que algo logró alterar la sensibilidad de nuestra conciencia, de repente estamos dispuestos a hacer cosas que normalmente no haríamos porque irían en contra de nuestra conciencia. Cuando esto ocurre, eso que alteró nuestra conciencia se convierte en pecado para nosotros.

De igual manera, si algo oscurece nuestra apreciación de Dios u oscurece nuestra pasión por las cosas espirituales, eso se vuelve pecado para nosotros porque le está robando a Dios el lugar que le corresponde en nuestras vidas. Cuando esto ocurre, ha habido un desplazamiento de Dios, quien ahora es menos valorado. La realidad es que muchas cosas materiales nos roban la pasión por las cosas espirituales porque nos hacen sentir importantes, nos llenan de significado, o solo porque satisfacen nuestros deseos y anhelos. En cada uno de esos casos, el problema está en que Dios dejó de ser la fuente de nuestra satisfacción.

En pocas palabras, cualquier cosa que aumente el poder o la autoridad de la carne sobre nuestro espíritu (esto es lo que Gálatas 5:17 nos enseña) se convierte en pecado para nosotros, sin importar cuán bueno sea en sí mismo, según las sabias palabras de Susanna Wesley. Es decir, puede que algo sea muy bueno, e incluso santo, pero si causa este efecto en nosotros, de inmediato se convierte en pecado. El púlpito puede llegar a ser algo pecaminoso si comienza a alimentar el ego del predicador.

Así pues, podemos definir el pecado en términos académicos y decir que pecado es «errar el blanco», definición que se deriva del vocablo griego *hamartia*;[5] o que pecado es «cruzar una línea mar-

---

[4] Susanna Wesley, *Susanna Wesley: The Complete Writings,* ed. por Charles Wallace, Jr. (Nueva York: Oxford University Press, 1997), 109.
[5] Joseph H. Thayer, s.v. «ἁμαρτία», *Thayer's Greek-English Lexicon of the New Testament* (Peabody, MA: Hendrickson Publishers, 1979).

cada» (*parábasis*).[6] Pero más allá de las definiciones, tenemos que considerar que en ocasiones habrá cosas que deseemos que quizás no sean pecaminosas en sí mismas, incluso algunas de ellas pueden ser santas (como el ministerio), pero que tienen el potencial de convertirse en pecado para nosotros si permitimos que tomen el lugar que solo le corresponde a Dios.

LOS LÍMITES DE LA LIBERTAD CRISTIANA

Se entiende por libertad cristiana el ejercicio de la voluntad en áreas que son moralmente neutrales. Por ejemplo, practicar un deporte u otro es parte de esa libertad. Para algunos creyentes, el consumo de alcohol, aun en pequeñas cantidades, es algo pecaminoso, pero para otros no lo es. Aquellos que no lo ven como pecaminoso entienden que es parte de la libertad cristiana poder consumir o no bebidas alcohólicas, siempre y cuando no se llegue a un estado de embriaguez. Sin embargo, aun si admitimos que existen áreas de libertad en el ejercicio de nuestra fe, tenemos que recordar que la misma Palabra de Dios contiene principios que coartan dicha libertad.

La libertad cristiana no puede ser vivida independientemente de las personas que están a nuestro alrededor. Si usted vive entre cristianos, no puede hacer todo cuanto quiera solo porque para usted no es pecado, sin tomar en consideración al resto de los creyentes. Por ejemplo, una relación sexual entre un hombre y su esposa no tendría nada de malo en su mejor expresión, pues fue algo que Dios creó. Pero si ese acto sexual entre la pareja es llevado a cabo delante de los hijos, ya pasa al plano de lo pecaminoso. Este ejemplo es bastante claro, pero otros no lo son.

Algunas personas opinan que el cristiano puede hacer todo aquello que la Biblia no prohíbe de manera expresa. Pero la Biblia no es un largo listado de prohibiciones que al final dice: «Y fuera de estas, ya no hay más prohibiciones». Por el contrario, la Palabra de Dios contiene una serie de principios que abarcan todas las posibles prohi-

---

[6] Ibíd., s.v. «παράβασις».

biciones, incluso de cosas que en algún momento no están prohibidas y en otro sí lo están, como en la ilustración que acabamos de mencionar. La Biblia no dice que no debemos tener relaciones sexuales delante de nuestros hijos. Entonces, ¿podríamos hacerlo porque la Biblia no lo prohíbe expresamente? ¡Por supuesto que no! Este es el tipo de razonamiento que usamos cuando deseamos pecar y silenciar un argumento que nos dice que algo está mal.

La Biblia nos indica cómo debemos entender nuestra libertad cristiana; y el mejor pasaje para ilustrar esta enseñanza aparece en 1 Corintios 8, donde Pablo explica que para algunos hermanos el comer carne sacrificada a los ídolos era pecado y para otros no lo era. Si la única consideración para comer este tipo de carne era la libertad cristiana, entonces estos hermanos podrían comerla todo el tiempo. Sin embargo, Pablo nos da ciertos parámetros que limitan nuestra libertad cristiana. En 1 Corintios 8:9-13, encontramos la siguiente enseñanza:

> Mas tened cuidado, no sea que esta vuestra libertad de alguna manera se convierta en piedra de tropiezo para el débil. Porque si alguno te ve a ti, que tienes conocimiento, sentado *a la mesa* en un templo de ídolos, ¿no será estimulada su conciencia, si él es débil, a comer lo sacrificado a los ídolos? Y por tu conocimiento se perderá el que es débil, el hermano por quien Cristo murió. Y así, al pecar contra los hermanos y herir su conciencia cuando ésta es débil, pecáis contra Cristo. Por consiguiente, si la comida hace que mi hermano tropiece, no comeré carne jamás, para no hacer tropezar a mi hermano (1 Cor. 8:9-13).

«El lenguaje de Pablo parece sugerir que él acepta que hay un derecho legítimo en cuestión, pero que el ejercicio del mismo tiene que ser condicionado por factores que los corintios han ignorado».[7] Es probable que algunos piensen que, si actuamos siempre de esa mane-

---

[7] Roy E. Ciampa, *The First Letter to the Corinthians,* The Pillar New Testament Commentary, ed. por D. A. Carson (Grand Rapids, MI: Eerdmans, 2010), 390.

ra, llegaremos a ser esclavos del hermano débil. Sin embargo, vemos que Pablo no era esclavo del hermano débil, pues él se abstenía de estas cosas con mucho gusto, por amor a sus hermanos. Un esclavo es alguien que es forzado a hacer lo que él no quiere hacer, pero, cuando hacemos las cosas por amor al hermano, no estamos absteniéndonos de hacer cosas porque ese otro quiere, sino por amor al hermano y por amor a Cristo. Esa idea de que «el hermano de conciencia débil nos esclaviza» es una excusa muy común para no hacer lo que el amor al otro nos pide que hagamos, y aun Cristo mismo. Si usted se considera más maduro espiritualmente, entonces es a usted que le corresponde hacer la concesión a favor del otro.

En 1 Corintios, Pablo establece las razones por las cuales no debemos violar la conciencia del hermano débil. Ya explicamos algunas de las razones que se encuentran en el capítulo 8; veamos a continuación otras razones que aparecen en el capítulo 10 de la misma carta:

Todo es lícito, pero no todo es de provecho. Todo es lícito, pero no todo edifica. Nadie busque su propio *bien*, sino el de su prójimo (1 Cor. 10:23-24).

Con este punto, Pablo marca el límite de la denominada libertad cristiana. Este límite lo experimentamos a diario cuando convivimos con alguien: usted se acuesta en su cama, se cubre con las sábanas, y al rato su cónyuge quiere una parte de la sábana; al instante se termina la libertad de usar toda la sábana porque dormimos con otra persona al lado. Nuestra libertad es coartada tan pronto tenemos que relacionarnos con otra persona, pues la Palabra nos manda a considerar el bien de nuestro prójimo antes que el nuestro.

En la época en que el apóstol Pablo escribe a los corintios, había mucha carne barata en el mercado que provenía de templos paganos. Al realizarse tantos sacrificios en esos templos, la carne sobrante era llevada al mercado y, como había sido sacrificada a los ídolos y era mucha, era vendida a un precio mucho menor. Esa era la única carne que la mayoría de los cristianos podían comprar, porque muchos de ellos eran de escasos recursos y el otro tipo de carne disponible era mucho más cara. De esta manera, dentro de la iglesia de Corinto había personas que compraban en el mercado esa carne que había sido sacrificada a los ídolos; pero, por otro lado, había algunos cristianos que decían que no podían comer esa carne porque estaba contaminada, pues había sido sacrificada a los ídolos. Es en ese contexto que Pablo escribe diciéndoles que, si alguno no tiene problema con esa carne, se la puede comer.

Ahora bien, si la persona que no tiene problemas con la carne sacrificada a los ídolos está con un hermano para quien esa carne representa un problema, Pablo le ordena no comerla. De hecho, Pablo va aún más lejos y les dice que si fuese necesario no volver a comer carne jamás, con tal de evitar el tropiezo de su hermano, él estaba dispuesto a hacerlo. Pablo fue un hombre que supo vivir en función de las necesidades del otro y no de las propias.

Hoy en día quizás no tenemos dentro de la iglesia problemas relacionados con comer carne sacrificada en templos paganos, pero hay muchas otras cosas propias de nuestra cultura que pueden crear un problema de conciencia para el otro, y esas son precisamente las que debemos evitar.

Una vez más, Pablo nos muestra los límites de nuestra libertad cristiana:

> No seáis motivo de tropiezo ni a judíos, ni a griegos, ni a la iglesia de Dios; así como también yo *procuro* agradar a todos en todo, no buscando mi propio beneficio, sino el de muchos, para que sean salvos (1 Cor. 10:32-33).

El apóstol Pablo se preocupaba por evitar poner cualquier piedra de tropiezo que pudiera impedir que el evangelio fuera escuchado debido a la manera como él se conducía. Pablo dejó morirse totalmente a sí mismo, a sus deseos y a sus pasiones. Tenía a Cristo en su mente todo el tiempo, y honrarlo era lo único que le interesaba.

Hasta aquí hemos establecido varios principios: 1) Dios no tiene zonas grises. Él ve todo blanco o negro. La relatividad es nuestra, pero no de Dios. 2) Nuestro grado de discernimiento, madurez y santificación influye en la manera como manejamos las áreas grises. 3) La libertad cristiana tiene límites, y estos comienzan en la medida en que nos relacionamos con los demás.

DIOS TIENE UN SOLO ESTÁNDAR, PERO JUZGA DE MANERA DISTINTA

Dios no puede juzgarnos a todos igual porque no lo somos. Nosotros, por ejemplo, no podemos juzgar a un niño de dos años que ha hecho sus necesidades en medio de la sala de la casa de la misma manera que lo haríamos si se tratara de un joven de quince años. El estándar es el mismo (la sala no es el lugar apropiado para esas cosas), pero la manera como vamos a juzgar a cada individuo es distinta porque tienen edades y entendimientos diferentes.

Podemos encontrar sustento para esta idea en la epístola de Santiago: *Hermanos míos, no os hagáis maestros muchos* de vosotros, *sabiendo que recibiremos un juicio más severo* (Sant. 3:1). ¿Por qué será más severo? Porque se supone que el maestro tiene mayor conocimiento; y por lo tanto, tiene el discernimiento para poder estudiar, analizar, digerir y entregar la Palabra. El estándar no ha cambiado, pero, a la hora de pasar juicio, este es distinto. A los once años leí una frase que jamás olvidaré. Se encontraba en un libro titulado *La educación del niño excepcional* y decía: «No hay nada más desigual que tratar igual a los que no son iguales». El niño de dos años y el niño de quince años no son iguales; el maestro y el estudiante no son iguales.

En Lucas 12:47-48, Jesús señala esta misma realidad al decir: *Y aquel siervo que sabía la voluntad de su señor, y que no se preparó ni obró conforme a su voluntad, recibirá muchos azotes; pero el que no la sabía, e hizo cosas que merecían castigo, será azotado poco. A todo el que se le haya dado mucho, mucho se demandará de él; y al que mucho le han confiado, más le exigirán.* El hecho de que el siervo no conocía cuál era la voluntad de su señor no implicaba que no mereciera disciplina, aunque sí con menos azotes que aquel otro que sí conocía el deseo de su señor y no lo llevó a cabo. ¿Puede usted notar que hay una diferencia en la manera en que Dios juzga? Al que mucho le han confiado, más se le exigirá. Esto nos da una idea de cómo Dios ha de juzgarnos a la hora de evaluar nuestras decisiones.

LA MOTIVACIÓN PARA LIMITAR MI LIBERTAD CRISTIANA

En 1 Corintios 9:22-23, encontramos la motivación que necesitamos para limitar nuestra libertad: *A los débiles me hice débil, para ganar a los débiles; a todos me he hecho todo,* que por todos los medios salve a algunos. *Y todo lo hago por amor del evangelio,* para ser partícipe de él (énfasis agregado).

Pablo explica que, cuando él decide limitar su libertad cristiana, no tiene nada que ver con una imposición recibida por parte de un tercero. Todo lo que él hace o deja de hacer se desprende de su profundo amor por el evangelio, así como de la pasión que él tiene por que los demás puedan disfrutar y ser partícipes de las bendiciones de Dios. De ahí que Pablo quisiera eliminar todo obstáculo para que tal cosa ocurriera.

La frase *A los débiles me hice débil* fue usada para justificar toda clase de acciones pecaminosas. «Carson con razón nos señala que esto [lo que Pablo explica en el pasaje de más arriba] no confiere una licencia ilimitada de flexibilidad. Pablo es flexible, pero él no es infinitamente elástico. Él no piensa que las demandas fundamentales y distintivas del cristiano son negociables dependiendo de las circunstancias».[8]

Lo que Pablo estaba tratando de comunicar es que, dentro de los límites que la Palabra de Dios establece, hay cosas que él estaba dispuesto a hacer con la intención de ganarse a ese débil. El ejemplo de abstenerse de comer carne sacrificada a los ídolos es uno de muchos otros ejemplos que podríamos utilizar con relación a este tema.

REFLEXIONE ANTES DE TOMAR DECISIONES

1. Las decisiones que tomamos muchas veces revelan los deseos de nuestro corazón: deseos de complacer al Señor, de complacer la

---

[8] David E. Garland, *First Corinthians,* Baker Exegetical Commentary on the New Testament, ed. por Robert W. Yarbrough y Robert H. Stein (Grand Rapids, MI: Baker Academic, 2003), 435.

carne, de complacer a nuestros hijos, de complacer al cónyuge, y así sucesivamente. Nuestras decisiones revelan dónde está en realidad nuestro corazón.

2. El corazón no es confiable. *Más engañoso que todo, es el corazón, y sin remedio: ¿quién lo comprenderá?* (Jer. 17:9). El hecho de que estemos convencidos de algo no necesariamente implica que eso esté bien o sea apropiado porque nuestras convicciones podrían estar afectadas por el estado de nuestro corazón en un momento dado.

3. La decisión final nos muestra a quién hemos decidido complacer: a Dios o al hombre. En este punto radica la mayor disyuntiva de muchas de nuestras decisiones porque con frecuencia escuchamos cosas como: «Mis padres quieren», o «Mi esposo quiere», o «Mi jefe quiere», o «El pastor quiere». Todas esas son figuras de autoridad importantes, pero ninguna relación puede estar por encima de Dios. La pregunta crucial es: ¿qué es lo que Dios quiere? La mayoría de las veces tomamos decisiones para complacer al hombre. Usualmente, esto ocurre cuando tememos al hombre, y en esos casos Dios es muy pequeño y el hombre es muy grande.[9]

4. Nadie es tan maduro como para no necesitar el consejo de otros. A nuestro orgullo no le gusta preguntar, y si preguntamos no nos gusta hacer caso del consejo recibido porque, si lo hacemos, pensamos que le estamos confiriendo la razón al otro, lo que implicaría que nosotros no la teníamos. Pensar que se tiene tanta madurez que no se necesita de consejeros es antibíblico, pues todos necesitamos el consejo y la ayuda de otro. El apóstol Pablo nos lo enseña en su Primera carta a los corintios: *Si alguno cree que sabe algo, no ha aprendido todavía como lo debe saber* (1 Cor. 8:2). Si ponemos nuestro conocimiento al lado del conocimiento de Dios, ¿qué es? ¡Nada! En una ocasión escuché una porción de una prédica del pastor John

---

[9] Véase Edward T. Welch, *When People Are Big and God is Small: Overcoming Peer Pressure, Codependency, and the Fear of Man* (Phillipsburg, NJ: P&R Publishing, 1997).

Piper, donde hablaba de la supremacía de Dios en todas las cosas, y él decía que Dios es un ser con una sabiduría tan grande que, si la ponemos al lado de todo el conocimiento acumulado en la Biblioteca del Congreso de Estados Unidos, que es la más grande del mundo, esa biblioteca parecería como un granito de arena. Y yo diría que aún es menor que un granito de arena. Como nuestra sabiduría es deficiente, necesitamos del consejo de otros hermanos, tal como nos dice el libro de Proverbios: *Donde no hay buen consejo, el pueblo cae, pero en la abundancia de consejeros está la victoria* (Prov. 11:14).

Decisiones que Dios bendecirá

Nuestro Dios no está obligado a bendecir ninguna de nuestras decisiones. Sin embargo, al estudiar las Escrituras podemos observar que hay decisiones que Él bendice y otras que no. Por lo tanto, entendemos que vale la pena revisar algunos de los principios bíblicos que nos ayudan a tomar decisiones que Dios podría bendecir.

1. **Decisiones que van en la dirección de algo que Dios haya iniciado.** Lo que Dios comienza Dios lo termina (Fil. 1:6). Dios pone en nosotros tanto el querer como el hacer (Fil. 2:13). Lamentablemente, ¿cuántas cosas hemos iniciado que no llegamos a terminar? Mas Dios nunca se cansa; a Él nunca le faltan recursos, y nada lo toma por sorpresa. Todo lo ha visto, todo lo ha programado; Él todo lo prevé y todo lo puede. Nosotros podemos dejar cosas a medias porque nos faltan recursos, tiempo, motivación o fuerzas; pero ninguna de esas cosas afectan a Dios.

2. **Decisiones que son congruentes con Su Palabra.** Dios le dijo a Josué: *Solamente sé fuerte y muy valiente; cuídate de cumplir toda la ley que Moisés mi siervo te mandó; no te desvíes de ella ni a la derecha ni a la izquierda, para que tengas éxito dondequiera que vayas* (Jos. 1:7). El éxito de Josué dependía de su obediencia a la Palabra. Y en efecto, cuando Israel perdió la primera batalla, la derrota se debió a una violación a los preceptos de la Palabra de Dios (Jos. 7).

3. **Decisiones que procuran Su propósito.** Los hijos de Dios no fuimos colocados en este mundo para llevar a cabo las ambiciones de nuestros corazones, pues *somos hechura suya, creados en Cristo Jesús para* hacer *buenas obras, las cuales Dios preparó de antemano para que anduviéramos en ellas* (Ef. 2:10). Si estamos tratando de hacer algo que procure cumplir con el propósito de Dios y es una obra preparada de antemano para que caminemos en ella, entonces Dios estará dispuesto a bendecirlo.

4. **Decisiones que procuran Su gloria.** El apóstol Pablo escribió: *Entonces, ya sea que comáis, que bebáis, o que hagáis cualquier otra cosa, hacedlo todo para la gloria de Dios* (1 Cor. 10:31). Basado en esta enseñanza, es fácil concluir que aquellas decisiones que buscan la gloria del hombre no serán bendecidas por Dios; pues, como ya Dios reveló, Su gloria no es algo que Él está dispuesto a compartir con otros (Isa. 42:8). Lamentablemente, con muy poca frecuencia el cristiano se detiene a pensar si la decisión que está a punto de tomar contribuye o no a glorificar a su Dios. Con frecuencia, medimos nuestras decisiones por los beneficios terrenales que vamos a alcanzar, pero la realidad es que no podemos elegir de esa manera y glorificar a nuestro Dios al mismo tiempo. Siempre debemos detenernos a analizar si la decisión que estamos a punto de tomar procura de verdad la gloria de Dios o la gloria del hombre.

LEGALISMO O SANTIFICACIÓN

Muchos llaman legalismo a cualquier cosa que pueda restringir su conducta. Otros califican de radical a todo cristiano que haya decidido vivir sometido por completo a los propósitos de Dios. Ahora bien, el legalismo no está relacionado con cuán alto es el estándar porque el estándar es la perfección, y a esta nunca la podremos alcanzar. Por lo tanto, el legalismo no es definido por lo alto del estándar, sino por la motivación del corazón. Tiene que ver con una actitud del corazón más que con la existencia o no de reglas.

Síntomas del legalismo

1. Existen normas que no pueden ser sustentadas por principios de la Palabra, sino por estándares personales. Si alguien dijera: «No quiero ir a esa iglesia porque *prefiero* otro tipo de música», no habría ningún problema con esa afirmación porque fue expresada en términos de preferencia, y las preferencias personales existen. Lo incorrecto sería calificar de mundano un estilo de música en específico solo porque no es de nuestra preferencia. En efecto, existen canciones mundanas que celebran el pecado y aquello que no complace a Cristo. Pero dentro de las canciones que exaltan a nuestro Señor, existen también diferentes géneros musicales que no son del agrado de todo cristiano. Llamar santo a lo que es más bien una preferencia es parte del espíritu del legalismo.

2. Carecemos de gracia hacia nosotros mismos y hacia los demás. Cuando la persona legalista falla o peca, a menudo se preocupa más allá de lo necesario porque no tiene gracia para consigo misma. El legalista muchas veces se autocastiga al fallar porque no puede creer que fue capaz de hacer algo semejante, cuando en realidad él y todos nosotros somos capaces de hacer cosas mucho peores de las que hemos hecho. Es solo la gracia de Dios que no nos ha dejado ir más allá de donde hemos llegado. Si aceptamos esto, tendremos la gracia necesaria para pedir perdón, perdonarnos a nosotros mismos y perdonar a otros cuando sea necesario.

3. El legalismo se caracteriza por una ceguera hacia nuestras propias faltas y una tendencia a magnificar las faltas de los demás. Ese fue el caso de los fariseos. Para la persona legalista, mucho de lo que el otro hace constituye una falla enorme, mas esa persona es incapaz de ver sus propias fallas. «Jesús es tan severo con los legalistas porque su orgullo en su conocimiento de sus leyes y su habilidad para cumplirlas son un obstáculo para la fe... El orgullo crea un corazón duro de penetrar, ojos que rehúsan ver, oídos que están cerrados».[10]

---

[10] Jerram Barrs, *Delighting in the Law of the Lord: God's Alternative to Legalism and Moralism* (Wheaton, IL: Crossway, 2013), 208-9.

4. El legalista se caracteriza por la presencia de un espíritu crítico hacia los demás; y por lo tanto, con frecuencia las únicas personas que llenan su estándar son aquellas que están de acuerdo con ellos.

5. La obsesión por lo trivial es otra de las características que a menudo observamos en personas marcadas por el legalismo. Note cómo Cristo mismo lo señaló:

> ¡Ay de vosotros, escribas y fariseos, hipócritas!, porque pagáis el diezmo de la menta, del eneldo y del comino, y habéis descuidado los preceptos de más peso de la ley: la justicia, la misericordia y la fidelidad; y éstas son las cosas que debíais haber hecho, sin descuidar aquéllas. ¡Guías ciegos, que coláis el mosquito y *os* tragáis el camello! ¡Ay de vosotros, escribas y fariseos, hipócritas!, porque limpiáis el exterior del vaso y del plato, pero por dentro están llenos de robo y de desenfreno. ¡Fariseo ciego! Limpia primero lo de adentro del vaso y del plato, para que lo de afuera también quede limpio. ¡Ay de vosotros, escribas y fariseos, hipócritas!, porque sois semejantes a sepulcros blanqueados, que por fuera lucen hermosos, pero por dentro están llenos de huesos de muertos y de toda inmundicia (Mat. 23:23-27).

Lo trivial es exaltado y lo primordial es trivializado.

PREGUNTAS QUE DEBEMOS CONSIDERAR ANTES DE TOMAR UNA DECISIÓN

1. ¿Dónde está Dios o Su diseño en esto sobre lo cual tenemos que decidir? Como ilustración podemos preguntarnos: ¿dónde está el diseño de Dios en la relación homosexual?

2. ¿Quién saldrá edificado en esto? Con la decisión que vamos a tomar, ¿buscamos ser beneficiados personalmente o acaso procuramos el bien de nuestro prójimo, nuestra iglesia, o de algún otro?

3. **¿Esto por lo cual nos estamos decidiendo podría llegar a esclavizarnos?** Debemos alejarnos de todo aquello que ejerza dominio sobre nosotros o que pudiera llegar a debilitar nuestro dominio propio al punto de hacernos más vulnerables al pecado. No olvide las sabias palabras del apóstol Pablo: *Todas las cosas me son lícitas, pero no todas son de provecho. Todas las cosas me son lícitas, pero yo no me dejaré dominar por ninguna* (1 Cor. 6:12).

4. **¿Hay alguna inmoralidad o violencia en esto que deseamos?** Por ejemplo, algunas personas podrían preguntarse qué tiene de malo el boxeo. Pero ¿se imagina a Cristo junto al *ring* de boxeo viendo cómo se hieren los boxeadores, portadores de la imagen de Dios?

5. **Si el resto de la iglesia se enterara de esto, ¿qué vamos a hacer?, ¿qué opinarían de nosotros?** Esta sola pregunta podría hacer cambios significativos en la manera en que tomamos las decisiones.

6. **¿Cuál es la asociación que queremos hacer de esto con la cultura de pecado en nuestros días?** Las cosas en sí mismas no son entes morales, entonces ¿qué las hace pecaminosas o no? Su asociación con la cultura de pecado en ese momento. El reguetón, como estilo musical, por ejemplo, tiene una alta asociación con la cultura de pecado de nuestros días, pues tanto las líricas como los bailes que suelen acompañar este estilo de música se usan para provocar y encender la lascivia del ser humano. Esa asociación con el pecado lo hace entonces inapropiado.

7. **¿Cuál es el testimonio de la persona, el artista o el grupo musical que queremos escuchar?** En múltiples ocasiones me preguntaron: «Pastor, ¿puedo ir al concierto de alguna persona en particular?». En esos casos, pregúntese cuál es el testimonio de esa persona a la que usted quiere escuchar y aplaudir. Comenzará entonces a entender a qué sitios no debe ir, sencillamente porque no debe apoyar a personas cuyo testimonio es deshonroso para nuestro Dios. No se trata de ser legalistas, sino de procurar aquellas cosas

que van a contribuir a nuestra santificación. No es legalista aquel
que hace las cosas con gusto porque quiere complacer a su Dios y
traerle deleite.

**8. ¿Participaría usted de esto si Cristo estuviera sentado a su
lado?** Las películas que vemos, ¿las veríamos si Cristo estuviera sentado a nuestro lado? Al meditar en esta sencilla pregunta, quizás haya
muchas cosas de las cuales usted no participaría si supiera que Cristo
está al lado suyo. La realidad es que Él siempre lo está a través del
Espíritu Santo que mora en el interior de cada creyente.

El apóstol Pablo entendió que hay un estilo de vida que no se justifica entre los santos: *Pero que la inmoralidad, y toda impureza o
avaricia, ni siquiera se mencionen entre vosotros, como corresponde
a los santos; ni obscenidades, ni necedades, ni groserías, que no son
apropiadas, sino más bien acciones de gracias* (Ef. 5:3-4). Ahí es
adonde queremos llegar con esta pregunta: a que meditemos si eso
que queremos hacer es propio de una comunidad de santos. El problema es que, como muchas veces vivimos con un pie en el mundo y
otro en la iglesia, estas cosas no nos causan problemas porque somos
parte de ambas comunidades. El apóstol dice que hay cosas que ni
siquiera deben mencionarse entre creyentes; no es solo que no deben
hacerse: es que ni siquiera debemos nombrarlas como corresponde a
los santos. Los santos tienen un estándar distinto de vida.

9. ¿Cuál es la posición de su iglesia frente a esto? No podemos
olvidar que somos miembros de una iglesia, y las iglesias tienen posiciones doctrinales que debemos respetar. Nuestras vidas deben honrar los lineamientos doctrinales de la iglesia a la que pertenecemos,
siempre y cuando estos lineamientos sean bíblicos. Es interesante ver
cómo muchos empleados están dispuestos a someterse a los códigos
de ética de las compañías para las cuales trabajan, pero rehúsan honrar ciertas normas éticas pautadas por sus iglesias, que quizás no sean
obligatorias desde un punto de vista bíblico, pero que representan la
forma como su iglesia decidió llevar a cabo ciertas prácticas. Estas
normas incluso podrían estar relacionadas con algo tan sencillo como

la forma en que se desarrolla la liturgia del servicio dominical o si la lectura de la Biblia se hace con la congregación sentada o parada.

La Palabra de Dios dice en Hebreos 13:17: *Obedeced a vuestros pastores y sujetaos a* ellos, *porque ellos velan por vuestras almas, como quienes han de dar cuenta. Permitidles que lo hagan con alegría y no quejándose, porque eso no sería provechoso para vosotros.* La vida cristiana es una vida de sujeción continua, y esto es bueno porque debemos aprender a destruir nuestro orgullo. Dios diseñó la sociedad en sujeción, y estamos convencidos de que en parte ese diseño tiene como propósito romper con nuestro orgullo. Los ciudadanos se someten al presidente de la nación, sin importar si este es bueno o malo. Los hijos se someten a los padres, la esposa a su esposo, las ovejas a sus pastores… La sociedad entera está diseñada de esa forma, y Dios usa esto para trabajar en nosotros y organizarnos como personas.

En ese sentido, Pablo nos exhorta de la siguiente manera: *Os ruego, hermanos, por el nombre de nuestro Señor Jesucristo, que todos os pongáis de acuerdo, y que no haya divisiones entre vosotros, sino que estéis enteramente unidos en un mismo sentir y en un mismo parecer* (1 Cor. 1:10). El orgullo no nos permite negociar aun cosas negociables. Siempre que no se trate de asuntos que representen formas pecaminosas, el cristiano podría aceptar un principio que él no comparta, como el ejemplo de abstenerse de carne sacrificada a los ídolos, que ya mencionamos y de lo cual Pablo habla en 1 Corintios 8. ¿Por qué haríamos algo así? Por amor a la persona y al nombre de nuestro Señor Jesucristo; por amor a Su pueblo y por amor a nuestro prójimo.

REFLEXIÓN FINAL

La idea detrás de todo lo que hemos visto hasta ahora es que podamos tomar decisiones sabias para vivir con integridad. Es lamentable que muchas veces las consecuencias con las que nos toca vivir se deben a una mala decisión que nunca debimos haber tomado. El problema que nos agobia es actual, pero quizás es producto de una mala decisión que se tomó en el pasado; y a partir de allí todo siguió empeorando. En ocasiones, cuando miramos atrás nos percatamos de que hubo un momento en que una decisión más sabia habría cambiado el curso de las cosas, pero, como no la tomamos, nos fuimos por un camino equivocado.

Si elegimos un camino que no procura los propósitos y la gloria del Señor, cada paso que demos nos traerá alguna consecuencia. Las decisiones no son tan sencillas como parecen y a la vez muchas no son tan complicadas, pero nosotros las complicamos al querer satisfacer nuestros deseos y la ley de Dios a la vez. Si tenemos una conciencia informada por la Palabra de Dios y contamos además con la iluminación del Espíritu Santo, el favor de Dios y consejeros bíblicos a quienes consultar, podremos facilitar el proceso de tomar decisiones complejas.

Si usted no está seguro de la decisión que debe tomar, no tome ninguna. No tomar una decisión es una decisión en sí misma. La mejor forma de tomar una buena decisión es no tomando una mala decisión. Si no toma ninguna, no tomará una mala decisión. Hasta que no esté seguro no tome una decisión; si no puede esperar mucho tiempo porque la situación demanda una respuesta rápida, consulte la Palabra, consulte a Dios en oración, consulte a su pastor o líderes espirituales y use los principios y preguntas enumerados más arriba.

13.

CÓMO BUSCAR, ENTENDER Y ACEPTAR LA VOLUNTAD DE DIOS

Por consiguiente, hermanos, os ruego por las misericordias de Dios que presentéis vuestros cuerpos como sacrificio vivo y santo, aceptable a Dios, que es vuestro culto racional. Y no os adaptéis a este mundo, sino transformaos mediante la renovación de vuestra mente, para que verifiquéis cuál es la voluntad de Dios: lo que es bueno, aceptable y perfecto.

~ Romanos 12:1-2

INTRODUCCIÓN

La necesidad de conocer Su voluntad

Antes de abordar este tema, debemos recordar que Dios rige el universo y gobierna nuestras vidas. Por lo tanto, ya que Él es soberano sobre Su creación, eventualmente tendremos que rendirle cuentas de cómo vivimos o no conforme a Su voluntad, en esta tierra donde Él nos colocó. El hombre caído, que no conoce a Dios, vive de forma natural en contra de la voluntad de Dios. De esta manera, cuando viene a los pies de Cristo, necesita realinear sus pasos a la voluntad de Dios.

Lamentablemente, la realidad es que muchas veces el creyente aún vive fuera de esa voluntad, pues no ha logrado entenderla, abrazarla, someterse a ella y aceptarla.

La voluntad de Dios es descrita en Su Palabra como buena, agradable y perfecta (Rom. 12:2). Esta última palabra requiere de especial atención. La voluntad de Dios es perfecta; por lo tanto, cuando estamos fuera de Su voluntad, vivimos de manera imperfecta, incompleta, insuficiente, defectuosa e infructuosa; por consiguiente, esto va a generar problemas y consecuencias en nuestras vidas.

Habiendo explicado esto, quisiéramos hacer un par de observaciones más: al nacer, entramos en un mundo que nosotros no creamos. Si usted empezó a trabajar en el día de ayer en una empresa, se supone que lo primero que debe hacer es conocer cuáles son las directrices del propietario o de la persona que rige dicha empresa. De la misma manera, al entrar a este mundo, con una vida que nos fue dada, necesitamos conocer la voluntad del Dador de la vida.

Además, debemos ser conscientes de que nuestras vidas comienzan a mitad de una historia que otro comenzó. Dios está construyendo una historia: la historia de la redención de este mundo. Nosotros nacemos en algún punto intermedio de esa historia; por lo tanto, el día que entramos a formar parte de la historia de Dios, una parte de esa historia ya ha sido recorrida por otras personas, y ahora nosotros simplemente vamos a continuar. Pero en el momento en que nosotros muramos, la historia no terminará con nosotros, sino que otros hombres y mujeres van a continuarla. Una vez entendemos esto, tenemos que tratar de alinear nuestra existencia con Aquel que conoce y construye la historia de principio a fin.

Nuestra rebelión, ingratitud, insatisfacción y quejas no van a cambiar la voluntad buena, agradable y perfecta de Dios para el hombre. Reconocerlo nos ayudará a entender cuán necesario es conocer la voluntad de Dios, hasta donde Él la ha revelado, y aceptarla. De lo contrario, vamos a vivir insatisfechos, frustrados, airados y en continua rebelión. Peor aún: viviremos cosechando las consecuencias de esa misma ingratitud.

Nuestro Dios es un Dios revelador

Con frecuencia las personas expresan lo difícil que es conocer la voluntad de Dios, y ciertamente muchas veces lo es, pues Su sabiduría es inescrutable (Rom. 11:33). Pero la dificultad de conocer Su voluntad no estriba en que Dios no desea que Sus criaturas conozcan Sus caminos, sino en la dificultad que tiene la criatura finita para comprender al Creador infinito. No olvidemos nunca que nuestro Dios es un Dios revelador. Todo lo que sabemos acerca de Dios, lo conocemos porque Él se ha revelado a sí mismo a través de Su creación en la consciencia del hombre, en Su Palabra, en la persona de Jesús y a través de formas milagrosas descritas en las Escrituras. Dios está interesado en que Sus hijos lo obedezcan; por lo tanto, Él desea hacernos conocer Su voluntad, pues no lo podemos obedecer si no conocemos Su voluntad. Y no podemos conocer Su voluntad si Él no nos la revela primero.

Veamos cómo expresa el salmista esto que acabamos de explicar: *Yo te haré saber y te enseñaré el camino en que debes andar; te aconsejaré con mis ojos* puestos *en ti* (Sal. 32:8). En este pasaje hay tres expresiones claves: «haré saber», «enseñaré» y «aconsejaré», que nos permiten ver que ciertamente Dios revela Su voluntad y lo hace de manera individual. El hecho de que Dios nos vaya a aconsejar, enseñar y hacer saber cuál es el camino por el que debemos andar nos deja ver de una manera clara que Él está interesado en revelarnos esa voluntad individual para nuestras vidas, de manera que podamos vivirla. La pregunta es ¿cómo lo hace? ¿Lo hace de una manera mística o lo hace por medio de Su Palabra y de Su Espíritu, que es el orquestador de las circunstancias en nuestras vidas? En el salmo que acabamos de citar, «El interlocutor es el Señor mismo, quien comienza por ponernos en el aula de clase. El libro es la Biblia. El maestro es el Espíritu Santo».[1]

El propósito de Su voluntad

Preste atención a lo que Dios dice a través del profeta Isaías: *a todo el que es llamado por mi nombre y a quien he creado para mi gloria,*

---

[1] John Phillips, *Exploring the Psalms, Vol. 1* (Grand Rapids, MI: Kregel Publications, 1988), 245.

a quien he formado y a quien he hecho (Isa. 43:7). Dios nos creó para Su gloria; por lo tanto, cuando Él nos revela Su propósito, espera que al vivir dicho propósito reflejemos parte de esa gloria.

En el Nuevo Testamento, podemos ver este mismo concepto desde el punto de vista de nuestra salvación. Efesios 1:5-6 dice que: Él *nos predestinó para adopción como hijos para sí mediante Jesucristo, conforme al beneplácito de su voluntad, para alabanza de la gloria de su gracia que gratuitamente ha impartido sobre nosotros en el Amado.* Dios nos predestinó conforme a Su voluntad. La pregunta entonces es: ¿cuál es esa voluntad? Él nos salva para proclamar Su gloria a través de nuestra salvación, con lo cual Él mismo pone de manifiesto la gloria de Su gracia. Este pasaje nos da una idea de qué es lo que Dios procura cuando nos pide que vivamos Su voluntad: el despliegue de Su gloria.

En Romanos 8:28a, se nos asegura que *para los que aman a Dios, todas las cosas cooperan para bien.* Este versículo no está diciendo que todas las cosas son buenas, sino que todas las cosas son orquestadas de manera que al final produzcan un bien o un buen resultado en aquellos que aman a Dios. Pero ¿cuál es el bien que esas cosas están tratando de procurar? El versículo siguiente (v. 29) nos da la respuesta: *Porque a los que de antemano conoció, también* los *predestinó* a ser **hechos conforme a la imagen de su Hijo**, *para que Él sea el primogénito entre muchos hermanos* (énfasis agregado). El propósito de Dios para nuestras vidas es que seamos hechos a la imagen de Su Hijo. Por lo tanto, Dios va a poner en ejecución Su voluntad en nosotros y, cuando Él lo haga, estará procurando formar en cada uno de Sus hijos esa imagen. De esta manera, todas las cosas, incluyendo enfermedades, dificultades económicas, sufrimientos y demás circunstancias difíciles, van a cooperar para nuestro bien, es decir, para formar la imagen de Cristo en nosotros.

CARACTERÍSTICAS DE LA VOLUNTAD DE DIOS

Dios no tiene diferentes voluntades, Él tiene una sola voluntad. Ahora bien, esa voluntad tiene varias características, y una de ellas es que es soberana. Otra característica es que es una voluntad moral. Por otro lado, Su voluntad no solo es general, para todo el universo; sino que es individual, para cada uno de nosotros. Por último, otra de esas características es que Su voluntad en ocasiones es permisiva, y el permiso que otorga siempre tiene un propósito.

Estos diferentes aspectos de la voluntad de Dios no representan voluntades distintas, como ya dijimos, sino distintas formas de ver o entender la voluntad de Dios. Entonces, cuando hablamos de la voluntad permisiva de Dios, esa voluntad no deja de ser al mismo tiempo soberana y moral. Dios nunca es divisible; lo que Él es, siempre lo es a través de todo Su ser.

Su voluntad soberana

La voluntad soberana de Dios tiene que ver con Sus propósitos eternos. Es lo que algunos han llamado los decretos eternos de Dios, aquello que Dios desde la eternidad pasada ha concebido y decretado que acontecerá. Por lo tanto, Su voluntad no puede ser alterada. La Confesión de fe de Westminster, en el capítulo 3 acerca de los decretos eternos de Dios, establece: «Dios, desde toda la eternidad, por el sapientísimo y santísimo consejo de su propia voluntad, ordenó libre e inmutablemente todo lo que acontece; pero de tal manera que Él no es el autor del pecado, ni violenta la voluntad de las criaturas, ni quita la libertad o contingencia de las causas secundarias, sino que más bien las establece».[2]

Esto es consecuente con lo que Dios ha revelado acerca de sí mismo en las Escrituras. El profeta Isaías, escribiendo por inspiración divina, dijo: *Ha jurado el Señor de los ejércitos, diciendo: Ciertamente, tal como lo había pensado, así ha sucedido; tal como lo había planeado, así se cumplirá* (Isa. 14:24). «Aquí, como siempre, Dios jura por sí mismo, pronunciando sobre sí mismo un castigo si el juramento no es cumplido (ver Heb. 6:13). Esta es la garantía del creyente: la veracidad de un Dios que se compromete sin reservas con Su

---

[2] Alonzo Ramírez, *Los estándares de Westminster* (Guadalupe, Costa Rica: Editorial CLIR, 2010), 12.

pueblo; *"así se cumplirá"* expresa la certidumbre encontrada en los escritos de Isaías, como ocurre de nuevo en el versículo 26, de que la historia no está fuera de control».[3] El Señor nos deja ver con claridad por medio del profeta que, lo que Dios planificó, lo hizo desde toda la eternidad; y a través del desarrollo histórico de la humanidad, Él va ejecutando Su plan, y las cosas van ocurriendo en Su momento, a Su manera, tal cual Él lo había concebido en Su mente, tal como lo había pensado. Así como lo planificó; así acontecerá.

La voluntad eterna y soberana de Dios está relacionada con Sus deseos y propósitos. Dios es incuestionable y tiene toda autoridad, pero Él no decreta cosas solo por esta razón. Por el contrario, cada vez que Dios decreta algo, lo hace conforme a Su sabiduría infinita y de acuerdo a Su santa voluntad, llevándolo a cumplimiento conforme a Su infinito poder. Si cada uno de nosotros supiera lo que Dios sabe hoy y tuviera el poder que Dios tiene hoy, haría exactamente lo que Dios ha hecho hasta hoy.

Nadie aconseja a Dios, como afirma Romanos 11:34, porque nadie tiene la sabiduría que Él tiene. Nadie está por encima de Él para aconsejarle. Todo lo que obra, todo lo que ejecuta, todo lo que lleva a cabo, lo hizo y lo hace de manera exclusiva y conforme al consejo de Su voluntad, que corresponde a un propósito definido en Su mente.

Dios, como Soberano, tiene el derecho de hacer todo cuanto Él desea; además tiene el poder para hacer cuanto Él quiera y tiene la autoridad para hacer todo cuanto Él decida.[4] Al ser un Dios soberano, tiene una voluntad soberana, y eso hace que Su voluntad sea incuestionable. Ningún ser humano puede cuestionar la autoridad de Dios sin pecar. Dios tiene la santidad y la justicia en sí mismo para hacer cumplir Su voluntad de una manera balanceada y perfecta. El hombre cuestiona lo que Dios hace debido a su rebelión y falta de entendimiento; pero no tiene el derecho de hacerlo, tal como declara el profeta Daniel: *Y todos los habitantes de la tierra son considera-*

---

[3] John N. Oswalt, *The Book of Isaiah, Chapters 1-39,* The New International Commentary on the Old Testament, ed. por R. K. Harrison y Robert L. Hubbard, Jr. (Grand Rapids, MI: Eerdmans, 1986), 327.

[4] Wayne Grudem, *Systematic Theology: An Introduction to Biblical Doctrine* (Grand Rapids, MI: Zondervan, 1994), 216-18.

dos como nada, mas Él actúa conforme a su voluntad en el ejército del cielo y entre *los habitantes de la tierra; **nadie puede detener su mano, ni decirle: "¿Qué has hecho?"*** (Dan. 4:35, énfasis agregado).

Implicaciones de la soberanía de Dios

Dios lo conoce todo de manera actual y potencial. Dios ha declarado: yo soy *Dios, y no hay ninguno como yo, que declaro el fin desde el principio y desde la antigüedad lo que no ha sido hecho* (Isa. 46:9b-10a). Dios conoce todo lo que fue, todo lo que es y todo lo que será de manera actual. Él conoce todo lo que ha acontecido, todo lo que sucede en la actualidad y todo lo que acontecerá en un futuro. Conoce además todo lo potencial, es decir, todo lo que pudo haber sido, pero que no fue. Esta es una de las implicaciones de la omnisciencia.[5] Hasta los cabellos de nuestra cabeza están contados (Mat. 10:30).

Dios lo controla todo. Las leyes de la naturaleza y de la física operan en su totalidad bajo Su gobierno. Los acontecimientos de los hombres ocurren bajo el control soberano de la mano de Dios. Dos pajarillos no caen al suelo sin Su consentimiento (Mat. 10:29).

Dios no es capaz de errar. No hay un solo error que Él haya cometido o sea capaz de cometer. Todo Su pensamiento y obrar es perfecto porque así es Su voluntad (Rom. 12:2).

Dios es capaz de dirigir y no simplemente desear. Dios nunca se ha frustrado porque un deseo suyo no se pudo llevar a cabo, pues, todo cuanto Él desea, lo lleva a ejecución. *Mi propósito será establecido, y todo lo que quiero realizaré,* dice Dios a través del profeta Isaías (Isa. 46:10b). En ese mismo sentido, el apóstol Pablo nos enseña que Dios *obra todas las cosas conforme al consejo de su voluntad* (Ef. 1:11b). Cada cosa opera conforme a los designios justos y santos de una sola persona: Dios.

Dios es capaz de juzgar todo y a todos. Como soberano, Dios tiene autoridad absoluta sobre toda Su creación. Las cosas que Dios determina ocurrirán más allá de si son causa de dolor (Job), de feli-

---

[5] Norman L. Geisler, s.v. «knowledge of God», *Baker Encyclopedia of Christian Apologetics* (Grand Rapids, MI: Baker Books, 1999), 286-88.

cidad (Jesús en la cruz), de si no nos agradan (las persecuciones de Pablo), de si nos irritan (Jonás), de si nos preocupan (los discípulos en la tormenta), de si retrasan nuestros planes (la espera del reino por parte de los apóstoles) o de cualquier otra cosa fuera de la voluntad de Dios. Muchas veces, la dificultad que tenemos en aceptar la voluntad de Dios está relacionada con nuestra concepción equivocada de lo que es la felicidad, o con nuestra manera egoísta de evaluar las cosas.

Su voluntad es providencial

Cuando hablamos de la providencia de Dios, nos referimos al cuidado que Dios tiene de toda Su creación a la hora de orquestar los eventos del universo para que estos produzcan exactamente los resultados que Él busca. En Hechos 2:23, Lucas registra las palabras de Pedro con relación a por qué Jesús nunca intentó evitar Su crucifixión: *[A] éste, entregado por el plan predeterminado y el previo conocimiento de Dios, clavasteis en una cruz por mano de impíos y* le *matasteis.* Pedro, en su primer sermón apostólico, le dice a su audiencia que ellos (los judíos, los romanos, Herodes y Poncio Pilato) fueron los que clavaron a Jesús en el madero (Hech. 4:27-28) y, al hacerlo, se constituyeron en la causa instrumental, ya que la causa final de la crucifixión de Cristo fue Dios mismo, quien predeterminó que así ocurriera. Aristóteles habló de diferentes tipos de causa; entre estas mencionó: *la causa instrumental,* aquello que sirve de instrumento para llevar a cabo algo; y *la causa final,* es decir, aquello que en realidad determina que algo suceda. La causa final de la crucifixión de Cristo fue Dios Padre, de acuerdo a Su plan predeterminado: *[p]orque en verdad, en esta ciudad se unieron tanto Herodes como Poncio Pilato, juntamente con los gentiles y los pueblos de Israel, contra tu santo siervo Jesús, a quien tú ungiste, para hacer cuanto tu mano y tu propósito habían predestinado que sucediera* (Hech. 4:27-28).

Como dijera Martyn Lloyd Jones:

La cruz, ¿un accidente? La cruz, ¿una sorpresa? La cruz, ¿algo que pudo no haber ocurrido y que no necesitaba ocurrir? La cruz, ¿algo que meramente Dios usó? No: la cruz fue planificada, predestinada desde antes que el mundo fuera creado. Antes de que el hombre fuera creado, Dios había planificado la muerte de Cristo Su Hijo. Esta es la explicación y los primeros creyentes lo vieron: "todo cuanto su mano y su consejo determinaron con anterioridad que ocurriera".[6]

Ahora bien, ¿cómo Dios pone en ejecución ese plan sin hacer que el hombre peque, sin poner en Pilato, en Herodes o en los judíos el deseo de crucificar a Su Hijo? La respuesta escapa a nuestro entendimiento. Como ya hemos visto, Dios no es autor de pecado (Sant. 1:13); sin embargo, Él orquesta las acciones pecaminosas de los hombres, de tal manera que ellos hacen Su voluntad y Dios lleva a cabo Su plan a través de ellos sin coaccionarlos ni manipularlos.

Su voluntad es inescrutable

El apóstol Pablo, lleno de júbilo, concluye el capítulo 11 del libro de Romanos con una doxología extraordinaria que nos habla de lo inescrutable de la voluntad de Dios:

> ¡Oh, profundidad de las riquezas y de la sabiduría y del conocimiento de Dios! ¡Cuán insondables son sus juicios e inescrutables sus caminos! Pues, ¿quién ha conocido la mente del Señor?, ¿o quién llegó a ser su consejero?, ¿o quién le ha dado a Él primero para que se le tenga que recompensar? Porque de Él, por Él y para Él son todas las cosas. A Él *sea* la gloria para siempre. Amén (Rom. 11:33-36).

¡Cuán profunda es Su sabiduría! Tan vasta que nuestra mente finita es incapaz de comprender lo infinito de la voluntad de Dios, y de ahí entonces que Pablo concluya el capítulo con esta expresión. No podemos comprender toda Su voluntad; tratar de hacerlo es un ejercicio que nos producirá frustración.

---

[6] Martyn Lloyd-Jones, *Courageous Christianity: Studies in the Book of Acts, Vol. 2* (Wheaton, IL: Crossway, 2001), 157.

Dios nos dice a través del profeta Isaías: *Porque mis pensamientos no son vuestros pensamientos, ni vuestros caminos mis caminos —declara el Señor. Porque como los cielos son más altos que la tierra, así mis caminos son más altos que vuestros caminos, y mis pensamientos más que vuestros pensamientos* (Isa. 55:8-9). Sus caminos y pensamientos son infinitamente más altos que los nuestros; van mucho más allá de los pensamientos del hombre. Es una osadía de parte del ser humano cuestionar una voluntad que es santa y justa, y que él no comprende cómo opera. El hombre solo tiene que hacer una cosa con la voluntad de Dios: aceptarla.

Su voluntad es moral

La voluntad de Dios tiene un aspecto moral, que corresponde a cada mandamiento expresado en Su Palabra o revelado a la conciencia del hombre. En la carta de Pablo a los romanos, se nos enseña que Dios ha revelado Su existencia en la conciencia del hombre (Rom. 1:19). Además, en el capítulo 2 de la carta, Pablo nos dice que Dios ha puesto en la conciencia del hombre un conocimiento general acerca del bien y del mal. De esta manera, Dios ha revelado el aspecto moral de Su voluntad de forma parcial en la conciencia del hombre y, de una manera más completa, lo ha plasmado de forma escrita en Su Palabra. Esto explica por qué Dios declara en Génesis 9:6 que la vida le será demandada a aquel que dé muerte a otro ser humano, a pesar de que Dios aún no había dado el sexto mandamiento de la ley, que dice: «no matarás», porque ya estaba revelado en su conciencia (Rom. 2:14-15).

Cada persona que existe sobre el globo terráqueo es responsable de procurar conocer la voluntad moral de Dios, a fin de complacer al Dios que le dio vida. Cuando Pablo escribe a los tesalonicenses en su primera carta, les dice: *Porque esta es la voluntad de Dios: vuestra santificación; es decir, que os abstengáis de inmoralidad sexual; que cada uno de vosotros sepa cómo poseer su propio vaso en santificación y honor* (1 Tes. 4:3-4). Este texto es una ilustración de la voluntad moral de Dios, es decir, Sus deseos para con el hombre.

La voluntad moral o el aspecto moral de Su voluntad corresponde a la revelación de Su ley, la ley que nos ordena qué hacer y qué no hacer. Su ley representa la esencia de quién es Él. Cuando el hombre obedece la Palabra, está actuando de acuerdo a la voluntad moral de Dios, mientras que la desobediencia a Sus ordenanzas implica todo lo opuesto.

La permisividad de la voluntad de Dios

Nosotros podemos desobedecer a Dios, pero Él nos hará cumplir Sus propósitos conforme a Su voluntad soberana. De una forma u otra terminaremos cumpliendo esa voluntad. El mejor ejemplo de esto quizás sea la vida de Jonás. Dios decretó que Jonás sería el profeta que llamaría al arrepentimiento a la ciudad de Nínive. Sin embargo, Jonás se rebeló contra la voluntad de Dios y salió huyendo en la dirección opuesta a la que Dios había dispuesto. No obstante, Jonás terminó justo en la ciudad de Nínive, haciendo exactamente lo que Dios había dispuesto que él hiciera. Nada altera los planes de Dios.

Cuando desobedecemos Su voluntad, Dios, en vez de actuar como lo hizo con Jonás, podría dejarnos sufrir las consecuencias de nuestros pecados (como ocurrió con el pueblo de Israel), pero eso no impide que lleve a cabo Su plan al final del camino. Este aspecto de la voluntad de Dios, que permite que el hombre haga cosas aun en contra de Su deseo, es lo que algunos llaman la voluntad permisiva de Dios. No es una segunda o tercera voluntad porque Dios solo tiene una voluntad, sino que es solo otro aspecto de esa misma voluntad soberana y moral.

Ahora bien, el «permiso» de Dios para que el hombre ejerza su voluntad pecaminosa no implica necesariamente la aprobación de Dios. Y una buena ilustración de ello es la historia de la venta de José como esclavo por parte de sus hermanos. En Génesis 45:4-8 leemos:

> Y José dijo a sus hermanos: Acercaos ahora a mí. Y ellos se acercaron, y él dijo: Yo soy vuestro hermano José, a quien vosotros vendisteis a Egipto. Ahora pues, no os entristezcáis ni os pese el haberme vendido aquí; pues para preservar vidas me envió Dios delante de vosotros. Porque en estos dos años *ha habido* hambre en la tierra y todavía quedan otros cinco años

en los cuales no habrá ni siembra ni siega. Y Dios me envió delante de vosotros para preservaros un remanente en la tierra, y para guardaros con vida mediante una gran liberación. Ahora pues, no fuisteis vosotros los que me enviasteis aquí, sino Dios; y Él me ha puesto por padre de Faraón y señor de toda su casa y gobernador sobre toda la tierra de Egipto.

Dios no es autor de pecado, pero Él dio permiso para que los hermanos de José lo vendieran. Esto no significaba que Dios estuviera dando Su aprobación o que considerara esa venta como algo santo o bueno. Aun así, Él permitió que sucediera con un fin ulterior que sí era bueno.

En Lucas 22:31-32, encontramos otro ejemplo de la voluntad permisiva de Dios cuando Cristo dice: *Simón, Simón, mira que Satanás os ha reclamado para zarandearos como a trigo; pero yo he rogado por ti para que tu fe no falle; y tú, una vez que hayas regresado, fortalece a tus hermanos.* En este pasaje vemos cómo Cristo le dice a Simón (Pedro) que Satanás había pedido permiso para actuar contra él. Dios concedió permiso a Satanás para zarandear a Pedro y al resto de los discípulos, pero, al mismo tiempo, Cristo estaba intercediendo por él a fin de que su fe no faltase y para que, una vez pasada la prueba, Simón pudiera continuar en el camino correcto.

Ese permiso que Dios otorga no implica, una vez más, que Dios apruebe como santo lo que está a punto de acontecer. Cuando los hombres crucificaron al Mesías, cometieron el pecado más odioso que jamás se haya cometido, pero al hacerlo estaban poniendo en ejecución el plan redentor de Dios Padre, quien orquestó la cruz de Cristo y usó el pecado del hombre para llevar a cabo Sus mejores propósitos. El hombre es salvo del pecado a través del peor pecado de la humanidad: la crucifixión de Dios hecho hombre. La cruz de Cristo fue pecaminosa para los hombres, pero justa, necesaria y moral desde el punto de vista de Dios: justa y moral porque alguien tenía que pagar la deuda contraída por Adán y Eva al pecar, y necesaria para salvar al hombre. Nadie podría cuestionar a Dios por haber orquestado la cruz, porque Dios es el estándar a por medio del cual se mide todo. Norman Geisler lo explica de esta manera:

Es reconocido que Dios es el último estándar para aquello que es moralmente correcto. Él es el último dador de la Ley moral. La última fuente de toda perfección moral no puede ser menos que completamente perfecto; la última medida de la moralidad es por naturaleza moralmente perfecta. Dios no puede ser menos que perfecto de la misma medida que una yarda no puede ser menor que tres pies.[7]

Su voluntad es personal

Muchos se preguntan hasta dónde existe en realidad una voluntad individual de Dios para cada uno de nosotros. Por ejemplo, si un creyente quiere asistir a la universidad, ¿Dios tiene una voluntad individual para esa persona sobre la carrera que debe estudiar, o Dios solo nos pide que vivamos una vida de santidad y, al vivir así, podremos escoger la carrera que deseemos? ¿Debe el cristiano consultar a Dios antes de decidir sobre estas cosas? Algunos piensan que el creyente puede hacer la elección de su profesión sin consultar con Dios. Otros entendemos que, cuando Dios concibió en Su mente a una persona, la dotó de capacidades y talentos que se desarrollarían con el paso del tiempo y la educación adquirida. Esos dones, talentos, oportunidades, grado de inteligencia y habilidades innatas también corresponden a Su voluntad, que es por completo sabia. Por lo tanto, el hijo de Dios debe consultar a su Creador y Padre para tratar de discernir Su voluntad en todas las áreas de la vida. No hay una sola situación sobre la cual Dios no tenga una «opinión», y esa opinión corresponde a Su voluntad perfecta.

Nuestro Dios es un Dios que llama a las personas a realizar tareas específicas: Dios usó a Abraham como ganadero para llevar a cabo Su voluntad; usó a David como pastor y luego como rey para cumplir Sus propósitos; llamó a José como «primer ministro» de Faraón; y en un momento dado llamó a Daniel como supervisor de las obras del

---

[7] Norman L. Geisler, *Systematic Theology* (Bloomington, MN: Bethany House, 2011), 577.

rey Nabucodonosor. La vocación «es un llamado divino, una convocatoria santa a llenar una responsabilidad que Dios ha colocado sobre sus hombros».[8]

Recordemos las palabras del Salmo 32:8, que vimos al inicio de este capítulo: *Yo te haré saber y te enseñaré el camino en que debes andar; te aconsejaré con mis ojos puestos en ti.* ¿Esto se refiere solo a nuestra salvación o también se aplica a toda decisión que tengamos que tomar en nuestra vida? Si Dios orquesta nuestra historia, entonces no hay decisiones que no debamos consultar con Él en oración para pedirle que por medio de Su Espíritu ilumine nuestro entendimiento para tomar las decisiones, sin importar su magnitud.

Observe lo que dice Proverbios 16:9: *La mente del hombre planea su camino, pero el Señor dirige sus pasos.* Nosotros planificamos lo que queremos hacer, pero Dios endereza nuestros pasos en la dirección que Él entiende que debemos ir. De esta manera, una vez más podemos ver en la Palabra de Dios clara evidencia de que en efecto hay una voluntad individual para cada uno de nosotros. A Pedro lo dirigió hacia los judíos y a Pablo hacia los gentiles.

Otro texto que a mi entender es hasta cierto punto aún más claro es Efesios 2:10, que dice: *Porque somos hechura suya, creados en Cristo Jesús para hacer buenas obras, las cuales Dios preparó de antemano para que anduviéramos en ellas.* ¿Estas buenas obras solo corresponden a aquellas que tienen que ver con la obra de redención o incluyen todo lo que el creyente puede hacer para la gloria de su Hacedor? Creo con firmeza que toda obra hecha por un creyente para la gloria de Aquel que le dio vida es una «buena obra» y corresponde a Su voluntad individual para la vida de ese creyente.

¿Cómo discernir Su voluntad?

Romanos 12:1-2 enseña: *Por consiguiente, hermanos, os ruego por las misericordias de Dios que presentéis vuestros cuerpos como sacrificio vivo y santo, aceptable a Dios, que es vuestro culto racional.*

---

[8] R. C. Sproul, *Can I Know God's Will?* (Lake Mary, FL: Reformation Trust, 2009), 61.

Y no os adaptéis a este mundo, sino transformaos mediante la renovación de vuestra mente, para que verifiquéis cuál es la voluntad de Dios: lo que es bueno, aceptable y perfecto. Note que, al final de este texto, aparece la frase «para que verifiquéis». Esta expresión, en el lenguaje original, viene de la palabra griega *dokimazō*, que significa 'poner a prueba' y se utilizaba en la antigüedad para referirse a cómo eran probados los metales para saber hasta dónde eran puros o no.[9] Entonces, lo que Pablo nos está diciendo es que, si queremos comprobar cuál es la voluntad de Dios para nuestras vidas, necesitamos cumplir tres requisitos:

1. **Una mente que no se adapte al mundo.** Cuando nuestra mente se conforma a las corrientes de este mundo, anhelamos hacer la voluntad del mundo y no la voluntad de Dios. Esto ocurre porque no permitimos que la Palabra de Dios nos transforme. La traducción al español de Romanos 12:2 del Nuevo Testamento de J. B. Phillips dice lo siguiente: «No permita que el mundo que lo rodea lo apriete y lo moldee a su forma, sino deje que Dios remoldee su mente desde dentro, de modo que usted pueda probar en la práctica que el plan de Dios para usted es bueno, cumple todas sus exigencias y se mueve hacia la meta de la verdadera madurez». Esto nos ayuda a entender la necesidad de no permitir que los patrones del mundo le den forma a nuestra manera de pensar, pues eso impedirá que podamos discernir de manera correcta la voluntad de Dios.

2. **Una vida de santidad.** Necesitamos presentar nuestro cuerpo a Dios como sacrificio vivo, aceptable y santo (Rom. 12:1). Si no vivimos en santidad, nuestros deseos de éxito a la manera del mundo o nuestros deseos por placeres mundanos oscurecerán nuestra mente y se nos hará muy difícil distinguir la voluntad de Dios en medio de todas las opciones que el mundo nos ofrece. La santidad enfoca la mente del creyente; la mundanalidad la distrae. La mundanalidad

---

[9] Joseph H. Thayer, s.v. «δοκιμάζω», *Thayer's Greek-English Lexicon of the New Testament* (Peabody, MA: Hendrickson Publishers, 2014).

pone en el centro las cosas de los hombres, mientras que la santidad coloca en el centro las cosas de Dios.

3. **Una mente renovada.** Necesitamos tener una mente renovada por la Palabra de Dios a fin de discernir Su voluntad para nuestra vida. Si no tenemos una vida guiada por la Palabra, se nos hará muy difícil descubrir la voluntad de Dios justamente porque, como ya hemos mencionado, *el alimento sólido es para los adultos, los cuales por la práctica tienen los sentidos ejercitados para discernir el bien y el mal* (Heb. 5:14). La mente que fue renovada por la Palabra de Dios es una mente madura, cuyos sentidos han sido ejercitados de manera que puede discernir con más facilidad la voluntad de Dios.

Pablo señala en Romanos 12:2 que la renovación de la mente (al ser expuesta y abrazar la enseñanza de las Escrituras) capacitará a los creyentes para probar por ellos mismos y aprobar lo que Dios espera de ellos. Wright comenta: «No se espera que el cristiano confíe simplemente en listas de mandamientos éticos, sino que también sea capaz de discernir (NRSV), probar y aprobar (NIV) lo que es la voluntad de Dios. La voluntad de Dios aparenta ser primariamente para la conducta ética general, pero también, quizás, para decisiones y ocasiones específicas; la visión de Pablo de ser un sacrificio vivo y una mente renovada genera un cuadro de una conducta cristiana en el que las reglas importan, pero no son la fuerza motora porque el pensamiento y la reflexión importan, pero no reducen la ética a decisiones puramente situacionales».[10]

Nuestra respuesta a la voluntad de Dios

El hombre solo puede dar una respuesta apropiada a la voluntad de Dios: aceptarla y someterse a ella. La sumisión implica poder vivirla

---

[10] Colin G. Kruse, *Paul's Letter to the Romans The Pillar New Testament Commentary,* ed. por D. A. Carson (Grand Rapids, MI: Eerdmans, 2012), 466.

con gozo. Isaías 45:9 dice: *¡Ay del que contiende con su Hacedor, el tiesto entre los tiestos de tierra! ¿Dirá el barro al alfarero: "Qué haces"? ¿O tu obra dirá: "Él no tiene manos"?* El profeta Isaías da una seria advertencia sobre cuál debe ser nuestra actitud frente a la voluntad de Dios para nuestras vidas. No nos llama solo a ponernos de acuerdo con nuestro Hacedor, sino que el profeta expresa un profundo dolor al anticipar lo que vendrá si comenzamos a resistir la voluntad de Dios. En ese sentido, la vida de Jonás es una buena ilustración de lo que puede ocurrir si contendemos con nuestro Hacedor. Y lo mismo podemos decir de la vida del rey Saúl.

Lamentablemente, la mayoría de los hijos de Dios no tienen una perspectiva correcta de la vida, de lo que es o de lo que debería ser, y esto contribuye a la dificultad de someternos a Dios. El Pastor John Piper nos exhorta a adquirir una cosmovisión frente a la vida que nos ayudará en gran medida a entender la voluntad de Dios, a aceptarla y a vivir en sumisión a ella. Piper dice lo siguiente en un sermón titulado *La batalla contra el alma y la gloria de Dios*:

Tenemos que cultivar la mentalidad de los expatriados. Lo que hace esto principalmente es que nos despabilemos y nos despertemos, para que no nos dejemos llevar por el mundo y demos por hecho que la manera en que piensa y actúa el mundo es la mejor. No damos por sentado que lo que hay en la televisión es provechoso para el alma ni suponemos que las prioridades de los anunciantes son útiles para el alma, como tampoco lo son las estrategias y los valores de los negocios y la industria. No damos por hecho que algo de esto glorifica a Dios. Nos detenemos, pensamos y consultamos la sabiduría de nuestro propio país, el cielo, y no suponemos que la sabiduría convencional de esta era es la sabiduría de Dios. Obtenemos la orientación de Dios en Su Palabra. Cuando se consideran a ustedes mismos extranjeros o expatriados, con ciudadanía en el cielo, y a Dios como el único Soberano, evitan que la corriente del día los desvíe. Tienen en cuenta lo que es bueno para el alma y lo que honra a Dios en todo: la comida, los autos, los videos, los trajes de baño, el control de la natalidad, la velocidad al manejar, la hora de ir a dormir, los ahorros financieros, la educación de los niños, pueblos no evangelizados, el hambre, los campos de refugiados, los deportes, la muerte y todo lo demás. Los extranjeros siguen el ejemplo de Dios y no del mundo.[11]

Como extranjeros y exiliados, tenemos que recordar que todas aquellas cosas a las que nos exponemos (comerciales, películas, programas de radio y televisión), así como las cosas que practicamos (los deportes, la velocidad al manejar, la hora de ir a dormir, el control de la natalidad), todo eso debe de ser visto bajo una cosmovisión que se corresponda con la nación a la cual en verdad pertenecemos, que es el cielo. Si no tenemos esa mentalidad, así definida por John Piper en la cita anterior, va a ser difícil que podamos entender, aceptar y vivir la voluntad de Dios, lo cual es imperativo para cada uno de Sus hijos.

La búsqueda de Su voluntad

Si realmente anhelamos conocer y entender la voluntad de Dios, necesitamos, en primer lugar, recordar las palabras del apóstol Pablo en el texto de Romanos 12:1-2. De acuerdo con este pasaje, la manera de saber cuál es la voluntad de Dios, aquella que es buena, agradable y perfecta, comienza por presentar nuestros cuerpos como sacrificio vivo, aceptable y santo delante de Dios, como ya vimos. Además, necesitamos una mente renovada que se resista a ser moldeada a los patrones de este mundo. Solo entonces podremos comprobar cuál es la voluntad de Dios para nuestras vidas.

En segundo lugar, necesitamos consultar Su Palabra. A diario, los hijos de Dios toman muchas decisiones sin preguntarse primero qué dice Dios en Su Palabra sobre determinado tema o situación. Al

---

[11] John Piper, «The War Against the Soul and the Glory of God», sermón presentado el 22 de mayo de 1994. Transcripción traducida por el Desiring God Foundation, «La batalla contra el alma y la gloria de Dios», página consultada el 15 de julio de 2015. http://www.desiringgod.org/messages/the-war-against-the-soul-and-the-glory-of-god?lang=es.

consultar la Palabra, comenzamos a descubrir en ella principios por los cuales podemos guiarnos a la hora de tomar decisiones, y que nos permitirán descubrir cuáles de nuestras opciones son bíblicas y cuáles no lo son. Consultar Su Palabra nos ayuda a alinearnos con la voluntad de Dios.

En tercer lugar, necesitamos la guía del Espíritu Santo, quien va a iluminar nuestro estudio de la Palabra y va a darles dirección a las oraciones que hacemos. Si estamos orando sin consultar la Palabra de Dios, puede ser que mucho de lo que pensamos que estamos recibiendo en realidad no viene de parte de Dios. El estudio de la Palabra y el ejercicio de la oración son la perfecta combinación para dejarnos guiar por el Espíritu Santo en la búsqueda de Su voluntad.

En cuarto lugar, si hay pecado en nuestro corazón, necesitamos encargarnos de él. El Salmo 66:18, nos muestra esta verdad de una manera muy clara: *Si observo iniquidad en mi corazón, el Señor no me escuchará*. Debemos eliminar cualquier pecado en nuestras vidas que pueda estar bloqueando nuestra relación con Dios. Así nos colocaremos en una mejor posición para lograr discernir Su voz y Su dirección. No podemos ganarnos la bendición de Dios porque cada bendición que recibimos es siempre por gracia, pero nuestra vida de obediencia nos coloca en una posición en la que Dios deseará bendecirnos.

Y por último, si aún no tenemos claro qué es lo que Dios quiere, necesitamos buscar consejo. El autor de Proverbios escribe: *Donde no hay buen consejo, el pueblo cae, pero en la abundancia de consejeros está la victoria* (Prov. 11:14). Otras traducciones dicen: «en la abundancia de consejeros hay sabiduría»; en ambos casos, es la misma idea. Dios usa a personas con diferentes dones y grados de sabiduría para guiar a Su pueblo en un momento dado.

LA VOLUNTAD DE DIOS Y NUESTRA OBEDIENCIA

Al iniciar este capítulo, afirmamos que Dios está interesado en revelar Su voluntad para que podamos obedecerla, pero con frecuencia Dios no nos revela toda Su voluntad a la vez, sino que lo va haciendo de manera progresiva. Asimismo, es bueno notar que Dios nos da suficiente revelación al inicio para que podamos comenzar, pero hay un grado de fe que necesitamos ejercitar, que no va a estar sustentado en el vacío. Dios siempre nos da suficiente evidencia de cuál es la dirección que Él desea para nuestras vidas, de manera que podamos comenzar a ejercitar nuestra fe en el cumplimiento de Su voluntad.

En la búsqueda de Su voluntad, Dios nos llama a ejercitar la fe. Pero necesitamos entender qué es en verdad la fe y la importancia que tiene en el plan de Dios. El autor del libro de Hebreos nos dice que *sin fe es imposible agradar* a Dios (Heb. 11:6a). Mucha gente piensa que la fe no es más que un gran deseo que tenemos de que algo ocurra. Eso no es fe, sino más bien credulidad, como algunos lo han llamado.

Fe, por un lado, es *creer* que Dios hará lo que Él ha prometido, lo revelado. Este es un aspecto de la definición, pero no toda la definición. Por otro lado, fe es *obedecer* a Dios, aun cuando no estamos seguros de lo que sucederá. Ya Dios nos dio suficiente evidencia para que podamos caminar; fe es obedecer a Dios independientemente de las consecuencias.

La voluntad de Dios está en directa relación con la vida de fe porque esta tiene que ver precisamente con el ejercicio o la vivencia de la voluntad de Dios para con nosotros.

Reflexión final

Vivir conforme a la voluntad de Dios, en ocasiones, **va a requerir que tomemos grandes riesgos**, como sucedió en el caso de Moisés cuando regresó a Egipto o en la vida de Pablo mientras viajaba plantando iglesias. Si queremos habitar en la conveniencia de la seguridad, no podremos vivir la voluntad de Dios porque, como bien nos enseña C. S. Lewis en su libro *El León, la bruja y el ropero*, Aslan (una figura de Cristo) no es seguro, pero Él es bueno.[12] En otras pa-

---

[12] C. S. Lewis, *The Lion, the Witch and the Wardrobe* (Nueva York: HarperCollins, 2009), 77.

labras, no podemos controlar a Dios ni hacer que Él se mueva conforme a nuestros deseos, pero, siempre que Él obra, procura lo mejor para Sus hijos. Es un Dios bondadoso, pero a la vez justo. Cuando en ocasiones Dios nos pone en situaciones de cierto riesgo, es con el fin de ejercitar nuestra fe.

El ejercicio de la voluntad de Dios **va a requerir que abandonemos aquello que nos es familiar**. Naturalmente, preferimos lo conocido, lo manejable, lo controlable; mas Dios prefiere lo que no conocemos, lo que no manejamos y lo que no dominamos porque es a través de tales cosas que Dios va a enseñarnos a conocerlo mejor y a depender más de Él.

Por otro lado, el ejercicio de la voluntad de Dios **va a requerir que soltemos el control que creemos tener**. Dios es quien tiene el control. Nosotros creemos y pretendemos tenerlo; mientras tanto, Dios está sentado en Su trono haciendo lo que le place (Sal. 115:3). Tenemos que dejar a un lado la idea de que podemos controlar el curso de nuestras vidas. No tenemos el control y nunca lo hemos tenido. Así mismo, el ejercicio de la voluntad de Dios **va a requerir que confiemos los resultados en las manos de Dios**. Al final de cuentas, todo está bajo Su control y, por lo tanto, los resultados dependen solo de Dios y no de nosotros.

Por último, el ejercicio de la voluntad de Dios **va a requerir que hagamos ajustes mayores en nuestras vidas**. Abraham tuvo que dejar su tierra y su parentela; Moisés tuvo que regresar a una tierra a la que no deseaba volver; Noé tuvo que construir un arca a pesar de que nunca antes había visto la lluvia; Pablo dejó de perseguir a la Iglesia para edificarla. A través de toda la historia bíblica, no ha habido una sola persona que no haya tenido que hacer ajustes mayores en su vida para poder alinear su voluntad con la voluntad de Dios. A menudo, vivimos fuera de la voluntad de Dios y Él va a requerir que hagamos ajustes, de manera que podamos cumplir con el propósito para el cual Él nos creó.

Basados en todo lo anterior, quiero concluir con la siguiente frase de Charles Swindoll: «Nuestro problema con la voluntad de Dios no es falta de conocimiento, sino la ausencia de pasión».[13] Dios nos revela Su voluntad a través de Su Palabra, a través de la oración, a través del consejo de aquellos que están a nuestro alrededor e inclusive a través de nuestras circunstancias. De esta manera, el problema no es la falta de conocimiento de Su voluntad, sino nuestra falta de pasión para llevarla a cabo. Dios es un Dios revelador, que se deleita en revelar Su voluntad a Sus hijos para que ellos lo puedan obedecer y puedan disfrutar de las bendiciones que Él quiere darles.

---

[13] Charles Swindoll, *The Mystery of God's Will: What Does He Want For Me?* (Nashville, TN: Word Publishing, 1999), 55.

14.

DISCERNIMIENTO ESPIRITUAL

---

*Hijo mío, si recibes mis palabras, y
atesoras mis mandamientos dentro
de ti, da oído a la sabiduría, inclina tu
corazón al entendimiento; porque si
clamas a la inteligencia, y alzas tu voz al
entendimiento, si la buscas como a plata,
y la procuras como a tesoros escondidos,
entonces entenderás el temor del Señor,
y descubrirás el conocimiento de Dios.
Porque el Señor da sabiduría, de su boca
vienen el conocimiento y la inteligencia.*

~ Proverbios 2:1-6

INTRODUCCIÓN

El discernimiento espiritual nos permite caminar con sabiduría y a la vez con integridad de corazón. Esa es la razón por la que hemos decidido tratar este tema al final, para cerrar así con broche de oro este libro. Quizás algunos puedan preguntarse: ¿por qué es tan importante que podamos discernir espiritualmente? La respuesta a esta pregunta puede ser múltiple, pero, como apenas estamos en la introducción del capítulo, por el momento usaremos solo una ilustración bíblica para comenzar a abordar el tema.

Dios expuso la condición del corazón del pueblo judío antes de enviarlo al exilio como consecuencia de su desobediencia. A través del profeta Isaías, Dios reveló: *Por eso va cautivo mi pueblo **por falta de discernimiento;** sus notables están muertos de hambre y su multitud reseca de sed* (Isa. 5:13, énfasis agregado). Con esta declaración, Dios estaba revelando que el pueblo sobre el cual se invocaba Su nombre estaba a punto de ser llevado cautivo al destierro por una razón: su falta de discernimiento. John Oswalt comenta: «Lo que ellos no tuvieron fue una experiencia relacional que le diera vida a sus mandamientos y significado a lo que Dios estaba haciendo en el mundo».[1]

Dios le da una importancia significativa al discernimiento que Su pueblo pueda o no tener, al reconocer que nuestra desobediencia está relacionada con una falta de habilidad para separar la verdad del error, ya desde el jardín del Edén. Siendo esto así, entonces tenemos que preguntarnos: ¿qué es discernimiento?, ¿cómo se adquiere?, ¿cómo se cultiva? Y por último, ¿tenemos nosotros discernimiento?

En el capítulo 27 del libro de Isaías, leemos lo siguiente: *Cuando su ramaje está seco, es quebrado, vienen las mujeres y le prenden fuego. Porque **no es pueblo de discernimiento**, por tanto su Hacedor no le tendrá compasión, y su Creador no tendrá piedad de él* (Isa. 27:11, énfasis agregado). Judá no supo reconocer, honrar y confiar en su Hacedor; y como resultado se volvió a los ídolos. Esta falta de discernimiento, según expresa el texto anterior, hizo que el Creador terminara por no tener compasión de Su pueblo. En otras palabras, el juicio vino sobre el pueblo porque este no supo discernir de manera correcta entre el bien y el mal, entre lo verdadero y lo falso, entre el Dios Creador y los dioses paganos.

El Nuevo Testamento también revela la importancia del discernimiento para el hombre y, en particular, para el creyente. El apóstol Pablo escribe una carta a los filipenses y les deja saber algunas de las cosas por las cuales él estaba orando. En Filipenses 1:9, él les dice: *Y esto pido en oración: que vuestro amor abunde aún más y más*

---

[1] John N. Oswalt, *The Book of Isaiah, Chapters 1-39*, The New International Commentary on the Old Testament, ed. por R. K. Harrison y Robert L. Hubbard, Jr. (Grand Rapids, MI: Eerdmans, 1986) 160.

en conocimiento verdadero y en todo discernimiento. Pablo no está rogando a Dios por las necesidades físicas de la iglesia de Filipos, sino que pide por algo mucho más significativo, algo que tiene que ver con su condición espiritual. Pablo está pidiendo para que el amor abunde entre ellos, pero aún más pide que abunde también en ellos el conocimiento verdadero, de manera que puedan tener discernimiento en todo tipo de circunstancias. Pablo está orando por esto, sabiendo que una de las bendiciones que Dios da a la Iglesia es precisamente la habilidad de discernir correctamente, sin importar las circunstancias en las que se encuentre.

DEFINICIÓN DE DISCERNIMIENTO

Una de las definiciones más sencillas dice que el discernimiento es la habilidad para distinguir la verdad del error. Uno de los diccionarios consultados solo dice que discernimiento es la habilidad de ver lo que está oscuro. En otras palabras, alguien con la habilidad de discernir puede percatarse de cosas, ya sea estando en determinada circunstancia o durante la lectura de un libro, por citar algunos ejemplos, que quizás otros no pueden ver con tanta claridad. De esta forma, a la habilidad de percibir aquello que no es tan obvio, podemos llamarla discernimiento. Al leer un libro, el lector podría recordar toda la información contenida; pero quizás no sepa separar lo importante de lo no importante, o quizás no tenga claro cuál es todo el beneficio de la información.[2]

Todo lo dicho hasta aquí nos ayuda a entender este concepto, pero no nos da una descripción completa. En ese sentido, quisiera proponer esta definición: «el discernimiento espiritual es la capacidad dada por el Espíritu Santo para ver la vida a través de la revelación de Dios, lo que permite establecer la diferencia entre lo que agrada y lo que desagrada a Dios». La vida está llena de complejidades, de opciones, de alternativas y de caminos diferentes. En ocasiones,

---

[2] James M. Gustafson, *Moral Discernment in the Christian Life: Essays in Theological Ethics, Library of Theological Ethics,* ed. por Theo A. Boer y Paul E. Capetz (Louisville, KY: Westminster John Knox Press, 2007), 29.

vamos a tener que discernir entre lo verdadero y lo falso, pero otras veces tendremos que discernir entre lo malo, lo bueno y lo mejor. Esa capacidad es dada al creyente por el Espíritu Santo, pero el creyente necesita hacer uso de la revelación de Dios para poder discernir correctamente.[3]

La palabra *DISCERNIMIENTO* en la Biblia

En el idioma hebreo, nos encontramos con una diversidad de palabras que se utilizan para definir lo que es el discernimiento. Una de las palabras traducida como *discernimiento* es *bin* (Strong's 995). «El verbo y sus derivados son usados 247 veces».[4] *Bin* podría traducirse al español como *entendimiento*, *percepción* o *perspicacia*. Alguien que es perspicaz es alguien capaz de captar cosas o detalles detrás de una situación que quizás otros no han podido captar. Una persona con esta habilidad tal vez será mucho más prudente a la hora de hablar y de actuar. Esta palabra podría significar también hablar con perspicacia, considerar, percibir con los sentidos, tener entendimiento, observar, prestar atención.[5]

De la palabra hebrea *bin,* se derivan algunas otras que están relacionadas con el discernimiento. La primera es *ben* (Strong's 997). «*Bin* está relacionada a *ben,* la preposición que significa 'entre', lo que expresa la idea de discriminar al tomar decisiones».[6] A fin de tomar dichas decisiones, necesitamos conocer para poder juzgar entre opciones distintas. De ahí que la fuente que acabamos de citar defina el discernimiento como 'la facultad de tomar decisiones' (por ej., literatura de sabiduría) o 'juicio moral', lo cual se ejemplifica en el don divino dado a Salomón (1 Rey. 3:9,11).[7]

---

[3] Para información sobre de la definición de *dicernimiento*, véase Tim Challies, *The Discipline of Spiritual Discernment* (Wheaton, IL: Crossway Books, 2007).

[4] R. Laird Harris, Gleason L. Archer Jr. y Bruce K. Waltke, *Theological Wordbook of the Old Testament* (Chicago, IL: Moody Press, 1980), 103-4.

[5] Francis Brown, S. R. Driver y Charles A. Briggs, s.v. «בִּין», *The Brown-Driver-Briggs Hebrew and English Lexicon* (Peabody, MA: Hendrickson Publishers, 2014), 106-7.

[6] J. T. Dennison, Jr., s.v. «discern, discerning, discernment», *The International Standard Bible Encyclopedia*. Ed. por Geoffrey W. Bromiley (Grand Rapids, MI: Eerdmans, 1979), 946-47.

[7] Ibíd.

En 1 Reyes 3:9, leemos la petición que el rey Salomón le hizo al Señor cuando él comenzaba a reinar sobre el pueblo, cuando aún estaba caminando bien con Dios: *Da, pues, a tu siervo un corazón con entendimiento para juzgar a tu pueblo y para discernir entre el bien y el mal. Pues ¿quién será capaz de juzgar a este pueblo tuyo tan grande?*

Salomón pidió a Dios que le diera esa capacidad de discernir de la que hemos estado hablando, a fin de poder diferenciar entre el bien y el mal a la hora de gobernar al pueblo. Eso fue exactamente lo que Adán no supo hacer. Dios, que representa el bien, le hizo una prohibición. Satanás, que representa el mal, levantó la prohibición y le hizo una promesa. En ese momento, Adán y Eva necesitaban poner en práctica su discernimiento y buen juicio para saber si eso representaba el bien (lo que Dios había dicho) o si representaba el mal (lo que Satanás ofrecía a cambio). Por cierto, Adán y Eva no sabían que la serpiente representaba a Satanás, pero no tenían que saberlo; ellos solo necesitaban conocer lo que Dios ya había revelado. Adán y Eva abrazaron una idea contraria a lo que Dios les había ordenado y así mostraron su falta de discernimiento.

Otro vocablo hebreo derivado de la palabra *bin*, que significa 'discernimiento', es *binah* (Strong's 998), que quiere decir entendimiento.[8] Esta es la palabra que aparece 1 Crónicas 12:32, cuyo texto dice: *De los hijos de Isacar, expertos en discernir los tiempos, con conocimiento de lo que Israel debía hacer, sus jefes eran doscientos; y todos sus parientes* estaban *bajo sus órdenes.* En este versículo descubrimos que la palabra *discernir* también está relacionada con el conocimiento que nos capacita para saber qué hacer. Antes de actuar, debemos discernir qué es lo que debemos hacer, y entonces hacerlo de manera apropiada.

De esta manera, todo lo que hasta ahora dijimos de la definición de *discernimiento*, comenzando con las definiciones del diccionario y terminando con aquellas palabras en hebreo que se traducen como discernimiento, nos muestra que es una habilidad que nos permite

---

[8] Francis Brown, S. R. Driver y Charles A. Briggs, s.v. «הְּבִינ», *The Brown-Driver-Briggs Hebrew and English Lexicon* (Peabody, MA: Hendrickson Publishers, 2014), 108.

diferenciar entre el bien y el mal, entre lo falso y lo verdadero. Es una habilidad que además nos permite decidir un curso de acción y juzgar con sabiduría. Todo eso es parte de lo que la Palabra de Dios llama discernimiento y de lo que debería caracterizar a todo cristiano.

En el idioma griego, la palabra traducida como discernimiento es *diakrinō,* que significa 'separar, hacer distinción, juzgar'. Como podemos ver, la palabra en griego para discernimiento es muy similar en su significado a las palabras utilizadas en el hebreo, así que no necesitamos abundar al respecto.

DISCERNIMIENTO: UNA CUALIDAD DEL CRISTIANO MADURO

La Palabra de Dios revela que el discernimiento no es una habilidad que todos tienen. Es una habilidad que todos deberíamos poseer, pero que lamentablemente pocos poseen en grado significativo. De hecho, algunos creyentes se caracterizan por su inhabilidad para discernir.

El discernimiento es una cualidad que el Espíritu de Dios cultiva en nosotros a medida que maduramos. Por ejemplo, un niño que aún está gateando se lleva a la boca el biberón que su madre le da para tomar leche, pero del mismo modo podría estar gateando en el piso y llevarse a la boca una caja de fósforos que encuentre tirada o un veneno que se haya puesto para matar cucarachas. El niño no sabe discernir entre un biberón, que es bueno para él, y un veneno que se ha puesto en el piso para eliminar insectos. Algo similar ocurre con un cristiano no maduro. Muchas veces no sabe discernir entre la verdad que Dios ha revelado y la mentira que Satanás le está brindando a través de diferentes sistemas religiosos y filosóficos, o aun a través de un pastor que no esté centrado en la Palabra. En el libro de Hebreos leemos:

Acerca de esto tenemos mucho que decir, y es difícil de explicar, puesto que os habéis hecho tardos para oír. Pues aunque ya debierais ser maestros, otra vez tenéis necesidad de que alguien os enseñe los principios elementales de los oráculos de Dios, y habéis llegado a tener necesidad de leche y no de alimento sólido. Porque todo el que toma *sólo* leche, no está acostumbrado a la palabra de justicia, porque es niño. Pero el alimento sólido es para los adultos, los cuales por la práctica tienen los sentidos ejercitados para discernir el bien y el mal (Heb. 5:11-14).

El autor de la carta a los hebreos, llama a la Palabra de Dios «leche» y «alimento sólido» para referirse a los principios elementales de la fe cristiana, en el primer caso, y a las enseñanzas más avanzadas de la fe, en el segundo. Todos nosotros iniciamos nuestra nueva vida en Cristo aprendiendo sobre los principios elementales de la salvación, como los define Hebreos 6:1-2. Pero no podemos decir, como algunos han dicho: «Lo único importante es que amemos a Jesús». La realidad es que, si lo amamos, obedeceremos Sus mandamientos (Juan 14:15); y para hacerlo necesitamos conocer el resto de Su revelación. Permanecer en la infancia espiritual no es la meta de la vida cristiana, y aquellos que se quedan allí durante un largo período de tiempo sufren ciertas consecuencias, entre las cuales están la incapacidad para enseñar a otros (Heb. 5:12) y la incapacidad para diferenciar lo bueno de lo malo, o la verdad del error (Heb. 5:14).

El discernimiento solo es posible a través de sentidos que han sido ejercitados, como dice el autor de Hebreos, pero esos sentidos son ejercitados al consumir el alimento sólido de la Palabra de Dios. En la frase *los cuales por la práctica tienen los sentidos ejercitados,* la palabra *ejercitados* es «una palabra que hace referencia literalmente al ejercicio físico, gimnasio, agregando así otra metáfora más».[9] El término *ejercitados* también nos transmite la idea de alguien que ha sido diligente en el estudio y la aplicación de la Palabra. Y esa constante actividad le permitió adquirir habilidades que otros no tienen. Esta capacidad la otorgan la Palabra de Dios y la iluminación del Espíritu Santo, como veremos más adelante. No todo cristiano es capaz de discernir porque muchas veces el creyente es un consumidor de leche solamente.

---

[9] R. T. France, *Hebrews-Revelation,* The Expositor's Bible Commentary, ed. rev., ed. por Tremper Longman III y David E. Garland (Grand Rapids, MI: Zondervan, 2006), 80.

La otra enseñanza que debemos sacar de este texto es que, cuando el cristiano no está avanzando en su vida espiritual, al final retrocede. Es como ver una escalera que tiene un primer nivel, luego un descanso y luego un segundo nivel. Si usted se para en el descanso y no continúa, al final usted va a regresar y volverá al primer nivel; no se va a quedar en el descanso para siempre. Subimos o bajamos: no hay alternativa.

En el caso de los hebreos, resulta que ellos habían comenzado a retroceder, y por eso el autor de la carta les dice: *Acerca de esto —el sacerdocio de Melquisedec— tenemos mucho que decir, y es difícil de explicar, puesto que os habéis hecho tardos para oír* (Heb. 5:10, énfasis agregado). Lamentablemente, ellos habían retrocedido; ya no tenían el discernimiento que quizás tuvieron en un momento determinado porque sus sentidos se embotaron debido a que no consumieron el alimento sólido de la Palabra, sino solo leche, es decir, los principios elementales de la fe.

El Señor se deleita en el cristiano que discierne

Todo creyente debería anhelar el discernimiento porque es algo que Dios valora y en lo cual Él se deleita. Revisemos una vez más la historia del rey Salomón, a quien, a través de un sueño que tuvo al principio de su reinado, Dios le concedió la oportunidad de pedir todo cuanto él quisiera, pues el Señor se lo concedería. De todas las cosas que Salomón pudo haber pedido, decidió pedir solo sabiduría para dirigir al pueblo, y eso agradó a Dios, como vemos en el siguiente texto:

Y en Gabaón el Señor se apareció a Salomón de noche en sueños, y Dios *le* dijo: Pide lo que *quieras* que yo te dé. Entonces Salomón dijo: Tú has usado de gran misericordia con tu siervo David mi padre, según él anduvo delante de ti con fidelidad, justicia y rectitud de corazón hacia ti; y has guardado para él esta gran misericordia, en que le has dado un hijo que se siente en su trono, como *sucede* hoy. Y ahora, Señor Dios mío, has hecho a tu siervo rey en lugar de mi padre David, aunque soy un muchacho y no sé cómo salir ni entrar. Tu siervo está en medio de tu pueblo al cual escogiste, un pueblo inmenso que no se puede numerar ni contar por *su* multitud. Da, pues, a tu siervo un corazón con entendimiento para juzgar a tu pueblo *y* para discernir entre el bien y el mal. Pues ¿quién será capaz de juzgar a este pueblo tuyo tan grande? Y fue del agrado a los ojos del Señor que Salomón pidiera esto. Y Dios le dijo: Porque has pedido esto y no has pedido para ti larga vida, ni has pedido para ti riquezas, ni has pedido la vida de tus enemigos, sino que has pedido para ti inteligencia para administrar justicia, he aquí, he hecho conforme a tus palabras. He aquí, te he dado un corazón sabio y entendido, de modo que no ha habido ninguno como tú antes de ti, ni se levantará ninguno como tú después de ti (1 Rey. 3:5-12).

Salomón, en un momento en que gozaba de una buena relación con Dios, tuvo la humildad de reconocer su falta de experiencia para gobernar y juzgar al pueblo, y su incapacidad para distinguir el bien del mal. De hecho, se describe a sí mismo como «un muchacho» y luego agrega: *[N]o sé cómo salir ni entrar* (v. 7). Salomón no era tan joven cuando fue elegido rey: tenía unos 30 años más o menos; pero ciertamente a una persona de 30 años aún le falta entendimiento, discernimiento y sabiduría para elegir entre una cosa o la otra, sobre todo cuando se trata de gobernar toda una nación. Y es que, en la medida en que un pueblo se hace más numeroso, aumentan también las dificultades y complejidades a la hora de gobernarlo.

En vista de que se encontraba a punto de asumir una posición para la cual no tenía suficiente experiencia y que requería gobernar a un pueblo numeroso con complejas situaciones, Salomón reconoce que necesita la asistencia de Dios y pide que le sea concedido entendimiento. Dios se siente complacido con esta petición y promete darle riquezas y fama, además de sabiduría y discernimiento, al ver que de verdad su petición fue genuina. Este texto nos permite ver que Dios se deleita en que Sus hijos adquieran discernimiento porque eso es una señal de madurez en el creyente. Pero para alcanzar la madurez, tenemos que consumir el alimento sólido de Su Palabra y no solo leche espiritual, como dice el autor de Hebreos. Esto también es parte del deleite de Dios.

Una vez más, la petición de Salomón a Dios por sabiduría y habilidad para discernir tenía que ver con la pregunta que él le hizo a Dios: *¿quién será capaz de juzgar a este pueblo tuyo tan grande?* (v. 9b). Las múltiples situaciones que experimenta un pueblo grande requieren mayor capacidad y discernimiento del líder. Por ejemplo, si un pastor tiene a su cargo una iglesia de 100 personas, la capacidad de discernimiento para manejar esa iglesia no es la misma que se requeriría si tuviera una iglesia de 3000 personas, pues, en la medida en que se maneja un mayor número de personas, habrá que enfrentar mayores y más difíciles circunstancias.

Cuando aumentan las opciones y la complejidad de la vida, aumenta también la necesidad de discernir. Hoy en día, nosotros debemos enfrentar situaciones mucho más complejas que las que tuvieron generaciones anteriores en todos los ámbitos de la sociedad. A manera de ilustración, pensemos cuánto más fácil era discernir qué programas de televisión ver unas cinco décadas atrás de lo que lo sería en la sociedad de nuestros días. En primer lugar, esto era porque las opciones que teníamos eran muy pocas y además porque, dentro de las posibilidades que existían, las personas detrás de los medios de comunicación tenían ciertos valores morales y familiares, que el mismo Estado no permitía que se violaran. Sin embargo, hoy en día las opciones en la televisión son múltiples; las complejidades de las familias son muchas; las situaciones que enfrentan las naciones son enormes; y los problemas en la sociedad tienen infinidad de aristas. Todo esto hace que al cristiano se le haga cada vez más necesario cultivar y desarrollar la habilidad de discernir, si es que quiere continuar caminando con integridad de corazón y creciendo en sabiduría delante de su Dios.

EL LLAMADO AL DISCERNIMIENTO

En toda la Escritura, hay un llamado continuo de parte de Dios al discernimiento, y lo podemos ver en el libro de Proverbios. Reflexionemos brevemente acerca de este tema, a través del siguiente pasaje:

Hijo mío, si recibes mis palabras, y atesoras mis mandamientos dentro de ti, da oído a la sabiduría, inclina tu corazón al entendimiento; porque si clamas a la inteligencia, *y* alzas tu voz al entendimiento, si la buscas como a plata, y la procuras como a tesoros escondidos, entonces entenderás el temor del Señor, y descubrirás el conocimiento de Dios. Porque el Señor da sabiduría, de su boca *vienen* el conocimiento y la inteligencia (Prov. 2:1-6).

Este texto bíblico menciona una serie de condiciones cuyo cumplimiento da como resultado un mejor y mayor entendimiento de Dios. El versículo 5, expresa con claridad que el temor del Señor y el conocimiento de Dios son el resultado de condiciones enumeradas en los versículos 1 al 4. Debemos: 1) recibir Su Palabra, 2) atesorar Sus mandamientos, 3) dar oído a la sabiduría, e 4) inclinar el corazón al entendimiento. Todo esto es necesario para cultivar el discernimiento. Si buscamos esa sabiduría como quien busca un tesoro escondido, tendremos el discernimiento necesario para descubrir el conocimiento de Dios. «Si queremos ser sabios, necesitamos ser *receptivos, sensibles y determinados*».[10]

Quienes no aman el discernimiento no van a buscar ni a perseguir la sabiduría ni el entendimiento de Dios; y por lo tanto, su discernimiento va a quedar estancado o sin desarrollarse. Pero el que desea ser capaz de discernir entre el bien y el mal, entre lo falso y lo verdadero, va a amar esa capacidad; y por lo tanto, va escudriñar las Escrituras, buscando conocer más a su Dios, para poder cultivar y cosechar así los frutos del discernimiento. La revelación de Dios, atesorada en el interior del individuo, es básicamente lo que va a contribuir a formar la conciencia; y una conciencia bien formada es lo que se necesita a la hora de discernir.

Además de amar la habilidad de discernir, el creyente necesita humildad para depender de Dios. No se puede tener un discernimiento

---

[10] John Phillips, *Exploring Proverbs, Volume 1* (Grand Rapids, MI: Kregel Publications, 1995), 55.

apropiado si se es una persona orgullosa, puesto que Dios se opone al orgulloso, pero da gracia al humilde (Sant. 4:6b). La gracia de Dios nos capacita para hacer todo aquello que Dios nos llama a hacer. La persona humilde reconoce cuando requiere la asistencia de Dios para discernir y tomar decisiones. El creyente que es humilde no tiene dificultad en decirle a Dios: «No tengo el conocimiento», «No tengo la sabiduría» o «No tengo lo que se requiere; por lo tanto, te pido que ilumines mi mente». La persona orgullosa no sabe cómo hacerlo y descansa en su propia sabiduría.

De esta manera, para poder discernir correctamente, como ya hemos mencionado, necesitamos la Palabra de Dios a fin de tener una mente y una conciencia informadas por la revelación del mismo Dios. Discernir la voluntad de Dios es responsabilidad de cada creyente, pero esto no se logra sin una mente bien informada y transformada por la interacción del Espíritu de Dios con la Palabra de Dios atesorada en el interior del creyente.

Si el verdadero discernimiento espiritual consiste en ver la vida como Dios la ve, como señalábamos al inicio de este capítulo, no hay duda entonces de que esta habilidad requerirá la asistencia del Espíritu Santo. Sin el Espíritu de Dios, no es posible discernir de una manera que agrade a nuestro Dios. De hecho, cuando el apóstol Pablo les escribe a los corintios en su primera carta, les dice: *Pero el hombre natural no acepta las cosas del Espíritu de Dios, porque para él son necedad; y no las puede entender, porque se disciernen espiritualmente* (1 Cor. 2:14). Las «cosas del Espíritu», como Pablo las llama, no despiertan ningún interés en el incrédulo, que tampoco las entiende. Puede entender las expresiones gramaticales, la sintaxis de lo expresado, pero no capta las implicaciones espirituales detrás de las letras. La revelación de Dios (Su Palabra) tiene que ser iluminada por el Espíritu de Dios para ser entendida correctamente. Si anhelamos tener discernimiento espiritual, necesitamos caminar tomados de la mano del Espíritu Santo, quien nos da el discernimiento.

El Espíritu de Dios ilumina nuestro entendimiento. A través de Su llenura, provee sabiduría y alerta al creyente acerca de situaciones de peligro o de cuidado, y lo ayuda a distinguir la verdad del error. Ese mismo Espíritu da valor al creyente para no ser amedrentado, pues, como sabemos, el temor nubla el entendimiento.

De hecho, cuando leemos en el Nuevo Testamento acerca de los dones del Espíritu, uno de esos dones es el don de discernimiento de espíritus (1 Cor. 12:10). Ha habido mucho debate con relación a si este don se refiere a la capacidad de discernir si alguien tiene un espíritu endemoniado o si se trata de la habilidad de discernir si lo que una persona está enseñando proviene de Dios o representa una doctrina falsa o satánica. Personalmente creo que el discernimiento de espíritu es más bien la habilidad de distinguir si la persona que está hablando o enseñando representa la verdad de Dios o más bien pudiera representar un falso maestro disfrazado de oveja.

Así pues, el discernimiento es algo que Dios da, pero que necesita ser cultivado y alimentado por medio del estudio y la aplicación de Su Palabra en nuestras vidas, y la dependencia en el Espíritu de Dios.

OBSTÁCULOS DEL DISCERNIMIENTO

Todo el tiempo luchamos con cosas, dentro y fuera de nosotros, que se vuelven un obstáculo para llevar a cabo un discernimiento correcto. Algunas de ellas son obvias, pero a pesar de que son tan evidentes, muchas veces no las tomamos en consideración a la hora de discernir.

El corazón del hombre

Jeremías 17:9 es un versículo que ya citamos, pero que quiero volver a utilizar para ver nuestro corazón como uno de los obstáculos para un buen discernimiento. Esto es lo que el texto enseña: *Más engañoso que todo, es el corazón, y sin remedio; ¿quién lo comprenderá?* La mayoría de nosotros conocemos este versículo de memoria y, sin embargo, nuestra manera de vivir no revela el peso de estas palabras. En ocasiones, oímos a personas decir algo como esto: «Lo bueno es que Dios conoce mi corazón y, como lo más importante es el corazón, por eso no me preocupo». Cuando en realidad, el hecho de que Dios conoce lo que hay en nuestro corazón es nuestro mayor problema. Podemos expresarnos de una manera muy espiritual e incluso hacerles creer a otros que somos personas muy espirituales, y al mismo tiempo ser todo lo opuesto en nuestro corazón. Podemos incluso autoengañarnos y creer que somos de verdad muy maduros espiritualmente, cuando en realidad no lo somos. Nuestro corazón nos engaña todo el tiempo.

De este modo, el primer obstáculo para un buen discernimiento es nuestro propio corazón engañoso, y de ahí la necesidad de que permitamos que la Palabra de Dios nos hable, que el Espíritu Santo nos escudriñe y que los hermanos en la fe nos puedan cuestionar, a fin de poder discernir de manera correcta. Si la evaluación o el juicio que hacemos se deja a nuestro exclusivo criterio, con frecuencia concluiremos que estamos bien, o por lo menos mejor de lo que realmente estamos, porque nuestro corazón es engañoso. Necesitamos que otras personas puedan examinarnos, y la incapacidad para permitirlo es parte del orgullo humano. Note las siguientes palabras del apóstol Pablo: *Porque no nos atrevemos a contarnos ni a compararnos con algunos que se alaban a sí mismos; pero ellos, midiéndose a sí mismos y comparándose consigo mismos, carecen de entendimiento* (2 Cor. 10:12). Si carecen de entendimiento, carecen de discernimiento.

El corazón traicionó a Abraham cuando mintió al decir que su esposa era su hermana (Gén. 12:10-20); el corazón traicionó a David cuando cometió adulterio con Betsabé (2 Sam. 11); el corazón traicionó a Pedro cuando negó a Jesús, después de afirmar que nunca lo negaría (Mat. 26:33-35). Jesús reveló cuál es el problema del corazón humano cuando reprendió a Pedro momentos después de la famosa confesión en Cesárea de Filipo (Mat. 16:16). Estas fueron Sus palabras: *Pero volviéndose Él, dijo a Pedro: ¡Quítate de delante de mí, Satanás! Me eres piedra de tropiezo; porque no estás pensando en las cosas de Dios, sino en las de los hombres* (Mat. 16:23). El corazón del hombre piensa en el hombre. Por eso Dios tiene que cambiar nuestro corazón y darle una nueva orientación.

Las influencias culturales

Todos nosotros fuimos influenciados por la cultura en diferentes proporciones. No existe una sola persona, sin importar la nación a la que pertenezca, que no haya sido influenciada por su cultura y su entorno. Aquello que la cultura aprueba como bueno, de una u otra manera, ejerce influencia sobre nosotros y en ocasiones termina llevándonos a aplaudir como bueno y válido algo que quizás sea contrario a los principios de la Palabra de Dios. No podemos ser ingenuos y pensar que, porque leemos o estudiamos mucho la Palabra de Dios, estaremos exentos de la influencia de la cultura. No es una mera coincidencia que Dios le dijera a Abraham que se apartara de su tierra y de su parentela (Gén. 12:1-3). De igual modo, Dios sacó al pueblo hebreo al desierto y fuera de Egipto para relacionarse con él. Por otro lado, cuando Dios dio Su ley a través de Moisés, prohibió el matrimonio de Su pueblo con pueblos paganos no porque nuestro Dios fuese elitista, sino por el peligro de que Su pueblo fuera influenciado por la cultura alrededor y terminara abandonando al Dios verdadero para adorar dioses ajenos, como en efecto ocurrió (1 Rey. 11:1-6). En el Nuevo Testamento, continuamos viendo algo similar en las palabras de Pablo en 2 Corintios 6:14, cuando exhorta al creyente a no estar unido en yugo desigual con los incrédulos.

Quizás una manera simple de ilustrar lo expresado es pensando que no podemos pasar debajo de la lluvia sin mojarnos. Unos se mojarán más, otros menos, dependiendo de cuánto tiempo nos expongamos a la lluvia, pero, si nos exponemos, terminaremos mojándonos, y así nos «moja la cultura». La cultura nos influencia a todos; y por consiguiente, necesitamos comparar continuamente eso que la cultura nos vende y que tendemos a abrazar de manera natural, con lo que Dios reveló en Su Palabra. Prestemos atención a las palabras del profeta Isaías: *¡Ay de los que llaman al mal bien y al bien mal, que tienen las tinieblas por luz y la luz por tinieblas, que tienen lo amargo por dulce y lo dulce por amargo!* (Isa. 5:20). «Aquí Isaías continúa su denuncia de aquellos que se burlan de los caminos de Dios. Para justificar sus propias conductas, ellos tienen que, en sus formas de razonar de la manera más sofisticada posible, demostrar que sus conductas pecaminosas son buenas, que su oscuridad es luz y que lo amargo es dulce».[11] Esa es la tendencia natural de la cultura,

---

[11] John N. Oswalt, *The Book of Isaiah, Chapters 1-39,* The New International Commentary on the Old Testament, ed. por R. K. Harrison y Robert L. Hubbard, Jr. (Grand Rapids, MI: Eerdmans, 1986), 164-65.

y el cristiano necesita estar alerta para no ser influenciado por su generación de esa manera.

Poco aprecio por la Palabra

En la vida cristiana, las personas de diferentes iglesias y denominaciones han abrazado múltiples enseñanzas sin haber consultado primero la Palabra de Dios para comprobar que lo que su pastor o líder les enseñó es lo correcto. Una enseñanza es correcta o verdadera no porque lo dice una persona con autoridad eclesiástica, sino porque dicha enseñanza está avalada por la Palabra de Dios. En ese sentido, note la observación que Lucas hace sobre los creyentes de Berea y que registra en el libro de Hechos: *Estos eran más nobles que los de Tesalónica, pues recibieron la palabra con toda solicitud, escudriñando diariamente las Escrituras,* para ver *si estas cosas eran así* (Hech. 17:11). ¿A cuáles cosas se refiere Lucas? A las que Pablo y Silas estaban enseñando. Los judíos de Berea tenían el Antiguo Testamento y, en esencia, lo revisaron para ver si de verdad lo que Pablo les estaba enseñando era correcto y se apegaba a lo revelado en la Ley de Dios. Si lo hacían con Pablo, con mucha más razón pueden hacerlo con nosotros.

Cuando una persona o una congregación tiene poco aprecio por la Palabra de Dios y valora la enseñanza de sus ministros por encima de lo que las Escrituras dicen, esa persona o congregación no va a poder discernir correctamente porque la Palabra es la que nos permite ver la vida a través de las lentes de Dios, y en eso consiste precisamente el discernimiento. El autor de Hebreos nos recuerda: *Porque la palabra de Dios es viva y eficaz, y más cortante que cualquier espada de dos filos; penetra hasta la división del alma y del espíritu, de las coyunturas y los tuétanos, y* es poderosa *para discernir los pensamientos y las intenciones del corazón* (Heb. 4:12). Solo la Palabra de Dios tiene el poder y la habilidad de penetrar la mente y la conciencia del hombre, poniendo de manifiesto sus intenciones.

Un bajo concepto de Dios

Si el concepto de Dios que tiene un pueblo no está donde debería estar, ese pueblo no podrá discernir correctamente. A. W. Tozer decía que la mayor necesidad de la Iglesia hoy en día es la de purificar y elevar el concepto de Dios.[12] Cuando Dios no está en Su lugar, como Soberano Creador, y el hombre no está en su lugar como criatura caída, todo lo demás va a estar nublado o fuera de foco.

Nuestro enemigo, Satanás mismo

En Marcos 8:32-33, encontramos un pasaje muy familiar en que el Señor Jesús reprende a Pedro en un momento en que él discernía incorrectamente, después de que Jesús reveló a Sus discípulos que Él debía ir a Jerusalén, padecer muchas cosas en manos de las autoridades, morir y después de tres días resucitar. El texto de Marcos expresa lo siguiente: *Y les decía estas palabras claramente. Y Pedro le llevó aparte y comenzó a reprenderle. Mas Él volviéndose y mirando a sus discípulos, reprendió a Pedro y le dijo: ¡Quítate de delante de mí, Satanás!, porque no tienes en mente las cosas de Dios, sino las de los hombres.* En ese momento, Pedro no pudo discernir las palabras del Señor Jesucristo. La pasión y muerte del Mesías habían sido anunciadas desde el Antiguo Testamento, y de esto estaba hablándoles Jesús. Ahora bien, es cierto que Pedro no supo discernir las palabras de Cristo, pero el texto revela que quien impidió que Pedro pudiera discernir correctamente en ese momento fue el enemigo, y esto se evidencia en las palabras de Cristo: «Quítate de delante de mí, Satanás» (v. 33). Satanás tiene estrategias para engañarnos; engañó a Eva en un momento dado, también engañó a Adán y aquí está engañando a Pedro. Si él pudo usar a un apóstol, puede usar a cualquiera de nosotros.

De esta manera, ninguno de nosotros puede considerarse lo suficientemente maduro como para pensar que ya ha adquirido toda la sabiduría necesaria para discernir de manera correcta. Todos nosotros podemos ser confundidos en un momento dado por el enemigo, y como resultado discernir incorrectamente. Por eso es necesario cultivar esa cualidad que ya mencionamos antes, que es la humildad. Necesitamos humildad para someternos a Dios, humildad para reconocer que no lo sabemos todo, humildad para buscar ayuda, humildad

---

[12] A. W. Tozer, *The Knowledge of the Holy* (Nueva York: HarperOne, 2009), 4.

para buscar el consejo de otros, porque en la multitud de consejeros está la sabiduría. Todo esto es importante y necesario.

CONCEPTOS IMPORTANTES A LA HORA DE DISCERNIR

1. El concepto de Verdad.

Hoy en día, muchas personas ni siquiera entienden lo que es la verdad y, por lo tanto, niegan que exista una verdad absoluta. En ese sentido, la definición más resumida que podemos dar de la verdad es esta: verdad es aquello que se corresponde con la realidad, no necesariamente con lo que nosotros percibimos como la realidad, sino con lo que es la realidad. En ocasiones, alguien puede decir algo que podría ser malentendido por nosotros, y nos vamos con la idea de que eso fue en realidad lo que se dijo, pero más tarde hablamos con la persona y nos percatamos de que eso no fue lo que dijo dicha persona. De esta manera, al escucharla la primera vez, nuestra percepción fue incorrecta y no se correspondía con la realidad.

La verdad es siempre aquello que se corresponde con la realidad. Si tomamos un lápiz y lo introducimos dentro de un vaso de cristal con agua, el lápiz aparenta estar doblado cuando lo vemos a través del cristal debido a la refracción de la luz. Mas cuando lo sacamos, el lápiz está completamente derecho. Este ejemplo lo usamos para mostrar cómo nuestras percepciones nos pueden engañar. Por esta razón, necesitamos reconocer cuál es la fuente de verdad que nunca va a presentarnos una cosa por otra, y esa fuente de verdad es Dios: Dios y Su Revelación.

A fin de reconocer lo que es verdadero y lo que no lo es, necesitamos conocer las características de la verdad. Algunos de estos conceptos fueron introducidos brevemente en el capítulo seis. En primer lugar, la verdad no la determinamos nosotros. La verdad es objetiva porque está fuera de nosotros. Es algo que Dios determina; y en ninguna circunstancia nosotros somos el determinante de la verdad. En segundo lugar, la verdad es constante, sin importar el lugar donde nos encontremos o la época de la historia en que estemos. La verdad no cambia; es única y es la misma ayer, hoy y siempre. En tercer lugar, la verdad es universal. Lo que es verdad en un determinado lugar es verdad en el resto del mundo. Y esto es así, como mencionamos anteriormente, porque la verdad es transcultural; lo que es verdad en una cultura es verdad en todas las demás culturas porque no depende de los hombres, sino que es algo determinado por Dios. La verdad no es simplemente algo que nosotros creemos; nadie ha inventado una verdad; nadie ha creado una verdad: la gente ha descubierto las verdades.[13] La fuerza de la gravedad es verdad, así como la velocidad de la luz es verdad. Existieron siempre, aun antes de que el hombre las conociera; el hombre solo las descubrió.

De esta manera, la verdad es constante, objetiva, universal, transcultural, inmutable, externa a nosotros, no creada por el hombre, quien simplemente la descubre. Por eso, estas ideas son vitales a la hora de discernir entre el bien y el mal.

2. La fuente de la Verdad: Dios.

El concepto que tengamos de Dios va a influenciar en gran medida nuestro discernimiento. Desafortunadamente, hoy en día muchos han abrazado el concepto errado de un dios que está al servicio del hombre, en vez de ver a Dios como quien realmente es. Por este motivo el hombre no puede discernir correctamente. En el principio, Dios hizo al hombre a Su imagen y semejanza; pero, en la actualidad, el hombre ha hecho a Dios a su imagen y semejanza. Así, muchos ven a Dios como un ser superior con poder y sabiduría que está ahí solo para bendecirnos. No es de extrañar entonces que no podamos concebir ni entender muchas de las enseñanzas de la Biblia, pues hemos desplazado a Dios y puesto al hombre en el centro del plan de redención.

Si Dios no está en el lugar que le corresponde en nuestras vidas y la gloria de Dios no es nuestra principal y única meta, todo lo demás va estar borroso y nos va a parecer confuso. El resultado de desplazar a Dios del lugar que le corresponde es que nuestras decisiones con frecuencia van a estar erradas, pues por nuestro egocentrismo

---

[13] Norman L. Geisler, s.v. «truth, nature of», *Baker Encyclopedia of Christian Apologetics* (Grand Rapids, MI: Baker Books, 1999).

tomaremos decisiones basadas en lo que nos conviene y no en los propósitos de Dios, que es soberano, justo y santo. Necesitamos una visión Cristo-céntrica no solamente al estudiar la Palabra de Dios, sino también al contemplar el universo y aun nuestras propias vidas.

La fuente de verdad es Dios y Su Revelación; y todo aquello que va en contra de lo que Dios nos ha revelado en Su Palabra automáticamente pasa al plano de lo falso y, por lo tanto, no puede ser considerado como verdad. No solo debemos conocer lo que es verdad, lo cual ya definimos, sino que también necesitamos saber lo que no es verdad, lo que no es bueno. En ese sentido, es importante hacer varias observaciones en torno a nuestra manera de vivir y de juzgar la verdad.

Algo no es verdad o bueno solo porque produce resultados. A esta forma de pensar la llamamos pragmatismo, una filosofía secular que establece que las cosas deben ser valoradas por los resultados que producen. Por ejemplo, pensemos en una iglesia que implementa un nuevo programa y pronto se observa que mucha gente se ha unido a la iglesia por ese programa. El resultado en apariencia positivo no hace al programa bueno en sí mismo. Muchos falsos profetas han conseguido que multitudes los sigan, a pesar de que ellos no estaban en la verdad. Entonces, algo no es bueno solo porque produzca resultados; pensar de esa manera quizás esté bien a la hora de inventar una máquina que nos permita realizar un trabajo de una forma más práctica. Pero discernir entre lo verdadero y lo falso es algo que el pragmatismo no puede determinar.

Algo no es verdad o bueno porque la motivación para hacerlo haya sido el amor. Este es el planteamiento que hace la ética situacional, que dice que no hay nada bueno ni malo, sino que todo depende de si se ha hecho por amor. Pero ¿quién fija el estándar que se utilizará para definir ese amor? ¿El Hitler de la Alemania nazi? ¿La madre Teresa de Calcuta? ¿El papa de la Iglesia católica romana? ¿El pastor de la iglesia local? Como vemos, si no podemos ponernos de acuerdo en la definición del amor, mucho menos podremos juzgar lo que es bueno o malo basados en aquello que hacemos por amor. Recordemos una vez más que el corazón es engañoso (Jer. 17:9); y por lo tanto, algo que pensamos que fue hecho por amor al prójimo puede que quizás resulte que más bien se hizo por egoísmo y buscando nuestros propios intereses.

Algo no es verdad o bueno porque nos hace sentir bien. En ocasiones, algunas personas se me han acercado en mi función de pastor y consejero para decirme: «Pastor, yo sé que esto tiene que ser de Dios porque después de que lo hice me siento tan bien». Este sentimiento puede ser cierto, pero la manera como nos sentimos no puede ser el estándar que utilicemos para determinar si algo es bueno o verdadero. Lo que determina si algo es verdad o bueno es cuán compatible es con la Palabra de Dios. Por más bien que usted se sienta, por más tranquilo que esté en cuanto a la decisión que tomó, si esta decisión viola lo revelado por Dios en Su Palabra, no se corresponde con el estándar de la verdad y tampoco puede ser bueno.

Algo no es verdad o bueno porque la cultura lo aprueba. A esta manera de pensar la llamamos ética cultural. Si fuéramos a aceptar la ética cultural como lo que va a determinar que algo sea bueno o malo, entonces a los caníbales no deberíamos civilizarlos para que dejen de comer gente porque esa es su cultura. Sin embargo, eso no sería lo correcto. Entonces, tratamos de enseñarles valores compatibles con el respeto a la dignidad del ser humano, y esos valores vienen de Aquel que creó al hombre. Por otro lado, la cultura que caracterizaba a la Alemania de la época de Hitler aprobó el holocausto judío. Entonces, ¿vamos a permitir esa iniquidad solo porque la cultura del momento la aprueba? ¡De ningún modo! A la hora de discernir, la ética cultural no puede determinar lo que es bueno o malo, o lo que es verdadero o falso. Las culturas han sido formadas por hombres y mujeres con mentes caídas que no valoran correctamente ni ven la vida de manera moral. Por lo tanto, todas las culturas están manchadas por el pecado y en necesidad de redención.

Algo no es verdad o bueno porque es legal. Uno de los efectos de las leyes es que tienen el potencial de educar a las naciones para bien o para mal. Cuando los niños y los jóvenes crecen escuchando que ciertas prácticas son legales, maduran pensando que dichas prácticas son morales. Pero la historia es testigo de que lo legal no siempre es moral.

El hombre a menudo no percibe la realidad por lo que es; por lo tanto, es incapaz de legislar por sí solo de manera correcta cuando él no tiene una percepción real del mundo a su alrededor. Cada vez más, vemos cómo las naciones aprueban leyes contrarias a los dictámenes de Dios. En la actualidad, son muchos los países que ya han aprobado la ley a favor del aborto. Esta práctica puede ser legal en esos países, pero es inmoral porque representa una violación a la dignidad de la vida. Si no respetamos la vida, no respetaremos tampoco al Dador de la vida, quien es también el Dador de la ley moral que regula nuestras vidas.

Por otro lado, es posible que en muchos países existan prácticas consideradas morales, pero que las leyes locales consideran ilegítimas. En el libro de los Hechos, nos encontramos con una situación como esta:

> Cuando los trajeron, los pusieron ante el concilio, y el sumo sacerdote los interrogó, diciendo: Os dimos órdenes estrictas de no continuar enseñando en este nombre, y he aquí, habéis llenado a Jerusalén con vuestras enseñanzas, y queréis traer sobre nosotros la sangre de este hombre. Mas respondiendo Pedro y los apóstoles, dijeron: Debemos obedecer a Dios antes que a los hombres (Hech. 5:27-29).

Hoy en día, en los países musulmanes es ilegal predicar la fe cristiana, pero tratar de alcanzar a los perdidos con el evangelio de Cristo es moral delante de Dios. Por lo tanto, a la hora de discernir, necesitamos diferenciar lo legítimo (moral o no) de lo ilegítimo (moral o no).

REFLEXIÓN FINAL

No sea simplista

Después de la caída del hombre, registrada en Génesis 3, las cosas ya no son tan sencillas como parecen. En todos nosotros puede haber motivaciones pecaminosas escondidas de manera voluntaria o involuntaria. Por otro lado, que algo parezca inocente a simple vista no significa que no sea dañino o pecaminoso. Por ejemplo, la fruta del Edén parecía inofensiva a los ojos de Adán y Eva, mas los condujo a desobedecer a Dios y con ello a la muerte espiritual.

Como ilustración, preguntémonos: ¿la práctica de tatuarse la piel es algo bueno o malo hoy en día? Antes de contestar rápidamente a esa pregunta, investigue un poco más sobre este tema. Lo cierto es que múltiples estudios realizados han asociado algunas de estas prácticas (tatuajes, perforaciones corporales o *piercing*) con conductas de alto riesgo, desórdenes alimenticios, uso de sustancias químicas, depresión y otros problemas de conducta.[14] [15] [16] [17] Las cosas no son tan simples como parecen a simple vista; documéntese, reflexione, escudriñe la Palabra y cerciórese de haber buscado y estudiado bien toda la evidencia disponible a fin de poder decidir con propiedad sobre algún tema.

Tenga cuidado de su orgullo

El orgullo nos provee lentes distorsionados a través de las cuales vemos todo lo que está a nuestro alrededor. El orgullo no nos permite ver y admitir nuestros errores; y cuando somos descubiertos en el error, el orgullo hace que prefiramos justificar los hechos antes que cambiar de opinión. Así mismo, el orgullo nos lleva a concluir conforme a nuestros juicios y prejuicios aun antes de conocer toda la verdad. El orgulloso es egocéntrico por naturaleza y valora todo lo que ve en función de cómo eso lo puede afectar de manera directa.

Por otro lado, la persona orgullosa tiene dificultad para perdonar y, como resultado, con frecuencia vive llena de resentimiento. Mencio-

---

[14] Antonio Preti, Claudia Pinna, Silvia Nocco, Emanuela Mulliri, Simona Pilia, Donatella Rita Petretto y Carmelo Masala, «Body of evidence: Tattoos, body piercing, and eating disorder symptoms among adolescents». *The Journal of Psychosomatic Research.* 2006; 61(4), 561-566.

[15] Lynne Carroll y Roxanne Anderson, «Body Piercing, Tattooing, Self-Esteem, and Body Investment in Adolescent Girls», *Adolescence.* 2002; 37(147): 627-37.

[16] Melanie A. Gold, Cindy M. Schorzman, Pamela J. Murray, Julie Downs y Gerard Tolentino, «Body piercing practices and attitudes among urban adolescents», *The Journal of Adolescent Health.* 2005; 36, (4), 352.e15–352.e21.

[17] Sean T. Carroll, Robert H. Riffenburgh, Timothy A. Roberts, y Elizabeth B. Myhre, «Tattoos and Body Piercings as Indicators of Adolescent Risk-Taking Behaviors», *Pediatrics.* 2002; 109(6): 1021-7.

no esto en particular por algo que está escrito en el libro de los Salmos: *Cuando mi corazón se llenó de amargura, y en mi interior sentía punzadas, entonces era yo torpe y sin entendimiento; era* como *una bestia delante de ti* (Sal. 73:21-22). El salmista permitió que su resentimiento se acumulara a un grado tal que la amargura nubló su entendimiento y lo volvió torpe. Por lo tanto, necesitamos cuidarnos del orgullo.

No comprometa la verdad por amor al otro

Este es un principio muy importante, sobre todo en medio de una cultura como la actual, que considera el amor (definido por cada quien) como el valor más alto, como explicamos más arriba. Son muchos los que comprometen la verdad, pensando que hay que amar a las personas por encima de todo. Nunca debemos hacer esto. La verdad nunca debe ser comprometida: no importa cuánto amor usted le tenga a su prójimo, a su cónyuge o incluso a sus hijos. Ahora bien, en el sentido bíblico, no tenemos que contraponer la verdad y el amor. Ambas cualidades forman parte del carácter de Dios. Cristo dijo la verdad a través del amor que expresó hacia los hombres; y a la vez, amó a través de la verdad que comunicó, sabiendo que aquello que es mentira nunca hará bien al hombre. Por lo tanto, amar al otro implica hablar la verdad y vivir en la verdad. Cristo no dijo: «La verdad es la verdad, y si los hiere no me importa». ¡No! Porque el amor no habla de esa manera. Revise otra vez en el Evangelio de Juan cómo Cristo le dijo la verdad a la mujer samaritana en amor (Juan 4). Cristo siempre expresó Su amor, pero nunca divorciado de la verdad; o dicho al revés, Él siempre expresó la verdad, pero nunca divorciada de Su amor y de Su gracia.

Nunca dé un veredicto antes de escuchar toda la historia o conocer todos los hechos

El ser humano es muy influenciable, y muchas veces esto nos lleva a dar un veredicto antes de tiempo. Antes de emitir una opinión, escuche toda la historia. El primer informe que usted reciba quizás no se corresponda con toda la verdad; pregúntese acerca de todos los hechos porque el que algo sea verdad no quiere decir que sea toda la verdad. De ahí viene la famosa frase: «¿Jura usted decir la verdad, toda la verdad y nada más que la verdad?», porque, como ya hemos señalado, nosotros podemos decir verdad, y no toda la verdad. También podemos decir toda la verdad y luego agregar cosas que no son ciertas. En ambos casos, estaríamos violando el principio de la verdad, que es aquello que se corresponde exclusivamente con la realidad. Si usted quiere discernir de manera correcta, no llegue a conclusiones apresuradas. Primero escuche y trate de armar todo el rompecabezas, o por lo menos trate de tener tantas piezas como sea posible, antes de llegar a una conclusión.

La ausencia de versículos que aprueben o desaprueben algo no implica libertad para hacerlo

Hay miles de cosas que no están descritas en la Biblia, y eso no implica que tengamos libertad para hacer muchas de ellas. La Biblia no dice nada en absoluto con relación a la fertilización *in vitro*, ni a favor ni en contra. ¿Esto quiere decir que no tenemos principios bíblicos para poder evaluar lo apropiado o inapropiado de ese método artificial de fertilización? ¡Claro que no! Sin embargo, la Biblia no es un libro de genética ni es un libro de ginecología y obstetricia escrito en el siglo XXI. De esta manera, el hecho de que no tengamos versículos bíblicos sobre una situación específica no necesariamente nos concede libertad absoluta para hacer cuanto queramos al respecto. De la misma forma, el hecho de que la Palabra de Dios nos dé permiso para hacer ciertas cosas no nos deja en completa libertad para hacerlas, como bien explica el apóstol Pablo en 1 Corintios 8 con relación a no ser piedra de tropiezo para el hermano de conciencia débil, sobre lo cual ya hablamos en detalle en un capítulo anterior.

En definitiva, discernir de manera correcta requiere de una mente bíblica, la cual se forma al exponernos a la sabiduría de Dios revelada en Su Palabra y requiere además llenura del Espíritu Santo, quien ilumina nuestro entendimiento al escudriñar las Escrituras.

Conclusión

Hasta aquí es mucha la enseñanza que hemos cubierto con relación a lo que significa vivir en integridad y sabiduría. Ambos temas tienen una importancia monumental no solo para la vida personal, sino también en la estabilidad de toda la sociedad. Como bien dijimos en el primer capítulo de este libro, la integridad parece ser en nuestros días un valor en extinción. Estamos tan acostumbrados a la mentira, al fraude y a la inmoralidad globalizada que ya son muy pocos los que se avergüenzan o ruborizan ante la presencia del pecado evidente en sus vidas y en las vidas de los demás. Es como si vivir sin un carácter íntegro fuera la norma para los ciudadanos del mundo de hoy. Hemos escuchado tanto como la salvación es por gracia y no por obras, y cuán inservibles son las obras de la carne que hemos desarrollado todo un vocabulario para afirmar esta teología bíblica y al mismo tiempo sentirnos cómodos con nuestros estilos pecaminosos de conductas. En medio de toda esa teología, nosotros parecemos olvidar que la Biblia nos llama a hacer buenas obras y a vivir piadosamente.

No hay dudas de que nosotros dependemos totalmente de la gracia de Dios para caminar en integridad de corazón; pero es igualmente claro en la historia bíblica y en la historia de la iglesia que algunos personajes que contaban con el poder y la gracia de Dios no hicieron el mejor uso de los medios de gracia y arruinaron sus vidas o su testimonio. Otros sin embargo supieron honrar lo que Dios había hecho en sus vidas y caminaron con prudencia en integridad delante de su Dios. Aun entre los hombres de Dios, tenemos que distinguir el caminar de un José y el testimonio de vida de un David cuando estuvieron frente al mismo tipo de tentación. La esposa de Potifar no pudo seducir a José (Gén. 39); David no pudo dominarse a sí mismo al ver accidentalmente a Betsabé, la esposa de Urías (2 Sam. 11). Algo similar podemos decir del testimonio de Abram y el testimonio de Lot, su sobrino, ante la tentación de la repartición de tierras y la extensión de sus territorios (Gén. 13).

La integridad es un valor que muchos admiran y desean, pero que pocos están dispuestos a pagar el precio para cultivar, como mencionamos en secciones anteriores. Si hacemos una encuesta en la sociedad y preguntamos si las personas quisieran elegir un presidente con o sin integridad, no hay dudas de que todos o una gran mayoría responderán en favor de la integridad. Sin embargo, las mismas personas que responden de esa manera con frecuencia no viven para honrar esa virtud que ellos quisieran ver en un gobernante que sea elegido para regir los destinos de la nación. Vivimos de manera incongruente.

Los creyentes del primer siglo vivieron bajo presión para que comprometieran su integridad al tener que doblegarse ante las exigencias del César. Muchos perdieron sus vidas por no querer afirmar que el César era Dios. En los gobiernos democráticos del presente, no vemos ese tipo de presión; sin embargo, el creyente hoy en día sí se encuentra bajo una presión social de una minoría que ha logrado acaparar el control de los medios de comunicación. Es esa minoría que está tratando de imponer su agenda contribuyendo al cambio de las leyes; y con el cambio de las leyes han comenzado a forzar al creyente a comprometer sus valores. Pero tenemos que recordar que nuestro compromiso es primero con Dios y que, por tanto, no podemos ceder a la presión, aun si eso nos costara la vida. Pero para vivir de esa manera, necesitamos primero una conciencia informada con los valores bíblicos y una fortaleza de carácter dada por Dios para vivir como Él ordena.

Como mencionamos más arriba, el rol de la gracia de Dios es fundamental para el caminar correctamente. Dios pone Su gracia a disposición de todos Sus hijos y, sin embargo, no todos caminan de la misma manera. Vale la pena entonces preguntarnos: ¿qué hace la diferencia? Y creo que la respuesta es básicamente una: el carácter. Una vez que pasamos la gracia de Dios, que es lo que empodera al creyente para caminar debidamente con Dios, el carácter es lo que hace la diferencia entre un hijo de Dios y otro. El carácter es la esencia del individuo; es la consistencia de vida que se observa entre lo que se dice y lo que se hace.

A lo largo de toda la historia bíblica, nosotros tenemos un llamado a desarrollar el carácter. De hecho, Dios reveló que el propósito número uno para el cual fuimos elegidos fue precisamente para formar el carácter o, más precisamente, la imagen de Cristo en nosotros. El proceso de santificación tiene que ver con el desarrollo de un carácter justo. Como escuché decir recientemente a uno de nuestros teólogos contemporáneos (R. C. Sproul), la gente no parece tener interés en el desarrollo de un carácter justo. El libro de Proverbios nos llama a cultivar la sabiduría con la intención de desarrollar un carácter que nos permita caminar en integridad de corazón. El libro de Eclesiastés refleja la vida de un hombre que perdió su norte y tenía debilidades de carácter inmensas hasta haber acumulado unas 1000 mujeres, entre esposas y concubinas… todas para sí mismo. Estamos hablando de Salomón. Su gran sabiduría no fue suficiente como para desarrollar un carácter que complaciera a Dios. La sabiduría tiene que corresponderse con la revelación de Dios y luego tiene que ser aplicada a la vida humana; en la aplicación de esas verdades es donde vemos el desarrollo del carácter.

Nosotros nacemos con un temperamento dado por Dios a través de nuestros genes, pero el carácter es algo que necesita ser cultivado a lo largo de los años. Con cada elección que hacemos de una u otra manera estamos eligiendo cultivar un carácter. Esto es cierto aun del lugar donde decidimos vivir, como lo vemos en la familia de Lot cuando este decidió mover sus carpas a un lugar cerca de Sodoma y se estableció entre las ciudades de la llanura (Gén. 13:12); mientras que Abram se estableció en Hebrón. Cuando el Señor destruyó a Sodoma, las hijas de Lot embriagaron a su padre para tener relaciones con él y quedar embarazadas (Gén. 19). ¿Dónde aprendieron estas hijas de Lot a hacer algo como esto? En la vecindad de Sodoma. Como dijimos, aun el lugar donde vivimos ejerce una influencia sobre el desarrollo de nuestro carácter. Las compañías que elegimos, las películas que vemos, los libros que leemos, el lugar adonde enviamos a educar a nuestros hijos… todos estos factores terminan formando el carácter nuestro y el de nuestros hijos. Nosotros podemos escoger nuestro pecado, pero Dios escoge las consecuencias. Es impresionante la falta de interés en los individuos por cultivar su carácter o por cultivar una vida de intimidad con Dios. El hombre de hoy, y muchas veces aun el cristiano, sigue buscando las cinco grandes «P» del síndrome del éxito: prosperidad, posición, poder, prestigio, placer; y en la búsqueda se pierde y arruina su carácter. Olvidamos la historia bíblica y la secular, y volvemos a repetir los mismos errores.

Algunas de las enseñanzas resumidas aquí en esta conclusión fueron las que nos motivaron a escribir este libro como una contribución al creyente de nuestros días para que podamos decir, como el apóstol Pablo: *He peleado la buena batalla, he terminado la carrera, he guardado la fe* (2 Tim. 4:7). No podemos olvidar que en la vida cristiana lo importante no es solamente comenzar bien, sino terminar bien.

Por otro lado, al incrédulo que termine de leer este libro, yo lo invitaría a que reconsidere toda la sabiduría bíblica compartida a través de estas páginas para que pueda descubrir, con la ayuda de Dios, la necesidad que él tiene de encontrarse con su Creador, vía la persona de Jesús, antes de cruzar el umbral de la eternidad. Lo invitaría a que reconsidere sus caminos para descubrir que muchas de las consecuencias cosechadas no son más que el fruto de una vida sin dirección que está en necesidad de un ancla. Y esa ancla de la que hablamos no es un instrumento, sino la verdad. Y esa verdad no es una idea, sino una persona: Jesús.

Quizás al leer este libro te sentiste confrontado por las verdades encontradas en él. Si Dios trajo ese convencimiento a tu vida, solo necesitas hacer una cosa, que se resume en una sola palabra: arrepentimiento. Esa es la solución a tu pecado y al mío. No podemos olvidar que el hombre le dio la espalda a la sabiduría de Dios, desde el mismo momento en que Adán y Eva pecaron, y desde entonces el hombre ha estado viviendo sin integridad delante de Dios y delante de los hombres. Por tanto, en la plenitud de los tiempos, Dios envió a Su Hijo, Jesús, quien se encarnó con una función muy específica: cumplir la ley de Dios que había sido quebrantada desde la transgresión de Adán. Al cumplir la ley, Jesús calificó para morir en nuestro lugar pagando la deuda moral contraída por nuestros progenitores. Allí en la cruz, nuestros pecados fueron imputados a la persona de Jesús (cargados a Su cuenta) para que, el día de mi arrepentimiento, Su justicia (o Su santidad) pudieran ser imputadas a mi vida. En la cruz, Cristo es tratado como si hubiese vivido mi vida y, el día que entrego mi vida al Señor, Dios me trata desde ese momento en adelante como si yo hubiese vivido la vida de Cristo. En otras palabras, Cristo fue condenado para que yo pudiera ser dejado en libertad.

Todos y cada uno de los pecados descubiertos en la lectura de este material encuentran su perdón en el calvario por la sangre derramada por el Cordero de Dios que quita el pecado del mundo. Si nunca has puesto tu confianza en la persona de Jesús, en Su vida para el cumplimiento de la ley, en Su muerte para el pago de nuestros pecados y en su resurrección para confirmación de Sus promesas, hoy puede ser el día en que lo hagas. Si oyes Su voz, no endurezcas tu corazón y ríndelo a Cristo como el salvador de tu alma.

Por otro lado, es muy posible que personas que nacieron de nuevo (convertidas) se hayan sentido igualmente confrontadas al leer este libro. Tu solución es la misma: el arrepentimiento. La mejor evidencia de que verdaderamente eres salvo no es que un día te arrepentiste, sino que desde ese momento has continuado arrepintiéndote cada vez que encuentras que tu vida no se conforma de acuerdo con el estándar de Dios. Las verdades del evangelio son necesarias tanto para el que nunca ha creído como para aquel que ya es hijo de Dios. La realidad es que solo Cristo ha podido vivir una vida en perfecta conformidad con la ley de Dios. Él es la única esperanza para cada ser humano. Pablo resume estas verdades en Romanos 3:20-26:

[P]orque por las obras de la ley ningún ser humano será justificado delante de Él; pues por medio de la ley *viene* el conocimiento del pecado. Pero ahora, aparte de la ley, la justicia de Dios ha sido manifestada, atestiguada por la ley y los profetas; es decir, la justicia de Dios por medio de la fe en Jesucristo, para todos los que creen; porque no hay distinción; por cuanto todos pecaron y no alcanzan la gloria de Dios, siendo justificados gratuitamente por su gracia por medio de la redención que es en Cristo Jesús, a quien Dios exhibió públicamente como propiciación por su sangre a través de la fe, como demostración de su justicia, porque en su tolerancia, Dios pasó por alto los pecados cometidos anteriormente, para demostrar en este tiempo su justicia, a fin de que Él sea justo y sea el que justifica al que tiene fe en Jesús.

¡A Él sea la gloria por los siglos de los siglos!

Bibliografía

Allison, Gregg. *Historical Theology: An Introduction to Christian Doctrine.* Grand Rapids, MI: Zondervan, 2011.

Anders, Valentín, et. al. s.v. «conciencia», en *Etimologías de Chile.* Página consultada el 27 de noviembre de 2015. http://etimologias. dechile.net/?conciencia.

———. s.v. «moral», en *Etimologías de Chile.* Página consultada el 28 de noviembre de 2015. http://etimologias.dechile.net/?moral.

Associated Press. «Radio Shack CEO resigns amid resumé questions», *USA Today,* 20 de febrero de 2006. http://usatoday30.usatoday.com/ money/industries/retail/2006-02-20-radioshack-ceo_x.htm.

Augustine. *On Christian Doctrine,* II.18.28.

Bainton, Roland H. *The Reformation of the Sixteenth Century.* Boston, MA: Beacon Press, 1952.

Barrs, Jerram. *Delighting in the Law of the Lord: God's Alternative to Legalism and Moralism.* Wheaton, IL: Crossway, 2013.

Belmonte, Kevin, ed. *A Year with G.K. Chesterton: 365 Days of Wisdom, Wit and Wonder.* Nashville, TN: Thomas Nelson, 2012.

Blackaby, Henry y Richard Blackaby. *Spiritual Leadership: Moving People on to God's Agenda.* Edición revisada. Nashville, TN: B&H Publishing Group, 2011.

Blomberg, Craig L. y Mariam J. Kamell. *James.* Exegetical Commentary on The New Testament, editado por Clinton E. Arnold. Grand Rapids, MI: Zondervan, 2008.

Boice, James Montgomery. *Psalms: an expositional commentary, Vol. 1.* Grand Rapids, MI: Baker Books, 1994.

Bratton, William W. «Enron and the Dark Side of Shareholder Value», *Tulane Law Review* (de próxima publicación).

Briceño Huamán, Franklin. «Condenan a Fujimori a 25 años de prisión por delitos de lesa humanidad», *El Comercio.* Edición del martes, 7 de abril del 2009.

Brooks, David. *The Road to Character.* Nueva York: Random House, 2015.

Brooks, Thomas. *The Select Works of the Rev. Thomas Brooks,* editado por Rev. C. Bradley. Londres: L. B. Seeley and Son, 1824.

Brown, Francis, S. R. Driver y Charles A. Briggs. *The Brown-Driver-Briggs Hebrew and English Lexicon.* Peabody, MA: Hendrickson Publishers, 2014.

Bultmann, R. s.v. «ἀλήθεια», en *Compendio del Diccionario Teológico del Nuevo Testamento,* editado por Gerhard Kittel y Gerhard Friedrich. Grand Rapids, MI: Libros Desafío, 2003.

Callahan, David. *Kindred Spirits: Harvard Business School's Extraordinary Class of 1949 and How They Transformed American Business.* Hoboken, NJ: John Wiley, 2002.

Carroll, Lynne y Roxanne Anderson. «Body Piercing, Tattooing, Self-Esteem, and Body Investment in Adolescent Girls», *Adolescence.* 2002; 37(147): 627-37.

Carroll, Sean T., Robert H. Riffenburgh, Timothy A. Roberts, y Elizabeth B. Myhre. «Tattoos and Body Piercings as Indicators of Adolescent Risk-Taking Behaviors», *Pediatrics.* 2002; 109(6): 1021-7.

Carter, Stephen. *Integrity.* Nueva York: HarperCollins, 1996.

Challies, Tim. *The Discipline of Spiritual Discernment.* Wheaton, IL: Crossway Books, 2007.

Churchill, Winston. «Never Give In!». Discurso presentado a Harrow School el 29 de octubre 1941. Citado en *Never Give In! The Best of Winston Churchill's Speeches* por Winston S. Churchill. Edición reimpresa. Nueva York: Hachette Books, *2004.*

Ciampa, Roy E. *The First Letter to the Corinthians. The Pillar New Testament Commentary,* editado por D. A. Carson. Grand Rapids, MI: Wm. B. Eerdmans, 2010.

Collins, Gary R. *Christian Counseling: A Comprehensive Guide.* Edición revisada. Nashville, TN: Thomas Nelson, 2007.

Dennison, Jr., J. T. s.v. «discern, discerning, discernment», en *The International Standard Bible Encyclopedia,* editado por Geoffrey W. Bromiley. Grand Rapids, MI: Wm. B. Eerdmans, 1979.

Doriani, Daniel M. *James. Reformed Expository Commentary,* editado por Richard D. Phillips y Philip Graham Ryken. Phillipsburg, NJ: P&R Publishing, 2007.

——. *Matthew, Vol. 2. Reformed Expository Commentary,* editado por Richard D. Phillips y Philip Graham Ryken. Phillipsburg, NJ: P&R Publishing, 2008.

Elwell, Walter A., ed. *Evangelical Dictionary of Theology.* Grand Rapids, MI: Baker Academic, 1984.

Fahlbusch, Erwin, et. al., eds. s.v. «conscience», en *The Encyclopedia of Christianity, Volume 1.* Grand Rapids, MI: Wm. B. Eerdmans, 1997.

Financial Crisis Inquiry Commission. «The Financial Crisis Inquiry Report: Final Report of the National Commission on the Causes of the Financial and Economic Crisis in the United States». Edición oficial presentada en enero de 2011. Página consultada el 26 de abril de 2016, XVI. https://www.gpo.gov/fdsys/pkg/GPO-FCIC/pdf/GPO-FCIC.pdf.

Forrest, Jeff. «The Space Shuttle Challenger Disaster: A failure in decision support system and human factors management». Estudio de caso. Denver, CO: Metropolitan State College, 1996. Publicado en línea por DSS Resources, octubre de 2005. http://dssresources.com/cases/spaceshuttlechallenger/index.html.

Foster, Richard J. *Dinero, sexo y poder.* Nashville, TN: Editorial Betania, 1989.

——. *Celebration of Discipline: The Path to Spiritual Growth.* Nueva York: HarperCollins, 1998.

Frame, John M. *The Doctrine of the Christian Life: A Theology of Lordship.* Phillipsburg, NJ: P&R Publishing, 2008.

France, R. T. *Hebrews-Revelation.* The Expositor's Bible Commentary, edición revisada, editado por Tremper Longman III y David E. Garland. Grand Rapids, MI: Zondervan, 2006.

Garland, David E. *First Corinthians.* Baker Exegetical Commentary on the New Testament, editado por Robert W. Yarbrough y Robert H. Stein. Grand Rapids, MI: Baker Academic, 2003.

Geisler, Norman L. s.v. «knowledge of God», en *Baker Encyclopedia of Christian Apologetics.* Grand Rapids, MI; Baker Books, 1999.

――――. s.v. «truth, nature of», en *Baker Encyclopedia of Christian Apologetics.* Grand Rapids, MI: Baker Books, 1999.

――――. *Christian Ethics: Contemporary Issues and Options.* Grand Rapids, MI: Baker Academic, 2010.

――――. *Systematic Theology.* Bloomington, MN: Bethany House, 2011.

―――― y **Ronald M. Brooks.** *When Skeptics Ask: A Handbook on Christian Evidences.* Grand Rapids, MI: Baker Books, 1990.

―――― y **Randy Douglas.** *Integrity at Work: Finding Your Ethical Compass in a Post-Enron World.* Grand Rapids, MI: Baker Books, 2007.

Gibbons, Cardinal James. *Our Christian Heritage.* Aurora, CO: Bibliographical Center for Research, 2010.

Gladwin, J. W. s.v. «consciencia», en *Diccionario de ética cristiana y teología pastoral*, editado por David J. Atkinson y David H. Field. Barcelona, España: Editorial Clie, 2004.

Gold, Melanie A., Cindy M. Schorzman, Pamela J. Murray, Julie Downs y Gerard Tolentino. «Body piercing practices and attitudes among urban adolescents». *The Journal of Adolescent Health.* 2005; 36, (4), 352.e15–352.e21.

Grudem, Wayne. *Systematic Theology: An Introduction to Biblical Doctrine.* Grand Rapids, MI: Zondervan, 1994.

Gustafson, James M. *Moral Discernment in the Christian Life: Essays in Theological Ethics. Library of Theological Ethics,* editado por Theo A. Boer y Paul E. Capetz. Louisville, KY: Westminster John Knox Press, 2007.

Guthrie, George H. *2 Corinthians.* Baker Exegetical Commentary on the New Testament, editado por Robert W. Yarbrough y Robert H. Stein. Grand Rapids, MI: Baker Academic, 2015.

Harris, Murray J. *2 Corinthians.* The Expositor's Bible Commentary, editado por Tremper Longman III y David E. Garland, 415-546. Grand Rapids, MI: Zondervan, 2008.

Harris, R. Laird, Gleason L. Archer Jr. y Bruce K. Waltke. *Theological Wordbook of the Old Testament.* Chicago, IL: Moody Press, 1980.

Harrison, Everett F. y Donald A. Hagner. *Romans.* The Expositor's Bible Commentary, editado por Tremper Longman III y David E. Garland. Grand Rapids, MI: Zondervan, 2008.

Hicks, P. A. s.v. «verdad», en *Diccionario de ética cristiana y teología pastoral,* editado por David J. Atkinson y David H. Field. Barcelona, España: Editorial Clie, 2004.

Hughes, R. Kent. *Set Apart: Calling a Worldly Church to a Godly Life.* Wheaton, IL: Crossway Books, 2003.

Hunt, June. *Counseling Through Your Bible Handbook: Providing Biblical Hope and Practical Help for 50 Everyday Problems.* Eugene, OR: Harvest House, 2008.

———. s.v. «Temptation», en *The Biblical Counseling Reference Guide.* Eugene, OR: Harvest House, 2008.

Hyland, Jr., William G. *In Defense of Thomas Jefferson: The Sally Hemings Sex Scandal.* Nueva York: St. Martin's Press, 2009.

Jellema, Dirk W. s.v. «ethos», en *Wycliffe Dictionary of Christian Ethics,* editado por Carl H. Henry. Peabody, MA: Hendrickson Publishers, 1973.

Johnson, Larry y Bob Phillips. *Absolute Honesty: Building a Corporate Culture That Values Straight Talk and Rewards Integrity.* Nueva York: AMACOM, 2003.

Johnson, Paul. *Intellectuals.* Nueva York: Harper & Row, 1988.

Kant, Immanuel. *Critique of Practical Reason.* Citado por Paul Guyer en «Kant, Immanuel (1724-1804)». Página consultada el 28 de noviembre de 2015. https://www.rep.routledge.com/articles/kant-immanuel-1724-1804/v-2.

Keller, Timothy. *Counterfeit Gods: The Empty Promises of Money, Sex, and Power, and the Only Hope that Matters.* Nueva York: Penguin Books, 2009.

Kreeft, Peter. *For Heaven's Sake: The Rewards of the Virtuous Life.* Nashville, TN: Thomas Nelson, 1986.

Kruse, Colin G. *Paul's Letter to the Romans.* The Pillar New Testament Commentary, editado por D. A. Carson. Grand Rapids, MI: Wm. B. Eerdmans, 2012.

Lewis, C. S. *The Abolition of Man.* Nueva York: HarperCollins, 2009.

————. *The Lion, the Witch and the Wardrobe.* Nueva York: Harper-Collins, 2009.

————. *Mere Christianity.* Edición revisada. Nueva York: Harper-One, 2015.

Lloyd-Jones, Martyn. *Courageous Christianity: Studies in the Book of Acts, Volume 2.* Wheaton, IL: Crossway, 2001.

Longman III, Tremper. s.v. «Fear of the Lord», en *Dictionary of the Old Testament: Wisdom, Poetry, and Writings,* editado por Tremper Longman III y Peter Enns. Downers Grove, IL: IVP Academic, 2008.

Lugar, Sen. Richard G. Citado por Carol Giacomo, Reuters, «World Bank Corruption May Top $100 Billion». Página consultada el 26 de abril de 2016. https://www.globalpolicy.org/component/content/article/209/43410.html.

Lutzer, Erwin W. *Who Are You to Judge?: Learning to Distinguish Between Truths, Half-Truths, and Lies.* Chicago, IL: Moody Press, 2002.

MacArthur, John. *El poder de la integridad: Edificar una vida sin concesiones.* Grand Rapids, MI: Editorial Portavoz, 1999.

————. *The Power of Integrity: Building a Life Without Compromise.* Wheaton, IL: Crossway, 1997.

MacDonald, William. *Believer's Bible Commentary,* editado por Art Farstad. Nashville, TN: Thomas Nelson, 1989.

Maxwell, John C. *Developing the Leader Within You.* Nashville, TN: Thomas Nelson, 1993.

————. *Ethics 101: What Every Leader Needs to Know.* Nueva York: Time Warner Book Group, 2005.

————. *Las 21 cualidades indispensables de un líder.* Nashville, TN: Editorial Caribe, 2000.

Mayhue, Richard. *Practicing Proverbs: Wise Living for Foolish Times.* Escocia, Reino Unido: Christian Focus Publications, 2004.

McDowell, Josh. *The Disconnected Generation: Saving Our Youth From Self Destruction.* Nashville, TN: Thomas Nelson, 2000.

—————— **y Bob Hostetler.** *Right from Wrong: What you need to know to help youth make right choices.* Dallas, TX: Word Publishing, 1994.

—————— **y Bob Hostetler.** *The New Tolerance: How a cultural movement threatens to destroy you, your faith, and your children.* Carol Stream, IL: Tyndale House, 1998.

Merriam-Webster.com. s.v. «corruption», en la página consultada el 1 de junio de 2015. http://www.merriam-webster.com/dictionary/corruption.

Miller, Calvin. *The Unchained Soul: A Devotional Walk on the Journey Into Christlikeness From the Great Christian Classics.* Minneapolis, MN: Bethany House, 1998.

Moo, Douglas J. *The Letter of James.* The Pillar New Testament Commentary, editado por D. A. Carson. Grand Rapids, MI: Wm. B. Eerdmans, 2000.

Morley, Patrick. *The Man in the Mirror: Solving the 24 Problems Men Face.* Grand Rapids, MI: Zondervan, 2014.

Murray, Andrew. *Humility and Absolute Surrender.* Peabody, MA: Hendrickson Publishers, 2005.

——————. *Power in Prayer: Classic Devotions to Inspire and Deepen your Prayer Life.* Bloomington, MN: Bethany House, 2011.

Myra, Harold y Marshall Shelley. *The Leadership Secrets of Billy Graham.* Grand Rapids, MI: Zondervan, 2005.

Oswalt, John N. *The Book of Isaiah, Chapters 1-39. The New International Commentary on the Old Testament,* editado por R. K. Harrison y Robert L. Hubbard Jr. Grand Rapids, MI: Wm. B. Eerdmans, 1986.

Pierard, R. V. s.v. «Romanticism», en *Evangelical Dictionary of Theology,* editado por Walter A. Elwell. Grand Rapids, MI: Baker Book House, 1984.

Phillips, J. B. *Your God Is Too Small.* Nueva York: Touchstone, 1997.

Phillips, John. *Exploring the Psalms, Volume 1.* Grand Rapids, MI: Kregel Publications, 1988.

————. *Exploring Proverbs, Volume 1.* Grand Rapids, MI: Kregel Publications, 1995.

Piper, John. «The War Against the Soul and the Glory of God». Sermón presentado el 22 de mayo de 1994. Transcripción traducida por el Desiring God Foundation. «La batalla contra el alma y la gloria de Dios». Página consultada el 15 de julio de 2015. http://www.desiringgod.org/messages/the-war-against-the-soul-and-the-glory-of-god?lang=es.

Pisani, Edgard. «Against Intolerance», parte del artículo «In Praise of Tolerance». Presentado por Ehsan Naraghi, 38-39. En *The UNESCO Courier,* junio de 1992. Página consultada el 2 de diciembre de 2015. http://unesdoc.unesco.org/images/0009/000914/091412eo.pdf

Pollard, Jeff. *Christian Modesty and the Public Undressing of America.* San Antonio, TX: The Vision Forum, 2003.

Preti, Antonio, Claudia Pinna, Silvia Nocco, Emanuela Mulliri, Simona Pilia, Donatella Rita Petretto y Carmelo Masala. «Body of evidence: Tattoos, body piercing, and eating disorder symptoms among adolescents». *The Journal of Psychosomatic Research.* 2006; 61(4), 561-566.

Ramírez Alonzo. *Los estándares de Westminster.* Guadalupe, Costa Rica: Editorial CLIR, 2010.

Rapa, Robert K. *Galatians.* The Expositor's Bible Commentary, edición revisada, editado por Tremper Longman III y David E. Garland. Grand Rapids, MI: Zondervan, 2008.

Ross, Allen P. *Proverbs.* The Expositor's Bible Commentary, edición revisada, editado por Tremper Longman III y David E. Garland. Grand Rapids, MI: Zondervan, 2008.

Rutland, Mark. *Character Matters: Nine Essential Traits You Need to Succeed.* Lake Mary, FL: Charisma House, 2003.

Ryken, Leland. «The Original Puritan Work Ethic». *Christianity Today.* Página consultada el 26 de abril de 2016. http://www.christianitytoday.com/history/issues/issue-89/original-puritan-work-ethic.html.

Sanders, J. Oswald. *Spiritual Leadership: A Commitment to Excellence for Every Believer.* Chicago, IL: Moody Press, 1994.

Sonye, David. *Stewardship: Transforming Africa Through Excellence in Stewardship.* Nairobi, Kenia: lulu.com, 2010.

Sproul, R. C. *Can I Know God's Will?* Lake Mary, FL: Reformation Trust, 2009.

————. *The Holiness of God.* Carol Stream, IL: Tyndale House, 1998.

————. *Pleasing God: Discovering the Meaning and Importance of Sanctification.* Colorado Springs, CO: David C. Cook, 2012.

Swindoll, Charles. *The Mystery of God's Will: What Does He Want For Me?* Nashville, TN: Word Publishing, 1999.

————. *Old Testament Characters: Practical Life Lessons from the Lesser Known.* Frisco, TX: Insight for Living, 2003.

Telford, Dana y Adrian Gostick. *Integrity Works: Strategies for Becoming a Trusted, Respected and Admired Leader.* Layton, UT: Gibbs Smith, 2005.

Thayer, Joseph H. *Thayer's Greek-English Lexicon of the New Testament.* Grand Rapids, MI: Zondervan, 1979.

Thomsett, Michael C. y Linda Rose Thomsett. *A Speaker's Treasury of Quotations: Thoughts, Maxims, Witticisms and Quips for Speeches and Presentations.* Jefferson, NC: McFarland, 2009.

Tozer, A.W. *Born After Midnight.* Chicago, IL: Moody, 2015.

————. *The Knowledge of the Holy.* Nueva York: HarperOne, 2009.

Tremper Longman III y Peter Enns, eds. *Dictionary of Old Testament: Wisdom, Poetry and Writings.* Downers Grove, IL: IVP Academic, 2008.

Vangemeren, Willem A. *Psalms. The Expositor's Bible Commentary,* edición revisada, editado por Tremper Longman III y David E. Garland. Grand Rapids, MI: Zondervan, 2008.

Von Ranke, Leopold con Cristo Raul, ed. *History of The Reformation in Germany, Volume 1,* edición digital de Kindle. Seattle, WA: Amazon Digital Services, 2015.

Warren, Rick. *Una vida con propósito.* Miami, FL: Editorial Vida, 2003.

Webster, Noah. s.v. «immorality», en *American Dictionary of the English Language.* Página consultada el 1 de junio de 2015. http://webstersdictionary1828.com/Dictionary/immorality.

Welch, Edward T. *When People are Big and God is Small: Overcoming Peer Pressure, Codependency, and the Fear of Man.* Phillipsburg, NJ: P&R Publishing, 1997.

Wells, David F. *Losing our Virtue: Why the Church Must Recover Its Moral Vision.* Grand Rapids, MI: Wm. B. Eerdmans, 1998.

Wesley, Susanna. *Susanna Wesley: The Complete Writings,* editado por Charles Wallace, Jr. Nueva York: Oxford University Press, 1997.

White, Jerry. *Honesty, Morality, and Conscience: Making Wise Choices in the Gray Areas of Life.* Colorado Springs, CO: NavPress, 1996.

Wiens, Arnoldo. *Los cristianos y la corrupción.* Barcelona, España: Editorial Clie, 1998.

Wiersbe, Warren W. *The Integrity Crisis.* Nashville, TN: Thomas Nelson, 1991.

Wilson, James Q. *The Moral Sense.* Nueva York: Free Press, 1993. Citado por David Wells en *Losing Our Values: Why the Church Must Recover Its Moral Vision.* Grand Rapids, MI: Wm. B. Eerdmans, 1998.

Wood, Ralph C. *Literature and Theology.* Nashville, TN: Abingdon Press, 2008.

Wright, N. T. *After You Believe: Why Christian Character Matters.* Nueva York: HarperCollins, 2010.

Zacharias, Ravi. «An Ancient Message, through Modern Means, to a Postmodern Mind». *Telling the Truth: Evangelizing Postmoderns,* editado por D.A. Carson, 19-29. Grand Rapids, MI: Zondervan, 2000.

Sobre el autor

El Dr. Miguel Núñez (MD, DMIN.), sirve como el pastor titular de la Iglesia Bautista Internacional (IBI) en Santo Domingo, República Dominicana, y es el president y fundador del Ministerio Integridad y Sabiduría, que tiene como visión impactar la generación de hoy con la revelación de Dios en el mundo hispano-parlante. Es además el presidente del Instituto Integridad y Sabiduría donde también es parte del equipo docente. Es médico de profesión con especialidades en medicina interna y enfermedades infecciosas. En el área ministerial cuenta con una maestría en teología del Southern Baptist School for Biblical Studies y doctorado ministerial del Southern Batist Theological Seminary. Es el co-conductor del programa de televisión «Respuestas: Verdades absolutas para un mundo relativo», transmitido a través de toda Latino América y extendido a otros países, presentando una cosmovisión bíblica a una variedad de problemas.

Miguel ha escrito varios libros y artículos, es invitado como conferencista con frecuencia por toda Latino América y Estados Unidos. Él vive en Santo Domingo con su esposa de más de 30 años, la Dra. Catherine Scheraldi, quien todavía está en la práctica de la medicina.

COALICIÓN POR EL EVANGELIO es una hermandad de iglesias y pastores comprometidos con promover el evangelio y las doctrinas de la gracia en el mundo hispanohablante, enfocar nuestra fe en la persona de Jesucristo, y reformar nuestras prácticas conforme a las Escrituras. Logramos estos propósitos a través de diversas iniciativas, incluyendo eventos y publicaciones. La mayor parte de nuestro contenido es publicado en www.coalicionporelevangelio.org, pero a la vez nos unimos a los esfuerzos de casas editoriales para producir y colaborar en una línea de libros que representen estos ideales. Cuando un libro lleva el logo de Coalición, usted puede confiar en que fue escrito, editado y publicado con el firme propósito de exaltar la verdad de Dios y el evangelio de Jesucristo.

TGC | COALICIÓN

MIGUEL NÚÑEZ

PRÓLOGO POR EL DR. R. ALBERT MOHLER

ENSEÑANZAS
QUE TRANSFORMARON
EL MUNDO

Tanto la iglesia evangélica como las naciones mas desarrolladas fueron resultado de la Reforma Protestante. Un período en la historia en el cual Dios levantó a hombres comprometidos con aplicar las verdades reveladas en las Escrituras a todas las áreas de la vida. Las enseñanzas que estos hombres enfatizaron y sus implicaciones para el diario vivir tuvieron como resultado la transformación del mundo conocido. Desafortunadamente la iglesia de habla hispana no ha experimentado esta reforma, y los efectos que el cristianismo tuvo en Europa y EE.UU. nunca alcanzaron a América Latina.

En este libro, el Dr. Nuñez busca presentar las enseñanzas clave de las Escrituras que transformaron el mundo, y sus implicaciones para la iglesia latinoamericana. Si la iglesia va a ser efectiva en transformar el mundo que le rodea, tendrá que aprender de su historia y seguir su ejemplo.

978-1-4336-8837-9

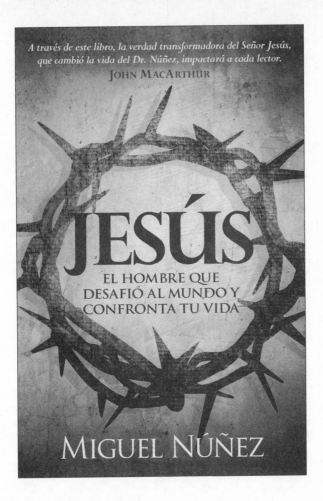

A través de este libro, la verdad transformadora del Señor Jesús, que cambió la vida del Dr. Núñez, impactará a cada lector.
JOHN MACARTHUR

JESÚS
EL HOMBRE QUE DESAFIÓ AL MUNDO Y CONFRONTA TU VIDA

MIGUEL NÚÑEZ

¿Y quién es Jesús? ¿Qué significa ser un discípulo de Jesús?

Este libro fue escrito para responder a preguntas acerca de la persona, la vida y el mensaje de Jesucristo. Está basado en la sana teología bíblica y está escrito de una manera concisa y clara. Ayuda a cada cristiano a entender el carácter y el propósito de Jesús, para que de este modo pueda enriquecer su vida y su relación con Él.

978–0-8254-1957-7

Editorial PORTAVOZ

UNA
IGLESIA CONFORME AL CORAZON
DE DIOS

COMO SANAR LA
IGLESIA DE HOY
PARA QUE
REFLEJE SU
PROPÓSITO
ORIGINAL...

LA GLORIA
DE DIOS

MIGUEL NÚÑEZ

L as causas de los males que aquejan a la iglesia pueden ser múltiples, pero la raíz de sus desaciertos radica en su lejanía de la Palabra de Dios.

En esta obra usted descubrirá no solo hasta dónde se ha enfermado la iglesia contemporánea, sino también de qué manera podemos contribuir a su sanación para que ella pueda reflejar su propósito original. Este libro abrirá sus ojos para ver objetivamente el estado de la iglesia hoy y lo llenará de esperanza para que pueda confiar en el poder de Dios para su sanación.

978–0–8254–1839–6

EDITORIAL
PORTAVOZ